汲古叢書64

堀敏一著

東アジア世界の形成

―中国と周辺国家―

汲古書院

東アジア世界の形成―中国と周辺国家

目　次

東アジア世界の形成——中国と周辺国家

序　東アジア世界とは何か

東アジア世界とはどういうものか。東アジアは地理的名称であるが、それに「世界」という語がつくと、文化的・歴史的な内容をふくみ、しかもそれが一定のまとまりある構造をもっているということになろう。そして東アジアというものが地理的名称である以上、それには範囲というものがあるであろう。

東アジア世界の範囲は、東アジア世界の理解にかかわっている。だからかならずしも意見が一致しているわけではない。こころみに手もとにある高明士主編の『東亜　文化圏的形成与発展－政治法制編－』（国立台湾大学歴史学系発行、二〇〇三）をみると、その序言に、「十九世紀中葉以前の東アジア地区は、中国を中心とし、朝鮮半島・日本列島およびインドシナ半島のベトナム等の地方を含む」と書かれている。また西嶋定生は、「序説－東アジア世界の形成－」（一九七〇、『中国古代国家と東アジア世界』東京大学出版会、一九八三）という文章のなかで、東アジアを構成する指標は、漢字文化・儒教・律令制・仏教の四者であると言っている。これらを共通とする地域は、右の高明士の指摘する地域とほぼ変わらないであろう。

ただし西嶋は他方で、東アジア世界を、近代以前の世界史を構成する複数の世界の一つで、中国を中心として、右の朝鮮・日本・ベトナムのほかに、モンゴル高原とチベット高原の中間の西北回廊地帯東部の諸地域をふくむと言いながら、他方でモンゴル高原やチベット高原、および西北回廊地帯を越えた中央アジア、あるいはベトナムを越えた東南アジアの諸地域はこれにふくまれないと言っている。たしかに西北回廊地帯東部は朝鮮・日本等と同じく農業地帯で、中国の文化がはやくから及び、漢字以下の四つの指標を満たしている。

ところで東アジア世界は、西嶋のいうように、近代以前の世界史を構成する複数の世界の一つである。近代になって世界ははじめて一つになるのであるが、それ以前にも世界はばらばらであったわけではなく、いくつか一定のまとまりある世界があったと考えられ、東アジア世界はその一つと考えられる。それでは東アジア世界のほかに、どのような世界があったかというと、それにはヨーロッパ世界・西アジア世界・南アジア世界・北アジア世界（あるいは内陸アジア世界）・アフリカ世界等があった。現在のアメリカはヨーロッパ世界にふくめてよいであろうが、それ以前にはインディアン文明の世界があった。西アジア世界は七世紀以前は古代オリエント世界といい、それ以後はイスラーム世界といってもよいであろう。これら諸世界は、近代以前にはそれぞれが固有の歴史をもった地域と考えてよいであろうから、それを「歴史的世界」と言ってよいであろう。これらのそれぞれ独立した歴史的世界が、近代以前の世界史を構成していたと考えられる。

西嶋のいう中央アジアは右の内陸アジア世界に、東南アジアは南アジア世界に所属するから、東アジア世界にふくまれないことは西嶋のいうとおりである。しかしモンゴル高原とチベット高原については問題があり、西嶋のいうようには、東アジア世界から排除できないと私は考える。モンゴル高原が北アジア世界（内陸アジア世界）に属することはいうまでもないのであるが、同時に東アジア世界を歴史的世界とみる場合、中国とモンゴル高原に興亡する民族との抗争・交流を抜きにしては、東アジアの歴史を語ることはできない。チベット高原を北アジア世界の一員とみるかどうかは論議のあるところであろうが、中国と緊密な関係があることには異論があるまい。さらに西嶋のいう西北回廊地帯のうち、西嶋はその東部のみを東アジア世界に入れるのであるが、同地帯の西部は今日の新疆、歴史上の西域であって、これまた中国と緊密な関係がある東アジアの歴史的世界にふくめて差し支えないと考えられる。

さて以上に挙げた近代以前の歴史的世界は、それぞれ独自の歴史をもつのではあるが、またその形成過程をみれば、共通の特徴があることも指摘できる。すなわちこれらの歴史的世界は、いわゆる文明の発生から始まり、その文明が周囲の一定範囲に広がっていくことによってできあがったといえるからである。文明の発生といえば、古来四大河の流域が挙げられている。チグリス・ユーフラテス河流域とナイル河流域に発生したオリエント文明から西アジア世界が始まり、またその文明がギリシア・ローマを経てヨーロッパに伝わり、ヨーロッパ世界が形成された。インダス文明からインドの文明が生まれ、それが拡大して南アジア世界ができた。大河の流域以外に、独自に文明が始まった地域として、インディアンやアフリカの世界が考えられる。

東アジア世界は、黄河文明から始まったというのが従来の通説であったが、近年の考古学的発掘によれば、長江流域も挙げなければならないであろう。とくに日本とも関係が深い稲作栽培は、およそ一万年以前に長江中流域ではじまり、紀元前五千年前後には長江下流域に広がり、北方の仰韶文化とほぼ同時期に、浙江の河姆渡文化を生み出した。したがって黄河流域と長江流域とにははやくから文化が生まれたが、そのほかにも各地に局地的な文化があったと考えられる。このような局地的な文化が、相互にふれあって統一され、それらが歴史の進むうちに、黄河流域の政治勢力に統合されるようになった。このような初期の文化の状態は近年にいたるまでわからなかったのであるから、中国の黄河文明を先進文明とする考えは、右のような政治勢力による統合後の状態をみて、唱えられたものといってよいであろう。このようにしてできた中国文明は、その後日本・朝鮮・ベトナム等に及んだのであるが、今日中国の領土に入っているチベットや新疆（西域）等にも、中国文明が東方の日本・朝鮮に及んだと同様に、中国中心部の文明が西方に及んだのである。

このような東アジア世界におけるような状況が、その他の大河流域の地域においてもあったのではないか。まず局地的な文化が一つにとどまらず生まれて、それらが統一されていくにしたがって、諸文明世界の中心になる文明が生まれ、政治的統一勢力も形成されたのではないかと思われるのであるが、私はその方面には無知であるので、これ以上は言及しない。

右のような文明の形成過程をみるならば、これらの文明地域の拡大にかんして、もう一つ注意しておきたいのは、初期の諸文明が周囲に広がるにさいしては、諸文明地域の一定の範囲を統一した政治勢力がまず形成されて、その力によって周囲が征服され、それによって文明が伝播したということである。水が低きに流れるように、文明が高い地域から低い地域に自然に移っていったわけではない。このような政治勢力は、中国の秦・漢帝国、エジプトの古王国、メソポタミアのバビロニア王国・アッシリア王国、インドのマウリヤ王朝等、多くの場合それぞれの世界を統一する、世界国家・世界帝国といってよい形をとったように思われる。だからそれぞれの歴史的世界は、世界国家・世界帝国の産物といえるのである。

もちろんそれぞれの世界国家の統一ができるまでには、小国家・都市国家などの過程があった。それらはさきに言及した原初的な局地文化と関係があるかもしれない。あるいは原初的な局地文化が一定の統一をみたのちに、生まれてくる文明にもとづいているのかもしれない。ともかくオリエントではチグリス・ユーフラテス河流域（今のイラクの地）に、シュメル・アッカドの都市国家が生まれ、それがバビロニアやアッシリア王国に統一された。ナイル河流域のエジプトでも初期には小国家があったが、ここでは早くから古王国の統一国家が生まれた。後代のイスラーム世界についていえば、イスラーム教がアラビア半島の都市メッカから始まり、ウマイヤ朝の征服を経て、アッバース朝のイスラーム世界統一がなされたのである。

ギリシア・ローマの都市国家から成る地中海世界は、ローマ帝国によって統一され、そこからローマ風・ゲルマン風のヨーロッパ世界が生まれた。ヨーロッパを統一したフランク王国は、カール大帝（シャルルマーニュ）の下で、文化的に斉一なキリスト教世界をつくりあげた。インダス文明は都市国家から生まれたが、やがてマウリヤ王朝のアショーカ王がインド世界を統一した。そのインド風文明が東南アジアに広まったのである。東アジア世界では、春秋戦国の都市国家の時代を経て、秦の始皇帝の統一がなされ、それが漢帝国に継承された。中国ではこれを秦・漢が天下を統一したと称したが、天下とは中国人が認識した当時の世界のことといってよいであろう。このような考えは、インドにおいても、オリエントにおいても存在し、それぞれの国家はその世界を統一したのである。

東アジアの場合、上にのべたチベット・新疆等への文化波及や、北方諸民族との闘争・交流は、これを中国史の内部の問題とみる立場がある。それは民族史として歴史をみる立場である。つまりモンゴル高原に興亡した匈奴・突厥等の歴史も、チベット高原の羌族・吐蕃等の歴史も、新疆地方におけるオアシス国家やウイグル等の歴史も、それらをひっくるめた一つの中国史としてみるのである。なるほどこれら諸族・諸国家の歴史は、現在の中国（中華人民共和国）の領土内で生起した現象である。

ただしモンゴル高原には今日モンゴル人民共和国が独立しており、内モンゴルのみが中国の領土である。まして古い時代には諸族の配置状況が今日と同じでないし、中国領土の範囲も今日と同じでない。また古くからの諸族間の服属関係（これにも多様な形式があった）を、今日の領有関係と同じにみるわけにもいかないであろう。例えば魏晋南北朝時代には、日本や朝鮮は中国王朝に服属して官位をうけたが、北方の柔然や突厥は独立していた。これによってみれば、モンゴル高原の歴史を中国史の範囲に入れ、日本や朝鮮を別の民族史とみるのは難しいであろう。

東アジアの諸地域の歴史を民族史としてみる立場にたつと、東アジアの歴史は、中国や日本・朝鮮・ベトナム等の諸民族間の交流史・交渉史としてのみみられることになり、それは諸国・諸民族間の偶然的な関係史ということになる。しかし私の立場は東アジアの歴史を、世界史の一環としてみようとするものであり、そのようにしてはじめて、東アジアの歴史は有機的な関連をもつものとなり、構造をもつものとなるであろう。

なおこの「世界」という言葉にかわって、さきの高氏の著書にもみられるように、「文化圏」という言葉が用いられることもあるが、この言葉は右にあげた文化交流史を重視することになりがちのように思うので、私のような視点に立てば、「世界」という言葉の方がより適当であると思うのである。

私の本と似たような題をもつものに、李成市『東アジア文化圏の成立』（山川出版社世界史リブレット、二〇〇〇）という本がある。ここでは東アジア世界・東アジア文化圏という概念について、多くの問題点が指摘されている。そのなかで、文化の伝播が中国と東アジア諸国との間でおこなわれるだけでなく、東アジア諸国同士の間でもおこなわれたという論点がある。その点にかんしては、高句麗と新羅、新羅と日本との間の、文字・律令の伝播の具体的な事例が挙げられていて興味深い。

東アジアの歴史を考える場合、中国が中心になるのが自然であり、中国の対異民族政策が重要な役割をはたしたのは無視できないが、魏晋南北朝時代における諸民族の主体的な自己運動や、諸時代におけるモンゴル高原の諸族・諸国家が、東アジアの歴史を形成する重要な役割をはたしたことを認めなければならないであろう。また右のような中国周辺の諸国家間の文化交流や征服関係をもふくめて、その構造連関をみなければならないであろう。

私の著書は、右の李成市の本と題が似ているが、東アジア世界の成立過程を、なるべく総合的・具体的に述べるとともに、東アジア諸国家間を結びつける特徴的な紐帯に注意を怠らないようにしたいと思っている。その場合、東アジアの歴史が中国を中心としてつくられることは間違いないが、中国自体の内部的な歴史は、多くの中国史概説が出版されているし、私自身『中国通史』（講談社学術文庫、二〇〇〇）という本を書いているので、中国と諸民族、あるいは諸民族間の関係を叙述することに重点をおくことにする。これについても、すでに『中国と古代東アジア世界』（岩波書店、一九九三）という著書があって、当然重複する点があるが、本書では近代以前の世界史を構成する歴史的世界という点にこだわり、とくにその「成立過程」という視角に焦点をおきたいと思う。

右のような次第で、東アジア世界の歴史が中国文明の発生から始まったことは、くりかえすまでもないのであるが、その過程は中国史内部の問題として、中国史の通史ないしは概説書に譲りたい。もっとも中国中心部の小国家が発展してくる過程で、中国民族の民族形成がおこなわれ、それと相まってさまざまな異民族と思われる勢力と接触するのであり、そこから有名な華夷思想も発生するのであるが、それについては右の拙著『中国と古代東アジア世界』をみていただきたい。本書では上述した秦・漢帝国の形成以降を叙述の対象としたい。

第一章　匈奴と前漢との国家関係に関する考察

前言―初期の漢民族と遊牧民との接触

漢民族と遊牧民族との接触は、中国統一以前の西周・春秋・戦国時代からあった。史記の匈奴列伝によると、山戎・獫狁《けんいん》・葷粥《くんいく》等の名でよばれる種族が、北方の蛮地に住んでおり、遊牧生活を送っていたという。西周時代の青銅器の銘文には、西周末に近い厲《れい》王・宣王のころ（前九・八世紀の交）、厳允を撃ったことが記されており、その場所は陝西や山西の太原方面であったらしい。このことは詩経小雅の諸篇にも謳われている。王国維はこれらを、のちに蔑視の文字である玁狁と書くようになり、西周末には戎・狄等の蔑称でよぶようになったのであり、西周を滅ぼした犬戎は玁狁の後裔であるという。王国維はまたこれら中国内地にいた遊牧民を、のちの胡・匈奴の先祖だともいうのであるが(1)、そこまでいえるかどうか、断定しない方がよいかもしれない。

遊牧民のなかには中国内地に国を建てたものもあった。白狄族が河北の中心部の石家庄周辺に建てた春秋・

戦国時代の中山国がその代表である。一九七四年以来その都城が発掘され、中華文明の影響いちじるしい輝かしい文化が姿を現した。

中国の記録に匈奴の名が出てくるのは、戦国時代の三一八年、韓・趙・魏・燕・斉の五か国が、匈奴と連合して秦を攻めたという事件である（史記秦本紀）。このとき連合側は敗れたが、その一国の趙では、三〇七年武霊王が胡服を着て、騎馬戦術を採用したという。胡というのは、匈奴の別名として漢人が用いた言葉である。

秦の始皇帝が中国を統一したころ、匈奴の本拠はオルドス（内モンゴル自治区の黄河湾曲部に囲まれた地域）にあった。さきの玁狁との関係を認めれば、陝西地方から北上したと考えられるが、北方の外モンゴルから南下したという説もある。

しかし匈奴が秦・漢と拮抗するほどはやくから強力になったのは、西方のオリエント文明の影響をうけたからである。アジア内陸に東西にのびるステップ地帯は、はやくから東西文明の交流路となっていたのであるが、西方のオリエント文明の方が中国文明よりいくぶん早く開花したから、匈奴はオリエントに住むスキタイ族等から、金属文化（青銅の武器・鉄製の道具）や騎馬戦法や装飾芸術等をとりいれたのである。

始皇帝は中国を統一した余波を駆って、将軍蒙恬《もうてん》を派遣して匈奴を撃ち、これをゴビ砂漠の北に逐いはらい、中国の領土を防衛するために万里の長城を築いた。長城はしばしば中国文明の残した偉大な建造物であるといわれる。そうにはちがいないが、春秋戦国時代以来続いてきた中国国家の領土拡大が、北方ではこの長城の線で限界に達したことをも物語っている。農業に適した地域がどこまで続くかは、自然的条件だけでは決められない。秦の始皇帝は長城を築くことによって、農業地帯発展の限界を定めることになったのである。これによって農業地域と遊牧地域との境界が固定されることになり、爾来漢民族と遊牧民族が長城をめぐって攻めぎあうようになった。その攻めぎあいは次の漢代にさっそく見られることになる。そして境界としての長城の位置は、後述のように、漢と匈奴との協定によって確認されることになる。

一　和親条約

秦・漢交替期に中国はたいへんな混乱を経験したが、この機会に匈奴には冒頓単于《ぼくとつぜんう》が出て、北方遊牧民の大統一を為しとげた。同じく中国を統一した漢の高祖劉邦は、秦が建造した長城の境界線を受け継いで、匈奴と相対することになった。漢はこの境界地帯を諸侯王の一人の韓王信に与えたが、韓王信は匈奴の攻撃を受けて、匈奴と連携して反乱を企て、匈奴の軍は太原にまで至った。劉邦はこれを撃ちに出兵したところ、冒頓は敗走すると見せかけて、漢兵を北辺の平城《へいじょう》（大同）にまで誘いこみ、劉邦らを郊外の白登山に包囲した。食尽きた劉邦は、単于の妻の閼氏《あつし》に賄賂を贈り、包囲網の一角を解いてもらって、ほうほうの体で逃げ帰った。

そのとき閼氏が単于に説いた言葉に、「いま漢地を得ても、単于さまには結局そこにお住まいできますまい」というのがある。遊牧民は農業地帯に適応できまいということである。そこで匈奴が漢に打撃を与えたところで、両者の間に和平の機運が生まれた。これについて史記匈奴列伝に、

「而して冒頓遂に兵を引いて去る。漢もまた兵を引いて罷め、劉敬をして和親の約を結ばしむ。」

とあり、その後にすぐ続けて、

「是の後韓王信、匈奴の将と為り、及び趙利（趙の旧将）・王黄（韓王の臣）等、数々約に倍《そむ》き、代・雲中を侵盗す。居ること幾何も無く、陳豨《ちんき》反し、又韓信と合して代を撃たんと謀る。漢、樊噲《はんかい》をして往いて之を撃たしめ、復た代・鴈門・雲中の郡県を抜くも、塞を出ず。是の時匈奴、漢の将衆往いて降るを以て、故に冒頓常に代地に往来侵盗す。是に於いて漢之を患い、高帝乃ち劉敬をして、宗室の女公主を奉じて単于の閼氏と為し、歳ごとに匈奴に絮《じょ》・繒《そう》・酒・米・食物を奉ずること各々数あり、約して昆弟と為りて、以て和親せしむ。冒頓乃ち少しく止む。」

とあって、和親の約が二度あったように書かれている。

史記劉敬列伝には、後者の内容の和親しか書かれていないが、時間的にはかなり曖昧な叙述である。そこで時間の点では匈奴列伝に従って考えると、最初の和親の記述の後に、匈奴の将となった韓王信が「約に倍いて」侵入したと記すから、最初の和親があったと考えた方がよいであろう。その和親の内容がどのようなものであったかわからないが、すくなくとも戦争はしない、国境は犯さないという内容があったはずである。のちに樊噲が反撃に出たときには、北辺の郡県を奪回したけれども、「塞を出」なかったと言われている。これは約にそのようなことが明言されていたから、漢の方ではそれを守ったのであろう。あるいは後述するように、長城以北は弓を引く国、長城以南は冠帯の室というような区域分けが、このときできていたのかもしれない。

漢・匈奴の和親については、中国の葛亮・葉永新両者の論文があり(2)、両者とも和親が二回あったことを認めるが、その時期については葛が第一次和親を、高祖七年（前二〇〇年）十月か十一月とするのにたいし、葉は第一次を高祖九年（前一九八年）十月としている。

史記劉敬列伝には、劉敬が匈奴から帰ってきたとき、「長安の都のすぐ北方に胡族がおり、東方には旧六国の豪族がいては、陛下は枕を高くして寝ることができない。東方の豪傑名家を関中に移して、胡族に備えるべきである」と上言して、関中への徙民《しみん》が決定したと記されている。漢書高帝紀はその年次を高祖九年十一月に記しているが、したがって劉敬が匈奴に行ったのはその前である。資治通鑑はこれにしたがって、和親の締結を高祖八年秋から九年冬の間においている。通鑑は和親を一回のみと考えているのであるが、葛亮はこれを第二次和親の年次と考えている。ただしそうすると、陳豨の反乱の後に第二次和親があったとする匈奴列伝の記事と合わない。そこで葉永新は高祖九年十一月の直前、すなわち同年十月を第一次和親の年次とするのである。

匈奴列伝によると、第二次和親は陳豨の反乱の後に記されているが、その反乱は十年（前一九七年）九月に起こり(3)、翌年陳豨の将軍らは敗れたが、陳豨自身の死については諸説がある。葉永新は第二次和親を高祖十一年とする。その論拠は、史記韓信（韓王信）列伝に、十一年春斬られたとあり、樊噲が代・雁門・雲中の郡県を収復したのも大概この時期と推測されるからだという（しかし樊噲の行動の年次については、実際のところわからないというべきであろう）。また葉は漢書高帝紀によって、十二年初め（冬十月）に、「周勃が代を定め、陳豨を当城に斬る」と述べて、陳豨を撃滅した結果、第二次和親締結のあとの「冒頓乃ち止む」という状況が生まれたであろうとする。そこで和親の締結は十二年初めよりは前で、やはり高祖十一年であろうという（ただし陳豨の反乱の撃滅は十一年としてよいが、陳豨自身の死については、上記のように諸説がある）。

第二次和親の内容については、史記匈奴列伝の上記の記事によると、

（1）宗室の女の公主を単于の妻に贈る。

（2）毎年一定量の絹・真綿・酒・米・その他の食物を贈る。

（3）皇帝と単于とは兄弟と為る（即ち対等の関係となる）。

の三項目である。匈奴の単于の方が強力なのであり、漢はその侵略に苦しんでいるのであるから、漢の方が贈り物を出す内容なのである(4)。

「宗室の女の公主」とは、奇妙な言い方であるが、それについては、劉敬列伝にその由来が記されている。はじめ劉敬自身は「適《ちゃく》長公主」を冒頓の妻にすることを考えていたのであるが、呂后が「私には太子と一女しかいませんのに、どうしてこれを匈奴の処に弃《す》ててしまうようなことができましょうか」と泣いて反対したので、劉邦は「家人の子を取りて、名づけて長公主と為して」単于に妻あわせたというのである。家人にはいろいろな意味があるが、ここでは家族の意味で、この場合皇帝の一族、すなわち宗室であり、宗室の女性のなかから適当な人間を選んで、それを長公主（皇帝の長女）と称して贈ったのである。漢書匈奴伝は、史記の「宗室女公主」を、「宗室女翁主」と改めているが、翁主とは師古注によれば「諸王の女」をいうのであるから、厳密にいえば漢書の表現の方が正しい(5)。

この和親の約束は次の世代にも継承された。史記匈奴列伝によると、文帝が立ったとき、「また和親の事

を修め」たといい、冒頓単于が死に、子の老上単于が立ったときには、文帝はまた「宗室女公主」（漢書では「宗人女翁主」）を贈ったという。老上単于の次に子の軍臣単于が立ったときも、文帝がまた「匈奴と和親」したという。文帝が死んで景帝が立つと、景帝もまた「匈奴と和親し、関市を通じて匈奴に給遺し、公主を遣ること、〝故約〟の如」くであったという。武帝が即位したときも、「和親の約束を明らかにし、厚く遇して関市を通じ、これに饒給す。匈奴も単于以下皆漢に親しみ、長城の下に往来」したという。

武帝のとき、漢は匈奴に攻勢に出て優位に立ったので、これを外臣とすべきだという議論が起こった。これにたいし単于はたいへん怒って、漢の使者を拘留して帰国させなかった。楊信という者が使者に立ったとき、彼が「もし和親せんと欲せば、単于の太子を以て漢に質と為せ」と言うと、単于は「〝故約〟に非ず。故約には、漢常に翁主を遣り、繒・絮・食物を給すること品あり、以て和親す。而して匈奴も亦辺を擾さず。今乃ち古に反《かえ》らんと欲せば、吾が太子をして質と為さしむるを、幾《ねが》うこと無かれ」と言ったという。はじめの条約を、漢も匈奴の側も「故約」とよび、武帝のとき漢に討たれて相当打撃をうけたであろう匈奴も、故約を盾にとって屈服しなかったのである。漢が弱体のとき結んだ故約が、匈奴に口実を与えているのである。

漢書匈奴伝によると、李広利が匈奴に投降した翌年、征和四年（前八九年）に単于は漢に書を送った。

「南に大漢あり、北に強胡あり。……今漢と大関を闓《ひら》き、漢の女を取って妻と為し、歳ごとに我に糵《げつ》酒万石・稷米五千斛・雑繒万匹を給遣せんと欲す。它は〝故約〟の如くなれば、則ち辺、相盗せず。」

この提案はどこまで本気であったかわからないのであるが、ここでも「故約」にしたがって、通婚をなし、関市を開き、食料を匈奴に贈ることを提案している。

食料の支給は関市とともに後述するとして、通婚関係についてのみふれておきたい。この政策はこのときに始まり、後世にも北方民族を懐柔するために継承され、唐代には「和蕃公主」と称せられた。ただ後世では贈られた人物の素性もだいたい明らかなのであるが、最初の漢代の場合、「宗室女公主（または翁主）」と言うばかりで、実際には何という人物が贈られたのか記録がない。おそらく故意に記録しなかったのであろう。

しかし武帝のとき烏孫に贈られた女性の素性と名前がわかっている。武帝の兄の子で、謀反の罪で自殺した江都王建の娘で、細君《さいくん》とよばれていた。それを公主と称して送り出したのであるが、その嫁入りには、多数の乗物や衣服が贈られ、数百人の官人・宦官・侍女らが扈従した。これでみると匈奴に贈られた女性も、皇族のなかでも不名誉な地位にあった人物の家族である公算が大きいが、後の王昭君のように後宮の女性から選ばれたかどうか、その蓋然性も考えておく必要があるだろう。彼女の匈奴入りにはやはり多数の乗輿・衣服・従者が贈られたことはまちがいない。唐代の和蕃公主の場合、異民族は公主に付随した財物をとくに欲しがった場合があるといわれる。

二　敵国関係

やはり匈奴列伝によると、文帝の後元二年（前一六二年）、文帝が匈奴に送った書のなかに、

「先帝の制に、長城以北は、弓を引くの国、命を単于に受く。長城以内は、冠帯の室、朕亦之を制す。」

という文言がある。万里の長城を境にして、生活原理の違う二国が共存しあおうというのであるが、「先帝の制」というところを見ると、このような境界の画定も、高祖劉邦のときすでに行われていたであろう。それが第一次和親のときかもしれないということを、前節でふれておいた。

この境界の約束も後世に伝えられていたらしい。漢書匈奴伝によると、平帝が幼少で、王莽が執政していた元始二年（西紀二年）のことらしいが、西域の車師《きょし》後王と去胡来王が妻子・人民をつれて匈奴に逃亡し、単于がこれを受け入れたことがあった。漢は「西域は漢に内属しているのだから、受け入れてはいけない」と申し送ったが、単于の答えでは、

「宣帝・元帝は約束を作りましたが、それによると、長城より以南は天子がこれを有し、長城以北は単于がこれを有します。塞（国境）を犯すものがあれば、ただちにその状況を報告し、降ってくる者があっても受けてはならないとあります。臣は父の呼韓邪《こかんや》単于が無量のご恩を蒙ったことを知っています。父が死ぬときの遺言に、『中国より降ってくる者があっても、受けてはならない。ただちに国境まで送って、天子の厚恩に報いなさい』とあります。しかしこの度のことは外国のことでありますから、受け入れることができます。」

ということであったが、匈奴が弱体になっていたので、結局漢の要求に屈服した。

この後で漢は次の四か条を設定した。

「中国人の逃げて匈奴に入る者、烏孫の逃げて匈奴に降る者、西域諸国の中国の印綬を佩いて匈奴に降る者、烏桓の匈奴に降る者は、皆受け入れてはならない。」

この四か条を函に封入して単于に交付し、もと宣帝がした約束を函に収めて封をして返還させたという。

以上の経過から、長城を境とする約束は前漢末の宣帝・元帝のころまで守られており、あらためて確認されさえしたのであるが、これには漢・匈奴の国境を定めただけではなく、中国から匈奴に投降する者を受け入れるなという項目が付加されていた。この点は、漢の前半期には匈奴に投降する漢人が多かったのであるから、後から付け加えられたのであろう。しかし単于は「外国」（漢に従属していない国）人であるなら、受け入れることができると解釈していた。

このような点を考えると、初期の長城を境とする取り決めも、単に漢と匈奴との二国間の国境を定めただけでなく、長城以北・以南の諸民族にたいする漢と匈奴との勢力範囲を画定した面があったのであろうと推測するのである。その勢力範囲は前漢末にいたるまでに大きく変動し、烏孫・西域諸国・烏桓にまで、漢の勢力が及んだのである。

さきの文帝後元二年（前一六二年）の匈奴への書のなかにはまた、

「漢と匈奴とは鄰敵の国」（漢書匈奴伝）

という文言がある。現行本史記には「鄰国の敵」となっているが、これでは意味が通じないので、漢書の方を採用した。おそらく史記の文は筆写の間に誤られたのであろう。最初の文は漢書に等しく、漢書はそれを写したのであろう。

さて敵というのは、匹敵などという言葉があるように、自分につりあう対等な相手を指す。相手とのバランスが崩れれば、戦場であい戦う相手、今日我々がふつうに使う敵の意味になるのである。だから漢と匈奴が鄰敵の国ということは、隣りあった対等の国という意味である。

高祖の論客である陸賈が、南越に使いして君主の趙佗《ちょうだ》に面会したおり、

「足下は中国人で、親戚・昆弟らの墳墓が真定にあります。ところが今足下は自然の生き方に反して、冠帯を弃て、區々たる越を率いて天子さまと対抗して〝敵国〟と為り、その結果災いがいまにも身に及ぼうとしています。……（漢の）将軍や宰相らは兵を出して王を討とうと主張していますが、天子さまは百姓に新たな苦労をかけるのを忍びず、私めを派遣して君王に印を授け、割り符を与えて使節を通じようとお考えになっています。君王は郊外に使者を出迎え、北面して〝臣〟と称しなければなりません。……」（史記陸賈列伝）

と説いたのであるが、これは南越がはじめ漢の敵国、すなわち対等の国を目指したのにたいし、漢の臣となるよう説得しているのである。南越王の趙佗は右のように中国人であったが、その支配下には多数の越人がいて、その支配に腐心しなければならなかった。そのためもあったかもしれないが、結局趙佗は陸賈の説得に屈して、漢の臣となったのである。このように、敵国の対極にあるのが臣としての国であり、国内の臣下（内臣）にたいして、それをとくに外臣とよんでいる。

漢と匈奴との関係は、南越の場合と異なって、名目的には対等の国家関係なのであるが、現実の力関係は、武帝が出るまでは、匈奴の方が上であったのである。呂后のとき、冒頓単于は呂后に使いを送って申しこんだ。

「自分は孤独な君主で、湿潤な沢地に生まれ、牛馬の群れる平野で長じましたので、しばしば国境まで

出かけて、中国に遊びたいと願っておりました。陛下もお一人で、やはり孤独でおられます。両主が楽しまないでは、心の慰めようもありません。願わくは有る所をもって、無い所に易えたいと思うがいかがでしょうか。」（漢書匈奴伝）

呂后は激怒して、一度は使者を斬り、兵を出そうとしたが、先代の平城での敗戦の痛みが消えていないという臣下の諫言で諦めざるをえなかった。

漢が単于に送る手紙には、一尺一寸の板を用い、

「皇帝敬しみて匈奴大単于に問う、恙無《つつがな》きや。(6)」

と書いたが、単于の側は一尺二寸の板を用い、印章・封泥を幅広く長いものにし、

「天地の生む所、日月の置く所の匈奴大単于、敬しみて漢の皇帝に問う、恙無きや。」

と書いた。

このような漢と匈奴との事実上の力関係は、武帝のときに転換した。東方では朝鮮が、西方では烏孫・西域諸国が漢に従属することによって、長城を境界とする対等の関係も、一部は破れたといえるかもしれない。しかし漢と匈奴が対立する南北正面の戦線では、境界がその後も維持された。その境界線は前述したように前漢末まで踏襲されていたのである。もっとも元帝のときに呼韓邪単于が漢に臣と称するようになったのであるから、両者の敵国関係は解消したのであるが、それは匈奴の領土支配を否定するものではなかったから、境界線は依然認められていたのである。

三　関市

さきの高祖のときの和親条約では、第二条に、毎年一定量の絹・真綿・酒・米その他の食物等を贈るとされていた。これはその後の諸帝のときの条約でもくりかえされたはずであるが、そのほかに、臨時の贈答品もあった。匈奴の側からは、駱駝・騎馬・車馬等、漢の方からは、各種の絹織物や絹製品、黄金製の帯や帯金具等が贈られた。

また史記匈奴列伝には、景帝・武帝のときに、「関市」を通じたという記事があるが、冊府元亀・外臣部・互市の条には、

「文帝の時、匈奴和親し、与に関市を通ず」

という記事があるから、文帝のときすでに関市を通じるという約束があったのである。文帝に仕えた賈誼の『新書』に、関市についての議論があるのは、そのことを傍証する。

漢人と他民族との関市については、南越との間の記録がある。史記南越列伝には、

「高后の時、有司、南越に鉄器を関市することを禁ぜんと請う。」

とあるが、漢書南粤《えつ》伝には、

「高后……令を出して曰く、蛮夷外粤に金・鉄・田器を予《あた》うる毋かれ。馬・牛・羊は即ち予うるも、牡を予えて、牝を与うる毋かれ。」

という令の内容が伝えられている。「金鉄田器」は金（銅）・鉄の田器とも読めるが、金器・鉄器のなかには兵器等も含まれ、それも当然禁輸の対象になったと考えられるから、金と鉄と農具と並列させて読んだ方がよいであろう。

また「蛮夷外粤」を南越だけを指すとみるか、その他の蛮族をも指すと解するか問題であろうが、次に述べるように、匈奴との間にも同様な禁令があったと考えられる。

漢書汲黯《きゅうあん》伝の注に引く応劭の言に漢律の逸文が引かれている。

「胡市にては、吏民、兵器及び鉄を持ちて関を出ずるを得ず。京師に於いて市買すと雖も、其の法一なり。」（史記列伝の注では「及鉄」の二字が落ちている）

胡市は匈奴との取引が許された市場で、関市と同じである。これによると兵器と鉄が禁制品であったが、南越の例からみて、銅器も売買が禁止されていたかもしれない。関市・胡市において、このような禁制品があるのをみると、その取引は統制されていて、官吏の監督の下に行われていたのである。

上記の賈誼の新書の匈奴篇によると、関市は一定の日に長城の傍らで開かれたが、当日は酒を売る者、食べ物を売る者など、一二百人の漢人商人が集まって店を開き、それをめあてに胡人（匈奴人）が長城の下に姿を現したという。これによれば、取引は王侯・貴人らの必要物資・奢侈品ばかりでなく、民衆同士の間でも行われたようである。

武帝の元狩二年（前一二一年）、匈奴の昆邪《こんや》王が投降して長安にやってきたとき、長安市民がこれと無断で交易したというので、五百余人が死刑になるという事件があった。汲黯はこれを批判したのであるが、上の律文は、それに関連して引用されているのであって、国境の関市における禁制品の取引禁止が、この際国都においても適用されたというのである。長安市民の取引の内容がわからないので、このような法の適用が正しいのか、適法であったのかどうか問題であるが、上の引用文の後半の「京師に於いて市買すと雖も、其の法一なり」というのは、あるいは律の原文ではなく、応劭が加えた注釈文であるかもしれない。この事件はたまたま京師でおこったが、京師以外の地域でも胡市の法の類推適用がありえるからである。

後漢書南匈奴伝には、匈奴が南北に分裂した直後の西暦五二年、北匈奴が、

「西域諸国の胡客を率いて、与に倶に献見せんことを求む。」

という記録がある。胡客というのはこの場合、西域の商人のことであろう。この北匈奴の要請を論議したときの臣下の言のなかにも、

「又遠く牛馬を駆りて、漢と合市（市を合）せんとす。」

とあり、その後の八四年の記録にも、

「北単于また吏人（吏民）と合市せんことを願う。」

とある。ここで注意すべきは、西域商人の介在と吏民の市場参加がみられることである。

西域商人は後世突厥・ウイグルの本土に住みついて、遊牧民の輸出する牛馬とひきかえに、中国から輸入した絹布や金属等を西方に再輸出した、つまり中継貿易を行っていた。またその後のモンゴル時代にはイスラーム商人が同様な行為をしていた。これと同様なことが匈奴の時代にもすでに行われていたのではないかと思われる。

吏民の参加は、さきの漢律の胡市の規定にも、賈誼の市の描写にも見られることである。匈奴の交易に民衆の参加が見られるであろうことは、次の匈奴と烏桓との関係からも推測できる。烏桓は匈奴に皮布税というものを納めていたのであるが、漢書匈奴伝に、匈奴の使者がその皮布税を収めにおもむく際に、

「匈奴の人民婦女の貰販せんと欲する者、皆随いて往く。」

といわれている。これによってみると、匈奴に烏桓から入った物資は、ただちに民衆の手にわたって流通するしくみになっていたのではないだろうか。漢から入った物資についても、同様であったのではないかと思われる。

遊牧民の経済にとって、交易が重要なことは従来も指摘されてきたことである。それは遊牧経済の生産性の低さや不安定さが、農業地帯の物資獲得によって補われなければならなかったからである。それは底辺の民衆をも含んだ全遊牧社会の問題であったから、民衆の参加は当然のことであった。そのために和親によって平和的関係を確立することは、第一節に述べた中国側の要求であるばかりでなく、遊牧民側にも必要なことであった。

しかしその平和的関係の維持がいったん不可能になれば、農業地帯への侵入・略奪に転ずるのだといわれ、遊牧国家の君主は、略奪集団の指導者としての性格をもっているのだといわれている。匈奴らが中国から略奪するものは、圧倒的に家畜と人口と穀物が多い。家畜は遊牧民の側が本来もつものではないかと思われるであろうが、気候の激変などで多数の家畜が死ぬことが多く、これを補う必要があったことを物語る。また拉致・連行された人々は、遊牧経済で生産不可能な兵器・金属品等の手工業生産の労働者にあてられた(7)。交

易による兵器・鉄器等の入手は、上記のように中国側が禁止していたのである。

四　客・臣への転換

武帝の初めまで和平は保たれていたが、まもなく馬邑（山西北部）の住人聶翁壹《じょうおういつ》に禁制品を出して交易させ、馬邑城を明け渡すと偽って匈奴を誘った。漢は馬邑の近くに伏兵をおいて匈奴を待ちかまえたが、匈奴はやって来ず、これがきっかけになって両者の間は戦争状態になった。

このとき漢は国力が充実していて、衛青らの将軍は匈奴軍を撃ち破って、オルドス地域を奪い返した。それから武帝は大月氏をはじめ西域諸国と連絡し、霍去病《かくきょへい》らの将軍は匈奴の西部地域に打撃を与え、匈奴の昆邪王を降して、河西・隴右地域（甘粛）を手に入れた（前一二一年）。これによって漢は西域方面への道を確保したし、チベット地域の羌《きょう》族と匈奴との連絡を断ち切った。ついで衛青・霍去病らは、単于の本拠地を急襲し、大打撃を与えて、「幕《ばく》（漠）南に王庭無し」といわれるまでになった（前一一九年）。そのため漢では匈奴を臣下にしようという意見も出されたが、匈奴はなお独立国家の自負をもって、「故約」を守るよう主張し、屈服しなかったことは前述した。

漢のうけた損害もけっして少なくなかった。武帝の前期には国境地帯が襲撃されることが多かったし、後期には使臣の蘇武らが抑留されたし（前一〇〇年）、将軍の李陵（前九九年）・李広利（前九〇年）らが匈奴に降った。もちろん財政上の負担は莫大なもので、そのために塩鉄専売、酒専売、均輸・平準、算緡銭等、商業の国営によって多くの弊害がもたらされた。

これより匈奴の方でもしだいに力が衰えるにしたがって、単于位をめぐる争いが起こり、前六〇年日逐王《にっちく》が漢に投降するにいたった。日逐王は匈奴の西域支配を担当していたので、これによって西域の支配権が漢に移り、漢はこの年西域都護をおいて、西域を監視するようになった。

匈奴の衰弱に乗じて、烏孫・丁零（のちの鉄勒）・烏桓等の侵略も始まり、内乱状態になって、五人の単于が並び立つようになった。そのなかから呼韓邪単于が、部下の提言を容れて漢に臣事することを決し、その子を侍子《じし》として漢の宮廷に送ってきた（前五三年）。

前五二年末、呼韓邪単于は国境の五原塞にいたり、明年正月に漢の宮廷に入朝することを願い出た。そして翌正月元日、甘泉宮で宣帝に面会したのである。

呼韓邪単于の申し出があってから、漢では単于をどう処遇したらよいか議論が起こった。これについては、次の漢書蕭望之《しょうぼうし》伝の記述がもっとも正確であると考えられる。

「公卿に詔して其の儀を議せしむ。丞相［黄］覇・御史大夫［于］定国議して曰く、『聖王の制は、徳を施し礼を行い、京師を先にして諸夏を後にし、諸夏を先にして夷狄を後にす。……匈奴の単于、風に郷《むか》い化を慕い、珍を奉じて朝賀するは、古より未だこれ有らざるなり。其の礼儀は宜しく諸侯王の如くし、位次（諸侯王の）下に在るべし』と。

望之以為えらく、『単于は正朔の加うる所に非ず、故に敵国と称す。宜しく待つに不臣の礼を以てし、位は諸侯王の上に在るべし。……』と。

天子これを采り、詔を下して曰く、『蓋し聞く、五帝三王、教化の施さざる所は、及ぼすに政を以てせずと。今匈奴単于北藩と称し、正朔に朝す。朕これ逮《およ》ばず、徳弘くは覆う能わず。其れ客礼を以てこれを待ち、単于の位をして諸侯王の上に在らしめよ。賛謁には臣と称するも名のらざらしめよ（名よばざれ）』と。」

これは丞相・御史大夫の議論では、単于を臣として扱い、位を諸侯王の下におけというのにたいし、蕭望之の主張では、不臣の礼をもって遇し、位は諸侯王の上におくように、というのであった。皇帝は望之の論を採用し、客礼でもって待遇し、諸侯王の上に位置させよ、という詔を下した。問題は最後の「賛謁称臣而不名」という語句で、これが最初の詔のなかにあったかどうか、意味をどう解するか（どう読むか）で意見が分かれている。

この議論と詔は、漢書宣帝紀、甘露二年十二月条にも載っているが、臣下の議論は「咸《みな》曰く」として、一括して載せ、「礼儀は宜しく諸侯王の如くし、臣と称して昧死《まいし》再拝せしめ、位次諸侯王の下にあるべし」と結論を記しながら、中間に「単于は正朔の加うる所に非ず、王者の客とする所なり」という蕭望之の議論から採ったらしい文を載せている。ただし蕭望之伝の文では「不臣の礼を以てせよ」とあるところを、いくらなんでもそれを引用したのでは、臣として扱えという末尾の文と矛盾してしまう。それで「王者の客とする所」という文言を挿入したのであろう。しかし客という言葉は、詔勅にのみ使われていて、臣下側の議論にはなかったとみるべきであろう。この宣帝紀の文は、もともと意見が正反対の臣下の議論を一括しようというのであるから、無理があるのである。

次に「贊謁称臣而不名」の語句であるが、これは蕭望之伝には詔の文として載っているが、宣帝紀甘露二年の詔の文はこの語句の前までで切ってあり、「贊謁」以下は同紀の三年正月条に、「匈奴呼韓邪単于稽《けい》侯𤚥《さん》来朝、贊謁称藩臣而不名」として載っている。これは詔の文ではなく、朝廷での行為として記されているのである。では最初の詔がどこまでかという問題であるが、宣帝紀の方が正しいとすると、蕭望之伝がなぜ最初の詔に「不名」までを一括して書いたのかという疑問が生じるので、蕭望之伝の一括した方が元来の詔だと考える方がよいと思う。それを翌年朝賀の際に実行したのである。

漢書匈奴伝には、上のような臣下の議論は載せず、

「単于、正月天子に甘泉宮に朝す。漢寵するに殊礼《しゅれい》を以てし、位は諸侯王の上に在らしめ、贊謁には臣と称して名のらざらしむ（名よばざらしむ）」

とのみ記す。

ここでこれらの文をめぐる従来の学説史を振り返ってみよう。はやく栗原朋信は、秦漢の璽印の研究に関連して、漢代の臣下には、内臣・外臣・客臣があるとし、呼韓邪単于の場合はこの客臣に当たるとした。客臣という語はおそらく栗原の造語であろうが、栗原は単于を客であるとともに臣でもあると考えているのである。単于が客であることは、宣帝の詔で明らかなことであるが、同時に臣であることは、「贊謁に際しては『臣』というのみでその『名』をいわせないことに」したといわれているからだという（『秦漢史の研究』二四〇頁）。「『臣』と称している以上、これは臣の範囲外のものではない」（同二四一頁）のだという。

これに反対した一人は尾形勇で、甘露二年十二月の詔では「客礼」もて待遇せよと言っているが、単于が

「臣」と自称するかどうかに言及がないのは、臣従させる自信がなかったのだろうという（ただし蕭望之伝に載る詔では、同時に客礼と称臣とが並列されている）。尾形によれば、それは甘露三年正月に、「臣」と称させたという記事と矛盾する。二年十二月から三年正月にいたる間に、宣帝自身が再考して、客礼という決定に変更を加え、臣従させるようにしたのであろうという（『中国古代の「家」と国家』一四七―八頁）。そこには客と臣とは両立しないという考えがあるわけである。ただ前年十二月から翌年正月までのきわめて短期間に、詔の内容に変更があったという考えにはいささか無理がありそうである。

客と臣とが両立しないという考えは、次の岡安勇・好並隆司両者も同じである。しかし両者とも、尾形と違って、呼韓邪単于は客であって、臣として扱われなかったという。その場合「贊謁称臣而不名」をどう解釈するかが、説の分かれ道になる。この点では、栗原・尾形両者は解釈が一致することになる。すでに栗原の解釈は上に述べた。単于が皇帝に拝謁する際に、「臣」と自称するのみで自分の名をいわないという解釈である。

この点について尾形には、呼韓邪単于の問題を離れて、漢代における（のみならず後代をも含めて）臣下の自称形式に関する詳細な論述がある（前掲書一一七―一八六頁）。臣下が皇帝に拝謁する際にどう称したかについては、秦始皇刻石以来実例があるのであるが、それは「臣」という語の後に某という個人名をつけて「臣某」と述べるのであるが、その場合「某」の内容は、姓を抜いて、名のみを言うのだという。それが一般の臣下の自称形式なのであるが、特別な臣下にたいしては「殊礼」を用い、「臣」とのみ称して名を言わないようにさせる場合があったというのである。これが「称臣而不名」の意味であると解釈されるのであって、この点は栗原と変わらない。尾形以前に、西嶋定生も同様な解釈をしている。すなわちこれらの解釈は、「臣某（某は臣の名）」という臣の自称形式があることを前提として、「不名」は臣の側が名を言わないことだと解するのである。

これにたいして岡安は、「賛謁称藩臣而不名」を、「賛謁の儀式では単于が漢王朝に藩臣と称しても中国側は単于の名を呼ばない、という礼を執った」と解釈する。岡安はさらに「不名」の礼遇を受けた者について、白虎通王者不臣篇・説苑臣術篇等によって、「諸父・諸兄・先王の臣・盛徳の士の四者は王者の『臣』ではあるが、同時に『不臣』の礼遇－つまり王者から名を呼ばれない（＝不名）－を賜与される存在であったことがわかるのである」といい、「ここに至って『不名』は『不臣』の礼遇であることが明らかになったことと思われる」と述べている。しかし岡安も引用するように、白虎通には「王者の臣に名せざる者五あり」といい、説苑には「凡そ此の四者は、王臣にして臣ならざるを明らかにす」といい、「湯曰く、何をか臣にして臣ならずと謂う。伊尹対えて曰く、君の名せざる所の臣は四」とあって、この不臣・不名の者も、広い意味では王臣の範疇に入るのである。なお岡安論文の注には、曹操が五斗米道の教主張魯に鎮南将軍の職を与え、閬《ろう》中侯に封じながら、客礼を与えた。臣下も「客礼」賜与の対象になると指摘されている。

たしかに岡安の挙げた例からみても、不名は朝廷側から名を呼ばないという意味に用いられている場合もある。しかしこれによって「称臣而不名」の「不名」を、すべて朝廷の側からの行為と解してよいだろうか。むしろ尾形が詳細に明らかにしている臣の自称形式からすれば、やはり臣の側からの自称として名を言わないと解した方がよいように思われる。

好並は、「『賛謁称臣』は甘露二年十二月における単于側の意向であり、『不名』は天子の殊礼措置に依って生じた具体的儀礼である。……賛謁称臣の主語は単于であり、不名のそれは宣帝である。従って『而』の字は順接の其れでなく、逆接の接続詞と解すべきである」という。すなわち「(単于は)藩臣を称し、拝謁を求めたけれども、(天子は客として扱い、殊礼を以て)名をなのらなくて良い特別の待遇をし」たとする。これでみると、好並も「不名」は単于の側に与えられた特典と考えているようで、その点は岡安と違って、栗原・西嶋・尾形らの解釈に近いらしい。しかし臣と称するのは単于側の一方的な意向で、漢の側は認めないのだということらしい。

漢書宣帝紀(匈奴伝ほぼ同じ)には、甘露三年正月、単于は甘泉宮で宣帝に謁した後に、長平という処に宿泊した。これにたいして帝は甘泉宮を出て池陽宮に宿泊し、その南の長平阪に登り、「単于に詔して、謁すること毋からし」めたという文がある。好並は、宣帝が返礼に単于の宿舎を訪問したのであるが、このとき単于に拝謁しないでもよいという詔勅を賜った。臣下なら当然拝謁すべきなのであるから、単于は臣の扱いがなされていないのだという。皇帝が返礼に訪れたのだから、なんらかの対応があってよいはずだのに、「謁する毋かれ」というのはどういうことを意味するのか、私にはもう一つわからない点がある。栗原はこれも客臣の独自性だとしているが。

なお宣帝紀には、上記の「賛謁称藩臣而不名」の後に続けて、「賜うに璽綬・冠帯・衣裳・安車・駟馬・黄金・錦繡・繒絮を以てす」とある。栗原はこの璽綬が「匈奴単于璽」であって、一般外臣は金印・紫綬であったが、単于は諸侯王の上に位置するので、内臣の諸侯王に与えられる璽が与えられた。そして一般外臣の印に付する漢の字が省かれたのだと説明している。しかし好並によれば、これも単于が客として臣でない証拠だとされるのである。このあたりになると水掛け論に近くなる(8)。

栗原はそもそも臣下となった者に印綬が与えられるのだと考えているらしいが、後漢の宮廷は、遠方から朝貢した倭の奴国王に印綬（金印）を与えたし、ビルマ（ミャンマー）北部から朝貢した撣《たん》国王にも、日南境外の葉調王（この国の位置にはジャワ説とセイロン（スリランカ）説がある）にも金印・紫綬を与えたという（次章参照）。これらをしも臣下と考えるならば、上記の客か臣かというような議論はそもそも成り立たないのではないだろうか。

漢書匈奴伝によると、呼韓邪単于よりすこし後の前漢末の文人揚雄が、前三年、匈奴との歴史的関係を論じた長い上書の一部で、次のように述べている。

「日逐・呼韓邪、国を携えて帰化し、扶伏して臣と称す。然れども尚これを羈縻《きび》して、顓制《せんせい》（専制）せざらんことを計る。」

呼韓邪単于の直後といってよい時期の揚雄は、単于らが臣と称して帰化を計ったのを、漢王朝が受け入れたと考えているように思われる。そうでなければ、日逐王と呼韓邪単于とを一緒にしないであろう。ただしそれを羈縻して専制しなかったというのである。

羈とは馬の手綱、縻とは牛の鼻綱であって、これらの手綱・鼻綱でもって牛馬を御するように、異民族を統御することをいう。専制しないというのは、中国が異民族社会の内部にまで、直接干渉しないというのである。羈縻という言葉は、漢代では揚雄よりすこし前の司馬相如が、蜀の西方に住む異民族（西南夷）の地

に派遣されようとしたとき、蜀の長老・紳士らが反対して、
「蓋し聞く、天子の夷狄に於けるや、其の義は羈縻して絶ゆる勿からしむるのみと。」（漢書司馬相如伝）
と言ったというように使われている。漢代だけでなく、後世まで中国の異民族対策の基本原則を指す言葉として広く使用されるようになっているのである。

羈縻して専制しないというのは、異民族を統御するには、その民族の国家・社会の内部にまで、直接支配干渉しないというのである。そのような政策としては、漢が匈奴にやってきたように、公主を与えるとか、関市を開き物資を与えるとかも含まれるが、異民族の君長に漢の爵位を与えて、皇帝との間に君臣関係を結び漢の外臣とするということもある。このように君臣関係を結ぶやり方は、冊封《さっぽう》とも呼ばれるのであるが、その場合にも、被冊封国家の内部に中国は干渉しないで、国家の統治は異民族君主に任せるのである。ただし被冊封国家の君主の相続に問題が起こったり、紛争や内乱が起こったりしたときは、中国からの干渉が起こり得る。(9)そもそも中国の支配と異民族国家の秩序を安定させることが、冊封関係が結ばれる理由だからである。

上記の日本学者間の論争は、呼韓邪単于が冊封を受けたかどうかということが問題なのだといってもよいだろう。冊封も羈縻の一種であって、長城以北のモンゴル高原の統治は単于に任されることが、敵国時代と同じであることは、すでに宣帝・元帝も承認済みであり、そのことを呼韓邪単于が感謝していたことは、すでに述べてきた所である。以上のような漢の異民族対策の下で、呼韓邪単于の漢にたいする従属的な地位は動かないように思われる。

注

（1）王国維「鬼方昆夷玁狁考」（『観堂集林』巻一三）。楊寛『西周史』（台湾商務印書館、一九九九）には、金文・詩経の原文も引用され、玁狁が西周末の犬戎の祖であることまでは認めている（五四一頁）。

（2）葛亮「漢与匈奴第一個和親約考述」（『中国辺疆史地研究』一九九五－二）、葉永新「漢与匈奴第一次、第二次和親考略」（同誌一九九八－四）

（3）陳豨が反乱を起こした年月には異説がある。まず年について、史記蕭相国世家や盧綰列伝は十一年とするが、漢書盧綰伝（附陳豨伝）では十年秋とする。十一年には彭越・黥布が反乱を起こしていて、黥布の乱は十二年におよび、その直後に劉邦が死んでいるので、十一年説には無理があろう。月については、史記高祖本紀は十年八月とし、漢書高帝紀は十年九月とする。一方史記陳豨列伝には九月とあるので、ここでは十年九月説を採った。

（4）史記劉敬列伝には、「韓王信亡入胡」とあり、その後に劉敬の通婚策が記され、さらにその後に、彼が匈奴から帰って、関中への徙民策を上言したように書かれている。したがって匈奴列伝に記す和親の三項目は、第一次和親の内容と考えられなくもない。しかしこの三項目が、高祖・冒頓以後の次の世代にも継承されたことを考えると、第二次和親の内容と考える方がよいと思う。

（5）顧頡剛『史林雑識』初編（中華書局、一九六三）に、「公主」と題して、公主・翁主の沿革が論じられている。公主の語は春秋・戦国にさかのぼるが、秦の始皇帝のときに皇帝の女を専ら指すようになり、翁主は漢代になって、諸侯王の女をいうようになったという。劉邦のときは異姓の諸侯王が多いのであるから、翁主の解は師古注の「諸王の女」というのに従った方がよいであろう。

（6）のちに日本が隋に送った国書の、「日出ずる処の天子、書を日没する処の天子に致す。恙無きや」の書式がここに始まっている。「書を致す」という書式については、中村裕一『唐代制勅研究』（汲古書院、一九九一）二九九頁以下参照。

（7）沢田勲『匈奴―古代遊牧国家の興亡』（東方書店、一九九六）一四〇頁以下参照。遊牧民族が農業地帯の民衆を大量に連行移住させた例は、遼・元の歴史に詳しくみられる。また草原における都市の記録や遺跡は、ウイグル以後はっきりする。

（8）以上の論争に関する文献は次のとおり。栗原朋信「文献にあらわれたる秦漢璽印の研究」（栗原『秦漢史の研究』吉川弘文館、一九六〇）、西嶋定生『秦漢帝国』（講談社、一九七三、学術文庫版、一九九七）、尾形勇『中国古代の「家」と国家』（岩波書店、一九七九）、岡安勇「中国古代における『客礼』の礼遇形式―匈奴呼韓邪単于への礼遇を手掛りとして―」（『東方学』七四、一九八七）、好並隆司「『称臣而不名』再考」（二〇〇一、好並『前漢政治史研究』研文出版、二〇〇四）

（9）魏志倭人伝によると、倭王卑弥呼は二四七年（正始八年）、南方の狗奴国と紛争を起こしている状況を、漢の帯方郡に報告した。すると郡からは役人の張政が来て詔をもたらし、紛争を解決して平和を維持するよう勧告した。張政の滞在中に卑弥呼が死んで男王が立ったが、国中が承知しないで動乱になった。結局卑弥呼の宗女で、まだ十三歳の壹與を立てると、動乱は収まった。それを見届けてから張政は郡に帰っていったという。これは宗主国（中国）からの介入が起こった例である。ここでは紛争・反乱と、君主の相続への直接的な監視が行われている。

第二章　漢代の異民族支配における郡県と冊封

前言―漢の異民族支配方式の概観

秦が郡県制を施いてから、中国内地の住民は家族を単位とする戸籍に登録され、いわゆる個別人身的な支配を受け、漢も基本的にはそれを受け継いだのであるが、中国周辺の異民族にはそのような直接的な支配を避け、諸民族の自治を認めて間接的な統治をおこなった。このような政策は一般に羈縻《きび》とよばれるのであるが(1)、そのなかでも代表的なのが冊封《さっぽう》とよばれる政策であった。これは異民族の首長に中国王朝の官位を授け、中国皇帝との間に君臣関係を結ばせるのであり、その際ふつう冊書とよばれる任命書が授けられるので、この呼び名が用いられている。封というのは秦以前のいわゆる封建制度の名残りで、臣下に封土を与えるか、旧来からの領土の支配を承認することを意味する。ここでの場合は、異民族の領土の保持をそのまま認めるのである。

漢では郡県制度を受け継ぎながらも、一部の臣下に国を建てさせて領土の保有を認めたので、これを郡国制度とわれわれは呼ぶのであるが、この郡国制度の存在が、冊封体制の創出を容易にしたかと思われる。実際異民族の首長に官位を授ける場合、それは中国国内の諸侯王の位にあわせて王・侯等の位を授けるのが一般なのである。そこで中国国内の諸侯王らを内臣と称したのにたいし、異民族の首長は外臣とよばれた。ただ外臣のなかでも、匈奴・烏桓等の場合には本来の単于という称号をそのまま認められたが、これは例外的な措置である。

冊封とは冊書による任命を意味するといったが、冊書によって任命されるのは比較的上位の場合である。異民族の場合には、一般にそれより下級の任命形式を用いる場合が多かったが(2)、諸民族の首長に中国王朝の官位を授けるという形式は同じであるから、日本学界の通例にしたがって、すべてこのような異民族首長の任命形式を、冊封ないし冊封体制とよぶことにしたい(3)。

漢代には中国周辺の諸民族が、一定の民族的統一を成し遂げているとはかぎらない。むしろそのような統一にはいたらない諸種族が、部落ごとに分散して存在し、それぞれの部落の長をとおして支配されているという状態の方がふつうであった。中国の支配はそのような状態のところに浸透していったのであるから、それらの部落の長が個別に中国王朝に朝貢することが多く、その場合にも王朝はかれらに相応した位を与えたのである。それらは冊書による任命でなくとも、冊封と同様な性格のものとして考えてよいであろう。

しかしそのような統一のない地に漢が進出した場合に、部落ごとに支配するだけでは十分でなく、ある程度広域的な統治組織をつくらなければならないであろう。また元来一定の統一があった異民族の地においても、その君主が打倒され滅ぼされてしまえば、統一のない地の場合と同様になる。衛氏古朝鮮を征服した場合などがそれに当たる。それらの地を統治する組織としては郡県以外には考えられなかったから、元来漢民族社会で発達した郡県制が異民族社会にも施行されるようになった。そうなると郡県内部にも、本来の郡県とは異質な冊封ないし小冊封が併存することになる。郡県と冊封が相重なる事例は、西南夷の場合に典型的に見られる。

郡県制は文官による支配であったが、当初より郡には都尉（秦・漢初には単に尉と言った）が設けられ、軍事を掌って、長官たる太守を補佐した。県には県尉がおかれて、県令・県長を補佐した。中国内地の郡県と、異民族が集団的に居住する地域があったが、そういう地域には東部都尉・南部都尉・西部都尉等（これらを総称して部都尉とよぶことにする）とよぶ特別な都尉をおいて、軍事的にそれらを監視した。異民族の地を征服して、その地に郡県制を施行した場合は、太守にも軍事の権が与えられたようであるが、ときには右の内地の部都尉の制度が適用されることもあった。

なお武帝のとき匈奴の大軍が投降した場合には、五つの属国とよぶ地域を設けて、それぞれに属国都尉をおいた[4]。それ以来中国辺境の郡には属国の制が施かれる所が多くなった。郡の下の県にも異民族集居の地があったが、それらは道とよばれた[5]。

郡県制は一定の都市に拠点を設けなければならなかったから、異民族の地に施行される場合には、その民族が農業民族ないしはそれに近い場合にのみ適当であったと思われる。上記の朝鮮や西南夷の場合はそれに当たる。異民族が遊牧あるいは半遊牧生活を送っている場合には、これを監視するために軍事的な官がおかれることが多かった。使匈奴中郎将・護烏桓校尉・護羌校尉等がそれである。

なおこのほかに西域都護があるが、これは西域という特殊な地域条件に対応しているので、郡県と冊封という本章の課題とは別であるが、異民族支配の一環であるので、本章の最後にこれについても一言することにしたい。

以上は漢の異民族支配の方式を概観したのであるが、以下には諸民族と漢王朝との個別の具体的な関係を通じて、諸民族の側の条件をも考慮しながら、漢王朝の対応を考えることにしたい。

一 遼東郡と古朝鮮

前章で匈奴と漢との領域協定について述べ、秦が造った長城を境界として、それより北は弓を引く国、南は冠帯の地とされたことを指摘したが、弓を引く国というのはいうまでもなく遊牧騎馬民族の領地で、それが長城以南の農耕民族の地域と対峙することになったのである。戦国秦漢の長城の遺構は、今日遼寧省西部のシラムレン以南から内蒙古自治区で発見されているが、この長城の東端にいたって遊牧地域は終わりを告げ、東方の農業地域に接続している。すなわち中国の河北から長城の東端を越えて、今日の東北から朝鮮半島にかけては、農業を行ういくつかの種族が集落を営み、そのなかに真番・臨屯・朝鮮などとよばれる原始的な国家があった。

農耕地帯の存在は、はやくから漢人の移住をうながしたと考えられる。この方面に進出する漢人は、中国本土の東北地域の燕人か、山東半島から海路渡来する斉人であったろう。史記匈奴列伝によると、戦国中頃

「燕に賢将秦開あり、胡に質と為り、胡甚だ之れを信ず。帰りて襲いて東胡を走らす。東胡卻《しりぞ》くこと千余里。……燕も亦長城を築き、造陽より襄平に至り、上谷・漁陽・右北平・遼西・遼東郡を置いて以て胡を拒」いだという。荊軻《けいか》が始皇帝暗殺に失敗したのち、秦軍の攻撃をうけた燕王喜は遼東に逃げこんだが、秦軍はそれを追って燕を滅ぼした（燕召公世家）。秦・漢の遼東郡はこの燕の郡を受け継いだのである。遼東郡はこのようにはじめ東胡に対しておかれたのであるが、のちには漢人が朝鮮方面に進出する拠点になったであろう。すなわち遼東郡の位置は、西に匈奴・東胡をひかえ、東に朝鮮と接するという重要な地位を占めるのである。

遼東郡の地はふつうには遼河の東の遼陽に比定されるが、もっと南方で河北に近いとする説もある。(6) これにともなって朝鮮の西界をどこにするかも問題になる。それは遼東郡をどこにおくかに関係し、これを遼寧方面にまで拡大する説もあるが、あるいは出土遺物の状況から、鴨緑江より南の清川江を界とするという説もある。(7)

初期の朝鮮の国家は、近代の朝鮮王朝（李朝）と区別して、古朝鮮とよばれ、それに箕子《きし》朝鮮と衛氏朝鮮とがあった。箕子というのは殷の紂王の圧迫をうけた賢人で、周の武王が殷を滅ぼしたとき、これを朝鮮に封じたというのであるが（史記宋微子世家）、この話は史記の朝鮮列伝にはない。司馬遷にとってはそれは宋国の伝承に過ぎなかったのであろう。この伝承が有名になったのは、中国より遅れて出発した異民族国家の建設を、とかく漢人のせいにしてしまいがちな中国人の側が、それを採用するようになったからであろう。

史記朝鮮列伝は、衛氏朝鮮を建国した衛満から始まる。これは司馬遷の時代にまで存在した現実の国家である。漢初に燕の旧領には劉邦の竹馬の友であった燕王盧綰《ろわん》が封ぜられたが、劉邦の死とともに盧綰が匈奴に亡命したとき、その部下の衛満という者が千余人の党をつれて逃亡し、蕃夷の頭髪・衣服をまねて国境を越え、浿《ばい》水を渡って朝鮮に入り、(8) 現地の真番・朝鮮等の異民族や燕・斉の亡命者を服属させて、王険《おうけん》（平壌）に都をおいた。(9) 史記はこのように伝えている。

衛満は恵帝・呂后の時代に、遼東太守の仲介によって漢の外臣となった。(10) そのときの約のなかに、満が塞外の蕃夷が（漢の）辺境を犯さないように保証するという項目があったらしい。一方では諸蕃夷の君長が漢に入朝しようとするのを禁止してはならないという項目もあったのであるから、これらの項目は「諸蕃夷」の漢への従属を、衛満を通して確実なものにしようとするものであったが、衛満は漢の権威を背景にして、周辺の諸族に支配力を行使しようとした。そのために真番・臨屯等の小国家が衛氏朝鮮に服属するようになったという。しかし満は外臣の義務とされる漢への入朝、天子への謁見を実行しなかった。

衛満の孫の右渠《うきょ》のときにいたって、亡命漢人を誘い入れ、周辺の小国の中国への入朝を阻止した。そこで渉何《しょうか》という者が漢の使者として送られたが成果がなく、何は国境の浿水にいたって、かれを送ってきた朝鮮国の王族の長という者を刺殺し、浿水を渡って遼東郡の要塞に駆けこんだ。どういういきさつがあったかわからないのであるが、使命が達せられないなんらかの理由づけを考えたのであろう。武帝はその報告を聞いて納得し、渉何を遼東郡の東部都尉に任じた。東部という名称から、それは朝鮮の動向を監視する任務をもっていたと思われる。一方朝鮮の方では何を恨み、何を攻め殺した。そこで前一〇九年、漢の武帝はとうとう武力を発動した。

漢軍は応募の罪人から成り、二手に分かれて、一方は遼東から陸路を進み、一方は山東から海を渡って朝鮮の地に入ったが、朝鮮軍の抵抗にあった。前者は鴨緑江を渡れず、後者は王険には到達したものの、敗北を喫して兵はちりぢりになった。そこで兵をたてなおして再度進んだが、両方面の将軍の意見があわず、ごたごたの末に軍を統一して王険城を攻めたてたところ、今度は朝鮮側が仲間割れした。もともと衛氏朝鮮は征服国家で、朝鮮族との間に対立があり、一方漢族の方は漢軍への抵抗意識が弱かったのではないかと思う。前一〇八年、最後に衛右渠は暗殺され、民衆の抵抗がしばらく続いたすえ、王険城は陥落した。武帝は将軍たちの反目・失敗を考慮して、これを死刑や庶民への降格など厳罰に処した。

漢書は朝鮮を征服したことを、「匈奴の左臂《さひ》を断つ」と記している。史記匈奴列伝には、「（匈奴の）諸々の左方の王将、東方に居りて上谷以往に直《あ》たる者、東は穢貉《わいばく》・朝鮮に接す」といい、また「是時漢、東は穢貉・朝鮮を抜いて以て郡と為し、西には酒泉郡を置いて以て胡と羌の通ずる路を隔絶す。漢又西のかた月氏・大夏と通じ、又公主を以て烏孫王に妻《めあ》わし、以て匈奴西方の援国を分かつ」と記し、匈奴が朝鮮諸族と接しており、朝鮮の征服が匈奴の西方への対策と一対のものであり、匈奴に左側から圧力を加えることになったことを示している。

二　朝鮮における漢の郡県

1　蒼海郡の設置

漢書武帝紀元朔元年（前一二八年）条に、この年「東夷薉《わい》君南閭等、口二十八万人降る。蒼海郡と為す」

という記事があり、後漢書東夷列伝には、「元朔元年、濊《わい》君南閭等右渠に畔《そむ》き、二十八万口を率いて遼東に詣《いた》りて内属す。武帝其の地を以て蒼海郡と為す。数年にして乃ち罷む」とある。これが漢がこの方面に郡県をおいた最初である。衛氏に背いた者があったこと、漢が郡県をおく意志がはやくからあったことを物語る。

史記平準書に、「彭呉、濊・朝鮮を穿って、滄海の郡を置く。則ち燕・斉の間靡然《びぜん》として発動す」とある。平準書の原文には誤字があるので、漢書食貨志の文によって訂正した。[11] 彭呉は人名、「濊・朝鮮を穿つ」というのは、遼東郡から濊・朝鮮を貫通する道路を建設しようとしたことで、そのために滄海郡がおかれようとしたのである。

道路の建設はローマ帝国の場合と同じく、漢の植民地政策の重要な施策で、後述する西南夷にたいする場合も同じである。しかしその施策は、工事を請け負う地方の住民に多大の負担をかけ、地方の動揺をひきおこすことになった。朝鮮の場合は河北・山東であり、西南夷の場合は四川である。史記公孫弘伝には、元朔三年御史大夫になった公孫弘が、西南夷と滄海郡の道路建設を廃止することを提案し、武帝がそれを許可したことが記されている。西南夷については後述するが、朝鮮に関しては、武帝紀元朔三年春条に、「蒼海郡を罷む」という記事がある。

青山公亮は、武帝が朝鮮への道路建設に熱意を注いだのは、濊君南閭の内属を契機として、極東地方への政治的支配を強化して、衛氏の朝鮮国を牽制するとともに、匈奴の左臂を断とうとしたものであり、また経済的には、中国商人の往来・交易を便にして、物資の交流を図ろうとしたものであるという。[12] そうとすれば、衛氏朝鮮国の征服と、郡県設置の意図は、はやくから芽生えていたというべきであろうか。また郡県設置の意図のなかには、異民族支配のためばかりでなく、国策に沿った基地設定という目標もありえたと考えられる。

一九五八年、平壌において「夫租薉君」と刻んだ銀印が出土した。これが濊君南閭に与えられたものかどうかわからない。岡崎敬は前漢後半のものだという[13]。漢書地理志に載せる楽浪郡の属県に、夫租県があり、那珂通世・池内宏は朝鮮半島の日本海岸はおおむね濊族の住地であるが、その北部には沃沮《よくそ》族がおり、夫租とは元来沃沮のことで、夫租県は朝鮮北部の咸興に比定されるとした[14]。平壌からは前記銀印とともに、「夫租長印」という銀印も出ている。これは夫租県長の印であるが、同一墓出土の「高常賢印」とともに、楽浪在住の漢人であろうと思われる。しかし夫租薉君はむろん土着の有力者で、南閭の子孫かどうかはわからないが、蒼海郡の廃止とともに、はじめは遼東郡に、のちには楽浪郡に土着してしまったのかもしれない。

2　楽浪以下四郡の消長

武帝は衛氏朝鮮を征服すると、元封三年（前一〇八年）、楽浪・臨屯・真番の三郡を置き、翌四年（前一〇七年）、玄菟郡をおいた。それから二十六年たって、昭帝の始元五年（前八二年）、臨屯・真番二郡を廃止し、その属県を楽浪郡に移管した。玄菟郡は廃止されなかったけれども、遼東方面に移動した。玄菟郡はその後もう一度移動するので、最初から第一玄菟郡、第二玄菟郡、第三玄菟郡とよぶのが普通である[15]。

楽浪郡は大勢においては、衛氏朝鮮の王険をついで、現在の平壌と考えられるが、厳密にいって郡の治所がどこにあったかという問題がある。というのは王険城は大同江の北にあったと考えられるのにたいし、一九一三年（大正二年）、大同江の南の土城址から「楽浪礼官」「楽浪太守章」等の封泥が発見され、治所ははじめから江南にあったか、それとも途中で江北から江南に移ったか、移ったとすればそれはいつか、といった点が争われているからである(16)。

楽浪郡の人口は、むろん本国から派遣された官吏を頂点として、多数の土着人から成っているのであるが、ここには衛氏朝鮮時代から相当数の亡命漢人が住んでいた。さらに楽浪郡時代になってからも、さまざまな事情によって中国本土から移住してきた漢人があったと思われる。そのなかで最も有名なのは、山東琅邪《ろうや》出身の王仲とその子孫で、かれらは山東の名族であったから、呂后の一族呂氏の末年、山東で挙兵した哀王襄、文帝初年謀反した済北王興居の諮問を受けた。仲は禍が身におよぶのを恐れ、海を渡って衛氏朝鮮の支配下に入り、平壌付近の山中に逃れていたという。楽浪郡時代になって郡の名士になったらしく、後漢末王閎《こう》は郡三老になっていた。両漢交替期に楽浪でも混乱が起こり、王調という者が郡守を殺して、自ら楽浪太守と称した。王閎は郡吏とともに、王調を殺して、光武帝が派遣した新太守王遵を迎え入れた（後漢書王景伝）。

楽浪出土の印のなかに「楽浪太守掾王光之印」「五官掾王盱《く》印」があり、これらは楽浪郡府の吏員であり、五官掾といえばかなり高い地位である。そのほか王雲・王根・王寿・王扶（?）等の印が出ており、さきの反乱者王調をふくめて、楽浪の漢人には王氏が多い。これらが王仲の直系とはかぎらないが、琅邪の王氏といえば大豪族であるから、その系統である蓋然性は強いであろう。もちろん出土印だけからみても、韓・荊・黄・孟・高等の姓がおり、先述の高常賢は夫租県長に任命されていた。また出土漆器の銘には王・韓・高・程・張・田等の姓が、出土磚の銘には王・韓・呉・貫・杜等の姓がみえる。このなかに王氏とならんでかならずみえる韓氏については、箕子朝鮮の最後の王の侯準が韓族の地に逃れ、それからその子孫が韓氏と名のったという伝えがあるから（魏志東夷伝裴注所引魏略）、その真偽は別として、朝鮮半島では有力な一族であったのであろう。

なお楽浪郡滅亡後の高句麗時代に、安岳三号墓の冬寿が有名であるが、かれは晋書の佟寿で、晋代の亡命者であるから、楽浪郡時代とは関係ない。

楽浪郡にはもちろん土着の有力者も存在した。先述の「夫租薉君」の印の出土は、そのような土着の有力者のなかに、漢の位をもらった者が存在することを示している。そのような者が郡府や県廷の属吏のなかにもいたであろう。しかし具体的な文献資料は存在しない。

ただ三上次男は支石墓や箱形石棺墓が土着有力者の勢力を示すもので、それが衛氏朝鮮国の成立にやや先だつ時代から、楽浪郡初期まで存在した。それが衛氏朝鮮国では漢人と勢力を分かっていて、楽浪郡になってもある程度の勢力を温存していたが、一面県の土着民社会にたいする圧力が強化され、土着民の代表である豪族の勢力はしだいに弱められたのではないかと推測している。前一世紀末から一世紀初頭にかけて、支石墓が消滅するのはそのことを示している。そのあと箱形石棺墓に代表される、より小規模な有力者もあらわれたが、それも長続きしなかった。西紀一世紀以後には、かれらは支配勢力としての地位を失ったという。[17]

さて臨屯郡であるが、この郡は日本海沿岸に沿うておかれ、その地方に住む濊族を主として治めていた。臨屯郡廃止後には、「単単大領（嶺）の東に在りて、東部都尉を分置し、不耐城に治し、別に東七県を主領す」（魏志東沃沮伝）といわれ、また「単単大山領より以西は楽浪に属し、領より以東七県は、都尉これを主とし、皆濊を以て民と為す」（同濊伝）といわれている。

これは臨屯郡の旧領のうち東部の七県の地に、東部都尉をおいて、主として日本海岸の濊族を監視させようというのである。都尉というのはいうまでもなく、郡（ここでは楽浪郡）のなかの、異民族支配の担当官である。都尉管下の七県は、東暆《い》県・不而（耐）県・蠶台県・華麗県・邪頭昧県・前莫県・夫（沃）租県であり、東暆県はもとの臨屯郡の治所であったが、東部都尉の治所は不耐県におかれた。(18) 濊族は七県のうちの六県に住んでいたが、最後の最北部の夫租県は沃沮族の住地であったとみられている。

上記東沃沮伝の続きに、後漢の初め光武帝の建武六年（西紀三〇年）、都尉を廃止して、県中の「渠帥」を県侯に任命した。そこで不耐・華麗・沃沮諸県はみな侯国になったと記されている。また「沃沮の諸邑落の渠帥、皆自ら三老と称す」とも記されているので、県侯の治下の諸集落の長もまた自治を行っていたと推察される。もともと臨屯郡には、このような渠帥がいたので、郡県による漢の直接支配になじまず、それで郡を廃止したのであろう。そのかわり東部都尉によって間接的な監視体制をとったのであるが、いまや渠帥を侯に冊封して（漢の臣下に任命して）、統治を委ねたのである。郡県支配の後退ともとれるが、郡制から都尉制を経る間に、冊封による操縦が可能になったともいえるであろう。

漢書地理志に楽浪郡治下の二十五県を列挙するが、そのうち東部七県は東部都尉の管理するところで、その治所は不而県にある。そのほか昭明県の条に「南部都尉治す」と記されているので、楽浪郡の南部には、南部都尉がおかれていたことがわかる。楽浪郡は郡の直轄地と、東部都尉の管轄地と、南部都尉の管轄地とに三分されていたのである。池内宏は、この南部都尉も東部都尉と同時に省かれたにちがいないと推測しているが、東部都尉の地のように侯国がおかれたわけではなく、いったん楽浪郡の直轄になり、のちにこの地に帯方郡がおかれたと指摘している。(19) 東部都尉が濊族の地を監視していたように、南部都尉はおそらく南方の韓族をその監視下においていたと考えてよいであろう。

つぎに真番郡であるが、漢書武帝紀、元封三年、四郡設置の条の臣瓚の注に、「茂陵書に（いう）、臨屯郡は東暆県に治す。長安を去ること六千一百三十八里、十五県。真番郡は霅《そう》県に治す。長安を去ること七千六百四十里、十五県」とある。しかし霅県の位置はわからず、わかるのは真番郡が臨屯郡より遠方にあることだけである。

そこで真番郡の位置をめぐっては、北方説と南方説とが対立している。北方説の代表は那珂通世・白鳥庫吉、南方説には稲葉岩吉・今西竜・池内宏・李丙燾・末松保和等の説があり、どちらかといえば南方説の方が有力である。(20) しかし本稿の論旨には関係ないので、これは別の学説史に譲ってこれ以上述べない。

玄菟郡については、そもそも最初の位置からして異説がある。魏志東沃沮伝には、「漢の武帝の元封二（三の誤）年、朝鮮を伐ち、満の孫右渠を殺し、其の地を分かって四郡と為し、沃沮城を以て、玄菟郡と為す」とあるので、玄菟郡の治所は沃沮（夫租）県にあったと考えるのが一説である。(21) 那珂通世・白鳥庫吉・池内宏らは、これを朝鮮北部日本海岸の咸興に比定する。しかし右の文は沃沮城を玄菟郡の範囲に入れたと読めないこともない。そこでもう一説は、李丙燾・和田清のように、これを鴨緑江中流域の集安ないし、その支流の渾江《こん》（佟佳江《とうか》）流域に求める説もある。(22) 和田は玄菟郡が渾江流域から集安を経て咸興に達した一条の道路に沿って置かれていたと推測した。玄菟郡の範囲をこのように考えれば、後漢書高句麗伝に、「武帝朝鮮を滅ぼし、高句麗を以て県と為し、玄菟郡に属せしむ」とあるので、沃沮県が治所であっても、その領域は西方の集安方面にまで延びていたと考えることができる[23]。

ところでこの最初の玄菟郡（第一玄菟郡）は、上の東沃沮伝の続きに、「後夷貊《はく》の侵す所と為り、郡を句麗の西北に徙す」とあって、第二玄菟郡の地に移されることになる。その原因となった夷貊の侵略については、沃沮・濊・初期の高句麗等が考えられる。その時期は、漢書昭帝紀、元鳳六年（前七五年）正月条に、「郡国の徒を募って、遼東の玄菟城を築く」とあるのがそれであろうと考えられている。

漢書地理志に載る玄菟郡は、この第二玄菟郡であるが、そこには高句麗県以下三県が記されており、郡治がおかれた高句麗県には、その位置をしめす「遼山、遼水の出ずる所、西南遼隊に至りて大遼水に入る」という注が記されている。ここで遼水というのは今日の渾河で、西南から流れる蘇子河がこれに合する。その蘇子河の出ずるあたりの清代の興京老城（現新賓県永陵）が高句麗県であろうというのが通説であるらしい[24]。これが高句麗の西北にあたるというのが、上の東沃沮伝の記すところである。

ところがその東沃沮伝は、第二玄菟郡が句麗の西北に徙されたと記した後に、「今の所謂玄菟故府は是れなり」と述べている。魏志の材料が書かれた三国時代には、もはや第二玄菟郡は「故府」となっていたのである。そこで第三玄菟郡が求められなければならないが、後漢書郡国志に載る玄菟郡はこの第三玄菟郡であると考えられる。そこには漢書地理志の高句麗県以下三県に加えて、高顕・候城・遼陽の三県が記され、それら各県の条下に「もと遼東に属す」と注記されている。この注記についてはさらに、「東観書に（いう）、安帝即位の年、三県を分かちて来属せしむ」という注補がある。安帝即位の年、すなわち一〇六年に、これらの三県は遼東郡から玄菟郡に移されたのである。そこで従来この年をもって、同時に第三玄菟郡が成立した年としている。[25]このような変化があった理由としては、前年から高句麗の侵略があったことが挙げられている。

さてこのような理由によって、第三玄菟郡はどこに移動したのであろうか。それは呉書という意外な書物に記されている。漢末三国初め遼東に割拠した公孫氏のもとに、呉の孫権から幾度も使者が送られた。そのうち二三三年（呉の嘉禾《かか》二年）に送られた使者は、公孫淵に図られて遼東諸県に分散させられたが、そのなかに玄菟郡に配置された者がおり、呉志嘉禾二年条裴注に引く呉書に、「玄菟郡は遼東の北に在り、相い去ること二百里」とあるのである。これだけでは心もとないが、おおかたの意見では、遼東郡治（遼陽）より東北の撫順周辺にあてるようである。[26]

以上は玄菟郡の移動に関する原史料と、従来の解釈を紹介したのであるが、漢の四郡のうち、臨屯郡・真番郡が廃止されたのにたいし、玄菟郡が移動しながら存続したのは何故であろうか。臨屯郡の廃止以降の処置が、現地の濊族・沃沮族社会の状況に対応するものであったことは上に述べたのであるが、玄菟郡は逆に高句麗の急速な勃興に対応しなければならず、その防衛や交渉のために、高句麗に接しておかれ続けられなければならなかったのであろう。

3　諸郡への朝貢

郡県がその管轄範囲をもち、その範囲内の統治を行ったことは当然であるが、郡県に接する地域の異民族についても責任を負い、郡県外の異民族との交渉をも担当していた。楽浪郡は南部朝鮮の韓族や、海を越えた日本（倭）の朝貢をも掌っていた。また楽浪郡・遼東郡・玄菟郡は、東北諸族の貢納や交渉を扱っていた。

倭については、周知のとおり漢書地理志に、「楽浪の海中に倭人あり、分かれて百余国と為る。歳時を以て来たり献見すと云う」とあり、前漢のときにすでに楽浪郡に朝貢してきていた。後漢の初め、光武帝紀の中元二年（五七年）条に、「東夷の倭の奴《な》国王、使を遣わして奉献す」とあり、後漢書東夷伝に、「建武中元二年、倭の奴国、貢を奉じて朝賀す。……光武賜うに印綬を以てす」とある。これは使者が楽浪郡に上陸した後、洛陽まで行って朝賀をおこない、光武帝から印綬が与えられたことを示すものであろう。その後倭国は安帝の永初元年（一〇七年）にも、倭国王帥升等が生口百六十人を献じたという。

倭の奴国王がもらった印綬が、博多の志賀島から発見された「漢倭奴国王」の金印であろうと一般に考えられている。しかしこれは漢が冊封した臣下に与える印の形式と違うので、真印・偽印・私印説等いろいろあるなかで、栗原朋信は奴国王は「不臣」の朝貢国なので、形式が違ってもかまわないのだという[27]。ふつう印綬が与えられたら、冊封を受けて臣下になったのだと考えられがちである。しかし後漢では、印綬が臣下でない臨時の朝貢国にも与えられた例が、後述する南海の朝貢国の場合にもみられるのである。

韓族については、後漢書光武帝紀の建武二十年（四四年）条に、「秋、東夷の韓国人、衆を率いて楽浪に詣りて内附す」とあり、後漢書東夷伝に、「建武二十年、韓人廉斯《れんし》の人蘇馬諟《し》等、楽浪に詣りて貢献す。光武蘇馬諟を封じて漢の廉斯邑君と為し、楽浪郡に属して、四時朝謁せしむ」とある。こちらは倭の奴国王と違って、明確に廉斯邑君という位に「封」じ、四時の朝貢・謁見を義務づけたのである。

廉斯については、魏志韓伝裴注に引く魏略に、王莽のときに廉斯鑡という者がいて、「辰韓の右渠帥」であったが、楽浪郡に帰順しようとして、途中で漢人の捕虜が使役されているのを見て、[28]この解放に尽力したので、楽浪郡から表彰をうけ、子孫相伝えて、安帝の延光四年（一二五年）にいたり、なお復除（徭役免除）の特権をもっていたという。この廉斯鑡の廉斯は地名で、[29]かれは地名を冠したその地の豪族（渠帥）なのであろう。

蘇馬諟が朝貢したのは、この話のすぐ後のことであるから、廉斯鑡の影響をうけているのかもしれない。漢はかれに邑君の位を与えた。邑というのは集落のことであって、韓は馬韓・辰韓・弁韓に分類できるといっても、それらは自立性のつよい集落のゆるい連合であったであろう。蘇馬諟はそのような集落の長であったと思われる。魏志韓伝には「其の官に、魏の率善・邑君・帰義侯・中郎将・都尉・伯長あり」と記されている。これは廉斯邑君以後、後漢代を通じて中国に朝貢し、その官位を受ける者が多く、それが魏代まで続いていたことを示すものであろう。

後漢の初めには、鴨緑江の北側の諸族も来貢した。夫余は後漢書光武帝紀、建武二十五年（四九年）条に「使を遣わして奉献す」といわれ、後漢書夫余伝によると、安帝の永寧元年（一二〇年）には王子の尉仇台を漢の宮廷に派遣したので、皇帝は印綬・金綵を賜ったという。その後王自身が来朝したこともあった。魏志夫余伝には、先代の夫余の長に、「濊王之印」という文面の印が与えられており、国内には濊城という古城があった。ここがもと濊貊の地だからだという。これについては、濊人は日本海岸とは別に、今日の東北北部にも存在し、夫余はそのなかから発展してきたという解釈もあるが、[30]三品彰英は濊あるいは濊貊の語が、漢代には夫余・高句麗をふくんだ東北諸族の汎称として使われたのだという(31)。

高句麗は光武帝紀によると、建武八年(三二年)「高句麗王、使を遣わして貢を奉ず」とあり、王莽のとき認めなかった王の称号を、漢ではこのときより認めることにした。しかし夫余王や高句麗王の称号は、本来異民族の側の称号であって、漢側が冊封した称号ではなかった。ただ夫余に与えられたらしい「濊王」という称号は、「濊王之印」の形式が後述する「滇《てん》王之印」と同様であることからみて、漢が与えた冊封号とみてよいであろう。しかし夫余王・高句麗王は遼東郡・玄菟郡・楽浪郡との間に、叛服常ならない状態を呈していた。

後漢の末になると、漢帝国の異民族にたいする抑えがきかなくなった。魏志韓伝に、「桓・霊の末、韓・濊彊盛にして、郡県制する能わず、民多く韓国に流入す。建安中、公孫康屯有県以南の荒地を分かちて帯方郡と為す。……是の後、倭・韓遂に帯方に属す」とある。

日本海岸の濊族はその南部で韓族と接する位置にある。そこで両者が連合して蜂起したのである。そのため動揺が広がったので、漢末遼東に割拠した公孫氏が、楽浪郡の南部を割いて帯方郡をおき、倭人・韓人の管理を楽浪郡から帯方郡に移したのである。帯方郡の設置年代ははっきりしないが、公孫康が父の後を嗣いだのが二〇四年だから、それからまもなくであろうと思われる。

その後三国時代に入るが、魏は公孫氏を討つことになり、景初二年(二三八年)司馬懿が軍を率いて遼東を征服した。同時に魏は帯方太守劉昕《きん》・楽浪太守鮮于《せんうし》嗣を任命し、海を渡って朝鮮半島に攻め入って二郡を攻略した。魏は二郡各地の有力者(臣智)に邑君・邑長の位を与えて統治した。漢代以上に邑君・邑長の勢力が強くなっていたように思われる。

そのようなときに役人の呉林という者が、辰韓の八国を分割して楽浪郡に移管させようとした。これは楽浪郡の旧権限を回復しようという試みであるが、それは同時に韓族の力を分断することにもなる。そこで韓族の側では、臣智らが韓人を率いて蜂起し、帯方太守の弓遵《じゅん》を戦死させるほどの勢いになったが、二郡の兵はようやくこれを鎮圧した。正始七、八年（二四六、七年）の交らしい(32)。

一方後漢末の動乱は倭国にも影響した。後漢書倭伝には、「桓・霊の間、倭国大いに乱れ、こもごも相い攻伐し、歴年主なし。一女子あり、名づけて卑弥呼と曰う、年長ずるも嫁せず、鬼神の道を事として、能く妖を以て衆を惑わす。ここに於いて共に立てて王と為す」とある。動乱のなかから卑弥呼が登場するのであるが、卑弥呼が使節を派遣して帯方郡に朝貢し、洛陽で皇帝から親魏倭王に任命されたのち、その印綬等を倭国にもたらしたのは帯方太守の弓遵であった。上の弓遵の戦死はその後のことである。

三　羌族の反乱と漢の郡県

1　羌族の社会と郡県

本稿の前言において、郡県制は農業民族に適し、遊牧民族には護匈奴中郎将・護烏桓校尉等、軍事的な機関が設けられたことを述べた。これから述べようとする羌族の場合には、はじめ遊牧生活を主とし、部分的に農耕を行っていたが、のちしだいに定着して、農業に従事するものが多くなったと思われる。中国側の支配のしかたも、それに対応する点があったようである。

羌族の本来の住地は、今日の青海東部から甘粛省西南部にかけての地域である。ことに青海の東の湟水、その南の河水（黄河上流）、その東の洮水、その南の白竜江等の流域がその中心であり、なかでも湟水流域の先零羌《せんれい》と、河水流域、現在の貴徳・曲溝あたりの焼当羌《しょうとう》が最も活動した。これらは今日では青海省に属するが、漢代には先零羌の地は金城郡、焼当羌の地は金城郡と青海との境界、洮水流域は牢姐羌《ろうしゃ》の住地で隴西郡、白竜江流域は白馬羌の住地で武都郡に属した(33)。

漢代この方面に郡県が設けられるのは武帝の時代で、元狩二年（前一二一年）、匈奴の昆邪王が休屠王《きゅうと》を殺して投降したのを機に、昆邪・休屠両王の地に、武威・張掖・酒泉・敦煌のいわゆる河西四郡をおき、ついでその南に武都・隴西・天水（後漢明帝時、漢陽と改名）・安定諸郡をおき、昭帝のとき西に金城郡をおいた。これら諸郡を統轄するのは涼州であった（漢書武帝紀、漢書地理志）。

これらの郡県の設置は、匈奴と羌との接触を断ったといわれるのであるが、匈奴と争いながら漢王朝が進出してきたので、漢にたいする羌族の反乱が頻々として起こった。羌族は相統一することがなく、多くの部族に分かれていたので、これを冊封することは容易でなかったが、一方部族らはそれぞれ集落を結んで自衛していたので、郡県による直接支配にも問題があった。郡県官吏による徭役徴集等がかれらの自治と衝突したからである。そこで護羌校尉をおいて羌族を監視し、ときには反乱の鎮圧に出動した。また金城郡に西部都尉、隴西郡に南部都尉がおかれた。各地には令居塞（金城郡）そのほかの塞がおかれた。令居塞は護羌校尉の駐屯地であったが、一般に塞は羌族の攻撃から地域を守るだけでなく、それを特別な羌の居住地に指定し、内付した羌族を塞内に住まわせたりしたという記録をみると、塞というのは円形に地域を取り囲んだものであろう。

羌という人種は、古く殷・周の卜辞・金文に、殷・周王室と戦った相手として出てくる。捕虜になった多数の羌人は、焼かれて神前に捧げられた。しかしこの羌人が、後世の羌族と同一かどうか明らかでない。ここで取りあげる羌族が、後のチベット族の先祖であることはほぼ確かであろう。

羌族の詳細な記録は後漢書西羌伝にみえる。以下はそれによる所が多い。かれらの伝説によると、その祖先は戦国時代秦に従属しており、その子孫が分かれて、羌族の各部族の祖になったというのであるから、部族に分かれていても、全体として一つの民族だという意識はあったのであろう。

その共通の祖に研という者がおり、その研から羌族の一種の研種が出たというのであるから、研種が最も古いと考えられていたのであろうか、ともかく漢の景帝のとき、研種の留何という者が、種人を率いて隴西地方の塞を守ろうと申し出たという。そこで留何らを狄道（臨洮）・安故・氐道・羌道等の県に移したという。これらは先述の羌族の住地のなかの東半部である。このあたりから羌の具体的な歴史が始まる。

武帝のときになって、先零羌と封養羌・牢姐羌が「解仇結盟」して、匈奴と通じ、十余万の兵を集めて、令居・安故を攻め、枹罕（隴西郡）を囲んだ。おそらく先零羌が令居を、牢姐羌が安故を攻め、両者が枹罕に集まったのであろう。漢は将軍李息らを派遣し、兵十万人を率いてこれを鎮定した。このときに先述の護羌校尉をおいたのである。

「解仇結盟」というのは、平時は分散しているかれらが、蜂起のために提携・団結するやり方である。解仇というのは、公権力が確立されていないかれらの間では、平生集落間に仇討ち（実力行使）が行われていたのであろう。それを一時停止するというのである。結盟はもちろん盟約を結ぶことであるが、「解仇交質盟詛《そ》」という言い方もあって、盟約を強固なものにするために、人質を交換することも行われていた。また「以血盟詛」というように、ときには犠牲を殺して、その血をすすって盟約を固めることも行われた。詛というのは、誓いの言葉を口に出して言い、神に訴えるのであろうか。もとよりこれは一時的な約束であるから、蜂起がすめばもとの分散した状態に戻るのであるが、それが何度も行われて強大な力を発揮したのは、漢の官吏の圧迫・収奪・無法がよほど強かったからであろう。

宣帝のときに、先零羌は湟水を渡って、農耕のできない土地で放牧を行いたいと願い出た。羌族の動向を覘《うかが》っていた義渠安国はこれを容認したらしい。そのため先零羌は湟水を渡り、漢の郡県と対立を起こした。前六三年、先零羌は諸羌を誘って蜂起をはかった。義渠安国はこれを察知し、先零羌の豪族四十余人を召しよせて斬りすて、残余の種人を襲撃したので、諸羌は怒って金城郡に押し寄せた。将軍趙充国は六万の兵を率いてこれを撃ち破った。

ついで趙充国は湟水流域に屯田をおいて持久戦をはかったので、羌族はながらく抵抗できなくなった。元帝のとき、前四二年、彡姐《さんしゃ》羌等七種の羌が隴西郡に押し寄せたので、将軍の馮《ふう》奉世がこれを撃ち破った。これから前漢一代数十年の間は、「四夷賓服し、辺塞事無し」と言われるようになった。

2　羌族の反乱と拡大

後漢になってからは、羌族の反乱がたえまなく起こった。羌族の指揮権も先零羌から焼当羌に移った。まず五七年、焼当羌の滇吾《てんご》が弟滇岸と五千人を率いて隴西塞を攻撃した。諸羌もこれに応じて蜂起した。翌年漢は将軍竇《とう》固・馬武に命じてこれを破り、七千人が降伏して三輔（長安地域）に移住させられた。このように漢は鎮圧したり投降したりした羌人たちを、強制的に内地に移住させることが多かった。

滇吾兄弟はやがて漢に降ったが、七七年、滇吾の諸弟の迷吾が蜂起した。これは成功しなかったが、八六年、迷吾は弟の号吾と諸羌を率いてまた立ち上がった。翌年護羌校尉傅《ふ》育《いく》は二万人を指揮して討伐に乗り出したが、迷吾は三百人の伏兵を率いて育の宿舎を急襲し、育を戦死させた。その後迷吾は漢軍に敗れて投降の意志をしめしたところ、隴西太守張紆《う》は羌の指導者らと会合し、酒中に毒を投じてことごとくかれらを殺害した。迷吾ら五人の首は、傅育の墓に捧げられた。

迷吾の子の迷唐と種人らは、焼何羌・当煎羌・当闐《てん》羌等と結んで仇を討とうとした。九三年護羌校尉となった貫友は、迷唐に味方する部族に賄賂を贈って離間をはかったが、九七年また諸羌は迷唐に味方し、三万人の兵力になった。漢も同様な大軍を動員して激戦になったが、また賞金を設けて誘ったので、諸羌の降伏するものが多くなった。迷唐は累姐《るいしゃ》羌が漢に降ったのを恨んで、その指導者を殺したので、かれに味方する諸羌はだんだん少なくなり、大敗して六千余口の投降者が、漢陽・安定・隴西諸郡に移された。

これを機に金城西部都尉の曹鳳が、また焼当羌の本拠に屯田をおくよう献策した。そこで帰義城と建威城とに屯田二十七部をおき、ついでその東の邯亭《かんてい》の近辺に屯田五部をおき、また帰義城の付近に二部を増設した。これによって焼当羌は弱まり、迷唐は部衆を失って病死した。以上にみられる漢の方策は、討伐と反間と屯田である。羌族は勇敢であったが、分裂している弱みがあった。

反乱がとくに大規模になったのは、一〇七年、金城・隴西・漢陽諸郡の羌族数百千騎を徴発して西域遠征を行おうとしたときである。羌人たちは遠国に出て帰れないことをおそれ、酒泉まで行ったところで逃散してしまった。

これをみて先零羌の別種の滇零《てんれい》が、鍾羌らの諸種と連合して蜂起し、隴道（西域への交通路）を断とうとした。ときに羌族らはろくな武器がなく、竹竿や木の枝を矛とし、板の机を外して盾とする有り様であった。内田吟風は、後漢政府が武器を没収したか、武器の携行を許さない政策をとっていたろうと推測している。[34]それにもかかわらず羌族は勇敢に戦い、地方政府は恐れて手が出なかった。

かれらは諸郡の兵を各地で撃ち破り、滇零は「天子」と称した。その場所は北地（甘粛省東部）だというから、かれはおそらく隴道の西から隴道を横断して東に出たものと思われる。かれは武都郡・上郡（陝西省）・西河郡（同上）等の諸羌を招集し、漢中郡の太守を殺し、三輔を荒らしまわったというから、反乱の範囲が画期的に拡大した。佐藤長は滇零が天子と称した点に、国家形成の意図があったと推測している。[35]

既述のように漢政府は、投降した羌人らを中国内地に移住させたから、羌族の居住地域も拡大し、今日の山西省・陝西省等に居住するものもあり、それを「東羌」とよび、従来の甘粛・青海地方に住むものを「西羌」とよぶようになった。滇零の反乱はこの東羌・西羌を連合させるものであり、かれが天子と称する気になったのも不思議ではない。

一一一年になると、羌族は河東郡（山西省南部）・河内郡（河南省北部）におしよせた。ここは洛陽の都のすぐ近くである。漢はおおわらわになって防衛に奔走し、金城・隴西・安定・北地・上郡等の治所を移動させた。情勢がここまできたところで、滇零は死に、幼子の零昌が立った（一一二年）。諸羌はこれを援助して反乱はなお続いたが、漢軍もようやく反撃に出た。まず護羌校尉の侯覇と騎都尉の馬賢が、零昌の別部の牢羌を安定郡で攻撃し、千人の捕虜と多数の家畜を捕獲した。

一一四年、漢はなお兵を河内に駐屯させ、要所に防壁を造って防衛態勢を整えた。反乱軍側では号多という者が、武都・漢中を荒らしたが、巴郡の板楯蛮が漢側に付いてこれを破った。そこで翌年号多は七千余人を率いて、護羌校尉龐参《ほうさん》に帰順した。これよりさき護羌校尉は治所を張掖に移していたが、ここにいたって金城郡の令居に戻り、ようやく隴道（河西回廊）を通ずることができるようになった。

それでも零昌の兵は四川に侵入した。漢は四川・陝西の兵を動員して戦った。指揮官の中郎将任尚は、遊牧民の羌族に対抗するために騎兵隊を組織した。一一六年、度遼将軍鄧遵は南単于の騎馬軍を率いてこれに合流し、零昌を本拠の北地郡で破って、その妻子を殺し、家畜二万頭を得て、その集落を焼き、天子を称したときの文書を入手した。そして翌年任尚は刺客を雇って零昌を暗殺した。任尚らはまた北地郡を攻め、零昌の参謀の狼莫を破り、連行されていた男女千余人・家畜十余万頭を獲得した。翌一一八年、鄧遵は刺客を雇って狼莫を暗殺した。

零昌・狼莫の死によって諸羌の反乱は一時終息したが、反乱開始より十年ばかり、并州・涼州二州はまったく荒廃しつくした。

先零羌別部の指導権が衰えたあと、また焼当羌が諸羌の中心になるが、その指導は貫徹しなかった。さきに焼当羌は迷唐にいたって衰えたのであるが、迷唐の父迷吾の兄の系統に麻奴という者があり、焼当羌の嫡流だというので、諸羌に擁立されたが、一二二年に漢陽郡に投降した。そのあとを麻奴の弟の犀苦《さいく》が継いで、しばしば反乱を起こした。漢は乱の中心地の湟水流域に屯田十部をおいた。

一三八年、焼当羌の那離らが金城郡の塞に侵入した。護羌校尉の馬賢がこれを退けたが、かれらは青海方面に逃れて吏民を殺傷した。翌年那離は戦死したが、新任の諸郡の太守の政治が酷烈であったので、諸羌はまた蜂起し、一部は三輔に侵入した。漢は馬賢を征西将軍に任じて掃討をはかった。

一四一年、馬賢が戦死したので、これを機に東西羌が連合して、また大規模な反乱に発展し、関中も略奪をうけ、涼州地域は恐慌状態に陥った。しかし諸羌間の連絡はかならずしも十分でなく、投降する部族も多かった。武威郡太守趙沖《ちゅう》は甘粛四郡の兵を指揮していたが、翌年かれが護羌校尉となると、多くの成果をあげた。一四四年の集計では、前後三万余戸の諸羌が涼州刺史に降ったという。沖の活動で羌の勢力も弱まったが、かれ自身は戦闘中伏兵にあって戦死した。

翌一四五年、張賢があとをついで護羌校尉となったが、懐柔政策をとって諸羌の投降を誘い、しばらく静謐になった。

漢の政府は、降伏した諸羌を内郡に移住させた。それは羌族の勢力を分散させるためであったが、反面羌の分布は山西省にいたる広範囲なものになった。しかし遊牧を主としたかれらは、内地の郡県制度になじまず、なんども小規模な反乱をくりかえしているうちに、漢末になって群雄董卓の軍に編入されるのである。

3　羌族の統治

羌族の社会は分散していて、統一されることはなかったから、漢が用意した羈縻や冊封等の政策は適用できず、郡県制によって治めるほかなかったのであるが、本来郡県制が予定していたのは、国家が戸籍によって個別的に把握した自立小家族を対象とすることであった。羌族の社会はそれとは異質なものであって、首長によって統率された集落が単位となっていた。

首長らのなかには、「帰義羌長」「破虜羌長」「邑長」「伯長」等の位を漢から与えられた者もあった(36)。破虜というのは、羌族が漢軍に動員されて、他民族を撃破する功を立てたことを意味するものであろう。このような首長に率いられる集落が、郡県の下に存在したのであるから、郡県の支配には限界があり、そのために護羌校尉をおいて監督しなければならなかったのである。校尉という官は、護烏桓校尉や同類の護匈奴中郎将のように、本来郡県制とは縁のない遊牧民にたいして設けられるものであったが、羌族の社会は遊牧と農耕の中間にあり、また漢人の居住地と錯綜している場合もあるために、郡県と校尉とが併用されたといってもよいであろう。

四　南越・閩越・ベトナムの冊封と郡県

1　南越の興亡

秦は今日の中国の南の辺境にまで領土をのばし、そこに桂林・南海・象《しょう》郡の三郡を設置した。このうち南端の象郡が、現在のベトナム北部に達するかどうかが古来問題にされてきた。かつては象郡は漢の日南郡(ベトナム)に当たるという説が一般的であったが、アンリ・マスペロがこれを貴州・広西両省の境界においてから[37]、いずれが正しいか論争がくり広げられてきた。しかし今日ではこれを中国国内におく説が有力になっており、これは考古学的知見とも一致するという[38]。もちろん漢人はほとんど住まない地域であって、越族をはじめいくつかの少数民族の住地であったのであるが、秦政府は漢人の罪人を移住させて現住民と雑居させ、漢人の官吏によってそれを治めたのである。

その漢人官吏のなかに趙佗《ちょうだ》という者がおり、秦の南海郡の竜川県(広東省)令をしていたが、南海郡の尉が死ぬときに、かれの後任を託された。ちょうど中国中心部では陳勝らが蜂起していたときで、趙佗は桂林郡と象郡とを併呑し、自立して南越の武王と称した。都は南海郡の中心地の番禺《ばんぐう》(現広州)におかれた。

漢が成立すると、これを撃つ力がなかったので、高祖劉邦の十一年(前一九六年)、陸賈《りくか》を使者に立てて、趙佗を正式に南越王に冊封して、漢の外臣とし、越人たちを支配させた。趙佗は漢人であったが、その支配

下の各地には、百越と総称される異民族が多かったのであるから、漢王朝の権威を後ろ盾にする利益は大きかったと思う。(39)

呂后の治世になると、次のような禁輸政策が発布された。「蛮夷・外越に金（銅）・鉄・田器を予《あた》うる勿かれ。馬牛羊はもし予うるならば、牡を予えて、牝を与うる毋かれ」（漢書西南夷両粤朝鮮伝）。田器すなわち農具は、鋳潰して兵器になるからであろうし、家畜の繁殖を警戒して、牝の輸出を禁止したのである。

趙佗はその北境で漢の諸侯王の長沙王と国境紛争を起こしていたらしく、この禁輸は長沙王の差し金で、呂后に敵視政策をとらせたものとうけとったようである。そこでかれは自立して南越の武帝と名のり、兵を発して長沙王国を攻撃した。漢も兵を出したが、暑気と湿気で病気になる兵が多く、呂后の死を契機に兵を引きあげざるをえなかった。その間に南越は東方の閩《びん》越、西方の甌駱《おうらく》に勢力をのばし、広大な領土を形成した。閩越は後述するように今の福建だが、甌駱は主としてベトナム北部を指すのではなかろうか。(40)

文帝が即位すると、また陸賈を使者に送り、趙佗が帝と称したのを詰問したので、佗は帝号を去り、王と称して朝貢するようになったが、国内では依然として帝と称していた。趙佗が文帝に送った書面をみると、東の閩越・西の甌駱の支配者はいずれも王と称しており、北の長沙王とも争っていたので、王を超越する帝と称する必要があると考えていたらしい。しかし漢にたいしては、両雄並び立たずとして、帝号を撤回した。(41)

その後武帝の時代、前一三七年趙佗は亡くなって、孫の趙胡があとを継いだ。これが文王であるが、太子の趙嬰斉を侍子として長安に送った。また自身も入朝しようとしたが、越人の大臣らに諫められて中止した。国内ではやはり帝と称していたらしく、広州市内の南越の宮殿跡から、「文帝行璽」という印が発見されて

いる。(42)

趙胡が亡くなると、趙嬰斉が位を継いだ。これが明王である。かれも越人宰相の勧告にしたがって自身は入朝せず、子の次公を侍子として長安に送った。かれは武帝・文帝の璽をしまいこんだと伝えられるから、自らは帝と称するのをやめたのであろうか。

嬰斉は長安にいたおり、漢人を娶って、子の興をもうけた。即位すると漢人の妻を皇后とし、興を太子とした。嬰斉が亡くなると、興があとを継いで、その母が太后となった。太后は嬰斉の妻になる以前に、安国少季という者と密通していた。興が立つと、漢は安国少季を使者に送って、王と太后の入朝をうながした。安国少季がやってくると、太后はまたよりをもどした。その醜聞が外にもれて、国人の動揺が広がったので、太后は漢の威光をあてにし、漢の内臣となって、諸侯なみに扱われるよう画策した。

越人の宰相の呂嘉は、三代の王に仕え、一族がみな要職にいて、王よりも越人の信頼が厚かった。かれは王と太后の画策に反対して、越の独立を主張した。漢の使者が来たおり、その席で太后は呂嘉を殺そうとしたが、王と足並みがそろわず失敗した。武帝は韓千秋を送って呂嘉を誅しようとはかったが、呂嘉は逆に王と太后を殺し、明王の長男で、越人の妻の子の建徳を立てて王とし、韓千秋の兵を撃破して千秋を殺した。

前一一二年（元鼎五年）、武帝は楼船将軍楊僕と伏波将軍路博徳と、さきに内属した越の将軍らを派遣して、それぞれ別の道を通って番禺で出会うようにした。翌年楊僕は南越の軍を破り、真っ先に番禺に到着して、城に火を放った。路博徳は遅れて兵も少なくなっていたが、越人の投降を誘った。越人は楊僕の攻撃をうけて、かえって博徳の陣営に逃げこんだ。呂嘉と建徳は海中に逃れたが、部下に裏切られて捕虜となった。(43)

漢は南越の旧領に、儋耳《せんじ》・珠崖《しゅがい》・南海・蒼梧・鬱林・合浦・交阯《こうし》・九真・日南の九郡をおいて直轄地とした。交阯・九真・日南は、今日のベトナム北部である。

2　ベトナムの郡県と南海諸国

南越の時代から、ベトナム北部には駱《らく》田とよばれる水田が普及し、潮の干満を利用して灌漑を行っていた。灌漑は村落共同体を形成する人民の集団労働によって行われたと考えられる。人民は駱人とよばれ、駱王・駱侯・駱将らによって支配されていた。南越は二人の「使者」といわれる役人を派遣して、交阯・九真二郡の地を管理していた（水経注所引交州外域記）。駱人社会は南越が滅び、漢の支配下になっても変わらなかったと思われる。考古学からいうと、この地にはドンソン文化があり、銅鼓・桶型容器や鳥の羽を飾った異形の人物文様等、特色ある文化をもっており、それは中国西南部に影響している。

後漢の初めの西暦四〇年、この地で駱将の家系の徴側《ちょうそく》・徴貳《ちょうじ》姉妹が、交阯太守に反対して蜂起し、四年のあいだ反抗を続けた。これは漢の将軍馬援によって鎮圧されたが、ベトナム民族最初の独立運動として評価されている。この乱の鎮圧後、郡県制支配と収奪が強化されたが、郡県の下に現地社会が存在するという基本構造は変わらない(44)。

ベトナムの郡県が、海外諸国の渡来・朝貢を担当していたことは、朝鮮の楽浪郡・帯方郡の役割と変わらない。漢書地理志によると、前漢の時代に都元国・皮宗国・邑盧没国・諶離《しんり》国・夫甘都盧国・黄支国・已程不国等との間に往来があったといわれ、藤田豊八はこれらをスマトラ・マレー・ビルマ・インド東岸の諸地方に当てている(45)。

後漢書には、和帝の永元九年(九七年)、安帝の永寧元年(一二〇年)に撣《たん》国が、順帝の永建六年(一三一年)に葉調国・撣国が、桓帝の延熹九年(一六六年)に大秦王安敦の使者が、日南郡(ベトナム)・永昌郡(後述雲南)の境外から訪れたと記されている(本紀・南蛮西南夷伝・西域伝)。葉調国にはジャワ説とセイロン(スリランカ)説とがあり、撣国はビルマ北部にあったシャン族の国と思われる(46)。後漢書南蛮西南夷伝には、これら臨時に訪れたと思われる異民族の首長に、「金印紫綬」や「印綬」を与えたという記事がある。これは倭の奴国王に与えられた印綬・金印の参考になるであろう。

大秦王安敦がローマ皇帝マルクス・アウレリウス・アントニヌスであろうことはあまりにも有名である。当時ローマでは『エリュトゥラー海案内記』が書かれ、ローマとインドとの間の航海がさかんになっていたので、その航海者がさらに東南アジアを経て、中国の南方領土(今のベトナム)に到達したのは不思議でない。

3　閩越の諸王

漢人が越人とよぶ人々は、南越から長江流域まで、南部中国にひろく広がっていた。これらは総じて百越とよばれた。そのなかで南越の東隣、今日の福建地方の人々は閩《びん》越とよばれた。この地には越王勾践の子孫と称する騶《すう》無諸と騶揺が君臨していたが、秦はかれらを廃してこの地に閩中郡をおいた。

秦末の動乱が起こると、無諸と揺は越人をひきいて、番君と称せられた番陽《はよう》令呉芮《ごぜい》(のちの長沙王)にしたがった。前二〇二年漢が建つと、無諸を閩越王に立て、東冶《とうや》（現福州）に都させた。恵帝のときに、揺は東海王の位をもらい、東甌《おう》（浙江永嘉地方）に都をおいた。そこで一般に東甌王とよばれた。呂后のとき、これらは南越に服属した。

呉楚七国の乱が起こると、東甌は呉王の側につきながら、呉王が敗れると、漢の意向を汲んで、呉王を殺害した。呉王の子は閩越に亡命し、東甌が父を殺したのを恨んで、閩越に東甌を攻撃させようとした。前一三八年（建元三年）、閩越は兵を出して東甌を囲んだので、東甌は人を遣って漢に急を告げた。漢ではこれを援けるべきか論争の末、援助を主張した厳助に、会稽郡の兵を発して海上からこれを救わせた。後でも述べるように、東甌・閩越の地は、当時会稽郡が管理の責任を負っていたのである。漢兵が到達しないうちに、閩越は兵を引き上げた。漢は東甌の希望という口実で、かれらの国民全体を「江淮の間」（淮河以南の長江流域）に移住させた。

武帝の初めの前一三五年（建元六年）、閩越は南越を攻撃した。南越は漢に訴えた。漢軍は出兵して、閩越王郢《えい》と対峙した。郢の弟の余善は一族とはかり、これでは国が滅亡するばかりだと考えて、郢を殺して降伏した。このとき無諸の孫の繇《よう》君丑という者が、郢の反乱に加わらなかったというので、漢は丑を越繇王の位に封じて、閩越の祭祀を継がせた。しかし余善の方が勢いがあり、多くの兵が従ったので、ひそかに自立して王と称し、繇王は制することができなかった。漢は出兵を嫌って、余善を東越王に封じ、繇王とともに閩越を支配させた。

前一一二年（元鼎五年）、武帝は南越攻撃にふみきったが、余善は両端を持して動かなかった。そこで南越攻撃の将軍の楊僕は、東越攻撃を漢の宮廷に要請した。翌年余善は反乱にふみきり、「武帝の璽」を刻んで、皇帝の位に即いた。余善の部下の衍《えん》侯呉陽・建成侯敖《ごう》・繇王居股《きょこ》らは、協力して余善を殺して降伏した。また将軍の多軍・左黄同も投降したので、以上の人々は列侯の位をもらった。これらは漢の内臣となって、閩の地を離れたのであろう(47)。

漢は閩越の地がしばしば反乱を起こしたというので、閩の軍吏に命令して、人民をひきいて、さきの東甌の民と同じく、「江淮の間」に移住させたという。江淮の間というのは、さきにも述べたように、淮河以南の長江流域を指すにちがいない。のちに三国の呉が戦った山越のなかには、このとき移された民がいたにちがいない。史記東越列伝には、この移民の結果、「東越の地（東甌・閩越の地）遂に虚たり」と記されている。福建の地は秦代には閩中郡がおかれていたが、前漢になると浙江南部から福建にかけて、現地の支配者を王（東甌王・閩越王・越繇王・東越王等）に冊封したので、その地には郡をおかず、はるか北方の会稽郡（現蘇州）が監督することになっていたのであろうと思われる。倭・韓にたいする楽浪・帯方二郡の位置に似ている。漢書地理志によると、会稽郡の管下には、南方では回浦県（現浙江台州）に南部都尉（これが実際には監視の任を担ったであろう）をおいたほか、現福州に冶《や》県がおかれていただけである。そこで史記の「虚」という言葉は、東越の民が移された後には、住民が少なくなったばかりでなく、統治組織もほとんど機能しなくなったという意味であろう。

五　西南夷における冊封と郡県［付］長江中流域の諸族

1　西南夷の統治

南越の西方、今日の貴州・雲南から四川の西部高原におよぶ地域には、漢人が一括して西南夷とよぶ多種類の種族が住んでいた。貴州・雲南方面の人々をとくに南夷、四川西部の人々をとくに西夷とよぶ場合もあった。そのなかには農業を営む者もおれば、遊牧で暮らしている者もあった。それぞれ君長をもっていたが、君長の下には多数の集落とその族長がいるのが普通であった。しかしなかには君長がいない所もあるといわれるから、そこには統合されない集落が散在していたのであろう。

漢の勢力が進出する前に、巴蜀（四川）の民衆は、西南夷の人々と貿易しており、筰馬《さくば》（筰族の地の馬）・僰僮《ほくどう》（僰族の奴隷）・髦牛《ぼう》（旄《ぼう》牛、長い毛の牛）等を輸入していた。西南夷のなかでは夜郎が最大といわれ、蜀からは特産の枸醤《くしょう》（薬草で作った調味料）等が輸出され、それは南越にも転売されていた。

前一三五年（建元六年）頃、番陽《はよう》令唐蒙は南越が夜郎《やろう》を使役していることを知り、まず夜郎を従属させてから、その兵をもって南越を攻撃したいと考えた。そこで漢兵千人と輸送労働者万余人を率いて巴蜀から入り、夜郎侯多同に面会して、漢に通ずる利益を説いて、ここに漢の吏をおくことを約束させ、夜郎侯の子を県令に任命した。

史記西南夷列伝には、夜郎の旁の小邑（集落）も、漢の絹を得たいと望んでいたのでこれに従ったという。

漢書西南夷伝ののちの記録には、夜郎王は「邑君数十人」を従えていたとあるから、「旁の小邑」というのは、それら邑君に支配されて、夜郎王に従属していたのであろう。漢は犍為《けんい》郡をおき（のちに牂《しょう》柯《か》郡を分けた）、巴蜀の民衆を使役して道路を造ったが、なかなか完成しなかった。このような邑君の存在や、夜郎侯の子を県令に任命したことなどを考えると、ここでも郡県の下には、地域の自治が根づいていたといえるであろう。

唐蒙がこのとき兵士と輸送労働者を徴発して夜郎に赴き、さらに道路開設のために民衆を徴発しようとしたことは、巴蜀の長老・父兄の反対を浴びた。蜀の文人の司馬相如は賦をつくって、唐蒙のやり方を非難したけれども、かれも西南夷の服属には賛成であって、かれ自身蜀の西方に住む邛《きょう》・筰・冉《ぜん》・駹《ぼう》等の説得に派遣された。

このときも長老・紳士らが反対して、次のように述べた。

「蓋し聞く、天子の夷狄に於けるや、其の義は羈縻《きび》して絶ゆる勿からしむるのみと。」

これまで巴蜀の人々を酷使して、夜郎への道を通じようとしていますが、三年たっても仕事は終わりません。いままた西夷と関係をもとうとしていますが、民衆が力を使いはたしても、その仕事を終えることはできないのではないかと恐れます。それに邛・筰・西僰と中国とは、ながらく併存してきました。仁者も徳によって来させることができず、強者も力によって併合できませんでした。民衆を用いて夷狄のために無用なことを為すとは、言う言葉もありません。

ここでは羈縻という言葉が使われているけれども、夷狄との共存が主張されているだけなのである。これにたいして司馬相如は詩経の王土思想を根拠としてもちだした。

「普天の下、王土に非ざるはなく、率土《そつと》の浜《ひん》、王臣に非ざるはなし。」

この天下はすべて中国皇帝の支配下にあるべきだという思想である（史記司馬相如列伝）。

本来天下・王土の思想と羈縻の思想は、かならずしも対立するものではない。現実には中国の力にも限界があるのだから、羈縻の思想があってはじめて王土思想は成り立つのである。この場合は、小国・小集落が散在する西南夷を、匈奴・南越のような外臣・客臣とするのは不可能である。そこで羌の場合と同様に郡県をおき、かれらを内属させて内臣としようとするわけで、そうなると巴蜀の長老らの願いとは抵触するわけである。司馬相如が内属させた邛・筰等には、そのとき一都尉・十余県がおかれて、蜀郡に所属させられたが、のちに越嶲《えつすい》郡・沈黎郡・文山《びんざん》郡・武都郡等がおかれた。

しかし西南夷はしばしば反乱を起こすし、道路はなかなか通じず、死者がばたばた出る状況は、巴蜀の長老らが心配したとおりであった。そこで武帝も一時、宰相の公孫弘の提言にしたがって、西南夷を放棄し、匈奴防衛に専念しようとした。

ところが前一二二年（元狩元年）、張騫が大夏に滞在していたとき、そこで蜀の布や邛の竹杖を見た。どこから来るのかと尋ねたところ、大夏の東南の身毒国（インド）から来るのだという。そこで張騫は蜀から行けば身毒国は近いだろうと推理した。今の雲南・ビルマを通る道で、張騫はすこし短く考えすぎたのである。武帝はそれにしたがって使者を送ったところ、使者は滇《てん》国に行きついた。滇王は漢使の主張にしたがって、人を派遣して道を探させたが、みな昆明で妨げられて、それ以上行くことができなかった。

滇王は漢の使者に聞いた。「漢と我が国とはどちらが大きいだろうか。」夜郎王も同じことを聞いたという。

夜郎自大という言葉の起こりであるが、滇王か夜郎王かいずれかから出た話であろうが、こういう形で伝えられているのである。

夜郎は南越の力に頼っていたが、南越が滅んでから入朝するようになったので、夜郎王の位を授けられた。前一〇九年（元封二年）、武帝は兵を出して諸国を撃ち、滇国に迫った。滇王は入朝と吏をおくことを承知した。そこでこの地に益州郡をおき、滇王に王印を与え、その人民を支配することを認めた。つまりここでは益州郡という漢の直轄の郡県の下に、滇王という君長が人民を掌握していわば自治権をもっているのである。匈奴や南越・東越のような郡県外の冊封の場合と、羌族や朝鮮のような郡県内の小冊封の場合との中間の形態といってもよいであろうか。滇王の下には、夜郎王の場合と同じく、邑君が従属していたであろう。西南夷の君長は何百といるが、夜郎と滇だけが王印を受けたというのが、史記・漢書の言うところである。

ところが一九五四年以来、滇国の遺跡と思われる雲南省晋寧石寨山墓地が発掘され、特徴ある青銅器その他とともに、「滇王之印」という金印が出土した。(48) これについては栗原朋信の説がある。栗原は滇王が内臣か外臣かを問題にする。外臣なら「漢滇王之章」とあるべきだし、内臣なら「滇王之璽」とあるべきである。しかし外臣の王の印は、内臣の王の印より一級格下げされるのが普通であるから、右の場合内臣の列侯の印が「某侯之印」とあるのを参照して、「滇王之印」を案出したのであろう、というのが栗原の論理である（この場合、滇王が外臣であるのははっきりしないのだから、外臣の王というより、異民族の王といった方が、論理が一貫するであろう）。したがって栗原は、滇王が外臣でも内臣でもなく、両性格を併せもっているとするのである。(49)

栗原の基本的な考え方は、漢帝国周辺の諸民族を、内臣か外臣かに性格分けしようとすることにあるが、(50)これには無理があるように思う。諸民族の性格はいろいろだし、したがって漢との関係もいろいろになるのである。たしかに内臣・外臣という言葉はあるが、一口に内臣といっても、その性格は一定ではない。例えば史記司馬相如列伝には、「邛・筰の君長は、南夷（夜郎等）が漢に通じ、賞賜を得ること多しと聞き、多く内臣妾と為りて、吏を請うこと、南夷に比せられんことを願わんと欲す。」「邛・筰・冉・駹・斯楡《しゅ》の君、皆内臣と為らんことを請う」とある。「吏を請う」とは、郡県を置いてほしいということであるから、西南夷に郡県をおけば、かれらは内臣といってよいのである。(51)とすれば夜郎も滇国も内臣である。しかしそれは中国内地の郡県とは違う。多数の邑君を従属させているこれらの内臣を、栗原が外臣の性格を併せもつというのも無理からぬところがある。しかしそれは内臣なのである。

「滇王之印」は、既述の魏志東夷伝に載る「濊王之印」と、まったく形式が同じである。むろんこれを偽印とするわけにいかないし、規格にあったものと考えなければならない。この場合の濊人は、夫余と共生していたもので、遼東郡か玄菟郡に所属していたであろう。それは滇王と同じく、従属民をもった支配者であるとともに、漢の内臣でもあるのであろう。

武帝の次の昭帝のときに、益州で反乱が起こり、太守が殺された。このとき牂柯郡の鉤町《くてい》侯が漢の側に立って奮戦した。その功で鉤町侯は鉤町王に封ぜられた。これによって西南夷の王が一人増えたことになる。しかし前漢末には、夜郎王と鉤町王らが攻撃しあい、漢では夜郎王を斬って、ようやく動乱を収めた。

後漢になると、上記の西南夷諸国のさらに外側にいた哀牢《あいろう》夷が内属してきた。六九年（明帝の永平一二年）

には、その邑王（夜郎等の邑君にあたるであろう）は七十七人、戸は五万一千八百九十、口は五十五万三千七百一十一であり、漢はそこに永昌郡をおいたという。永昌太守の鄭純は、哀牢夷と約を結び、邑豪（各邑の有力者か）が毎年貫頭衣二領・塩一斛を納めるようにした。このように戸口を申告し、租賦を納めるのが内臣となったものの義務であったろうが、それがつねに励行されたとはかぎらないであろう。

哀牢夷の領域は、一部今日のビルマ（ミャンマー）を含んでいる。さきに永昌郡の境外にあったビルマ北部の撣国王が何度か入朝したことを述べたが、それは中国の領土が西南夷からこの方面に延びたからである。

2　長江中流域の諸族

中国の領内には、このほかにも少数民族が集まっている処が多いのであるが、いちじるしいのは、長江の中流域、今日の湖北・湖南から四川東部（巴郡）におよぶ地域である。この地域の諸族については、後漢書南蛮伝にまとまった叙述があり、栗原朋信も「揚子江中流域の異民族」という項目を立てている。

南蛮伝の序文には、「関梁の符伝（関所の通行証）、租税の賦無し」と書かれている。これはかれらを中国の一般人民と区別して、特別に待遇した点を意味しているのであるが、後述するように、かれらの生業にあわせた軽い税は徴収しているのである。またかれらの社会について、既述の異民族と同様に、「邑君長あり、皆印綬を賜う」と記されている。これは小規模な冊封が行われていることを示している。

これら南蛮のうち、東部・南部に住むものは、長沙蛮・武陵蛮・零陵蛮等、郡名によってよばれており、武陵蛮はさらに多くの部族に分かれていた。武陵蛮については、秦のとき、毎年大人が布一匹、小人が二丈を出すように決められ、これを賨布《そうふ》とよんでいた。

つぎに直接長江流域、湖北北部から四川東部にかけては、江夏郡・南郡・巴郡の蛮があり、巴郡については、やはり秦のとき、その君長が毎年賦二千一十六銭、三年に一度義賦千八百銭、民戸は幏布《かふ》八丈二尺・鶏羽三十鍭《こう》（矢羽の材料）を出すよう定められた。

巴中にはとくに板楯蛮というものがあり、高祖劉邦のとき、秦の征服に功があったので、羅・朴・督・鄂・度・夕・龔《ろう》の七姓の租賦を免じ、その他は各人四十銭の賨銭を入れるよう定めた。かれらは歌舞をよくしたので、劉邦はこれを楽人に習わせ、巴渝《はゆ》の舞とよんだという。かれらは直接歌舞によって、漢朝に奉仕したのであろう。

一九八三、四年、長江中流域の湖北省江陵張家山漢墓から出土した竹簡のなかに、「奏讞《げん》書」という裁判記録がある。その筆頭にあげられる記録に、漢の高祖の十一年（前一九六年）、南郡の夷道県（現湖北宜都県）で、男子を兵役に徴発したところ、途中で逃亡した。徴発された本人は、蕃夷の大人の男子は毎年五十六銭を出して、徭役のかわりにしているので、兵役にとられるいわれはない、また私どもには君長がいて、毎年賨銭を出して徭役に当てているから、兵役は免除されているはずだと主張した。県の役人はすでに徴発されて逃亡したからには、腰斬に当たると判決したが、罰すべきではないという意見もあった。これを中央に上告したところ、廷尉の判決は腰斬であったという(52)。

これによれば、巴郡の場合にも、君長が出している税を賨銭といっている。賨銭・賨布という言葉は、この地方でかなりひろく使われていたのであろう。賨銭を納めているからには、この男子が主張しているとおり、徭役免除であるべきであろう。廷尉の判決は違法の疑いがある。

ただこのような徴兵はしばしばあったようで、板楯蛮の兵力によって羌の反乱を鎮定したこともあり、武陵郡では、蛮人の賦を漢人と同様にすべきだという議論がおこなわれ、賛成者が多かったが、蛮らはそれを旧約に反するとして反乱を起こした。実際裁判記録にあるような違法な徴発は、たびたび行われたのではないかと思う。それにともなって、反乱は頻繁に起こっているのである。

六　西域経営の特殊性

1　中国の西域への関心

西域という言葉は、漢代に中国人が中国西方に広がる地域を総称したもので、漢書西域伝の冒頭に、この地にはもと三十六国、その後に分かれて五十余国があったといい、南北に大山あり、中央に河があって、東は玉門・陽関で、西は葱《そう》嶺で限られるといって、その範囲を明確にしている。南北の大山というのは天山脈と崑崙《こんろん》山脈であり、中央の河というのはターリム河である。東が敦煌の西の玉門関と陽関で、西が葱嶺すなわちパミール高原で限られるのは、ほぼターリム盆地と称せられる地域であり、それに天山北側の地域を加えれば、現在の中国の新疆に当たる。ターリム盆地の周辺には南道と北道とがあるが、「西域諸国はおおむね土着」といわれているところをみると、それは南北両道に沿ったオアシス国家を指していて、天山以北や葱嶺以西の草原遊牧地域や、その方面のオアシスを含んでいないことが明白である。

ところが漢書西域伝の叙述の内容には、烏孫国（カザフ共和国イリ河流域およびシル河上流）・康居国（カザフ共和国シル河流域）・大宛国《だいえん》（ウズベク共和国東部フェルガーナ）・大月氏国（バクトリア、ウズベク共和国アム河流域およびアフガン北部）・罽賓国《けいひん》（大月氏南方のアフガニスタン）・烏弋山離国《うよくさんり》（アフガニスタン）・安息国（パルチア、イランのアルサケス王朝）等、天山以北・葱嶺以西の国々も載っており、遊牧国家も農業国家も含まれている。以下に述べるように、漢代人が西域を知るようになるのは、むしろ大月氏・烏孫等との関係から始まるのである。そこでこれらの国を加えると、中国人のいう西域は、漠然と中央アジア、東西トルキスタンなどといわれる地域を指す。ときにこれにインドやローマ帝国の東方領土が加わることもある。

このように漢人が西域を知る以前には、中国人の西方にかんする知識は漠としたものであった。尚書（書経）の禹貢篇には、九州といわれる戦国時代の世界を描いて、「東は海に漸《すす》み、西は流沙に被《およ》び、朔南は声教の曁《およ》ぶまで、四海に訖《いた》る」と述べており、中国を統一した秦の始皇帝の琅邪《ろうや》台刻石に描かれた皇帝の領土も、「西は流沙に渉《わた》り、南は北戸（不明）に尽き、東に東海あり、北は大夏（山西太原あたり）に過《よぎ》る」（史記秦始皇本紀）と言われる。東の東海以外は漠然とした認識で、西方には砂漠地帯があるということだけはわかっていたが、それ以上ではなかったのである。

その中国人が突如として西域を知るようになったのは、漢の武帝のとき匈奴にたいして、積極的な対応をとる必要にせまられてからである。

2　西域経営の意義と変遷

武帝の初め、匈奴からの投降者が次のような話をした。匈奴は月氏を破って、その王の頭蓋骨で盃を造った。月氏は西方に逃れたが、以来ずっと匈奴に恨みをもっているから、これと共同して匈奴を撃つのがよかろう。武帝はこれを聞いて、月氏に使いする者を募ったところ、お側に仕えていた若者の張騫が名のり出た。張騫は匈奴人の奴隷をもつ堂邑氏と連れだって出発した（前一三八年）。匈奴の領土を通過しなければならないから、通訳が必要になるかもしれないと考えたのであろう。はたせるかな、出発してまもなく匈奴に捕まってしまった。それから張騫は匈奴のなかで生活し、妻をめとって子供も生まれて、十余年が過ぎた。しかし張騫は使命を忘れてはいなかった。ある日監視が緩んだすきに、かれは従者と脱け出して、西にむかい大宛に到着した。大宛はかれの話を聞いて、かれを康居に送り、康居はかれを大月氏に送りこんだ。大月氏は大夏（バクトリア）を征服し、ここに定着したが、この地は土地が肥沃で侵略者も少なく、安定した生活をおくれたので、もはや匈奴に復讐する気は失せていた。

張騫は目的を達せられぬまま帰途についた。今度は匈奴に捕まる危険を避け、崑崙山脈を越えて、青海の西のツァイダム盆地の羌族のなかを通ったが、当時の羌族は匈奴に通じていたので、また匈奴に捕らえられた。しかし今度は匈奴に内乱が起こったので、堂邑氏と妻と連れだって帰国した。はじめ中国を発つとき、二百人の従者がいたが、かれと一緒に帰ったのは二人だけであった（前一二六年）[53]。

張騫は大月氏で多くの情報を蒐めて帰国したから、これから漢は西域との交通を開くようになった。張騫は帰国後、もう一度烏孫に出使した（前一一五年頃）。このころ匈奴の渾邪王が漢に投降してきたので、烏孫に渾邪王の旧領に移住するよう説くためであったが、烏孫は匈奴に近づくのを恐れて、承知しなかった。しかしこれがきっかけで、烏孫に漢の公主が贈られ、烏孫は漢の西方進出の拠点となった。張騫が烏孫に派遣されたとき、漢では大勢の副使を随行させ、副使らは烏孫からさらに、大宛・康居・大月氏・大夏・安息・身毒（インド）・于闐《うてん》（和田《ホータン》）等の諸国に派遣され、諸国の人々を連れて帰国した（史記大宛列伝・漢書張騫伝）。

匈奴の渾邪王が帰順したのち、漢は匈奴の南方、チベットとの間に、武威・酒泉・張掖・敦煌の四郡をおき、西域に通ずる道を開いた。漢はさらに敦煌郡の玉門関から塩沢（ロブノール）まで、砂漠のなかに亭障（防塁）を連ね、そこから南道に出てすぐの楼蘭王を捕らえた。北道では亀茲（庫車《クチャ》）の東の輪台・渠犁（庫《ク》爾勒《ルラ》）に屯田兵を駐屯させた。その北方のトルファンには車師国があったが、ここは匈奴と漢との争奪のまとになった。

武帝はまた大宛の名馬をほしがり、将軍李広利に命じて、砂漠を渡って軍を送り、大宛を降伏させた（前一〇四、一〇三年）。このとき諸国は兵士の略奪をおそれて、城門を閉じて兵糧を出さなかったので、砂漠のなかの遠距離の補給にたいへん苦労したという（史記大宛列伝・漢書李広利伝）。

西域支配は漢にとって大きな負担であったから、末年になって李広利が匈奴に降ると、さしもの武帝も後悔して、一時西域を放棄する決心をした。しかし西域との交通は、もともと匈奴対策から始まった。そして漢がこの方面に進出した結果は、匈奴の右臂《うひ》を脅かすことになった。匈奴は西域諸国に僮僕《どうぼく》都尉という役人をおいて税や人を徴収していた[54]。既述のように匈奴本土の経済は貧しいものであったから、西域からの徴税は非常に大きな意義をもっていた。したがって漢がこの地方を制することは、匈奴との戦争に勝利する原因になった。

前漢の後半に匈奴が衰えて、匈奴の西方支配を担当していた日逐王が投降すると（前六〇年）、匈奴の西域支配は完全に崩壊した。そこで宣帝は烏塁城（輪台の東）に西域都護をおいて西域地方を一括して監督させた。ついで要地の車師前王国（吐魯番）に、戊己校尉をおいて屯田させた（漢書西域伝）。

王莽の時期と後漢初期に中国の西域支配はまったく機能しなくなったが、明帝のとき伊吾《ハミ》（哈密地方）に兵を進め（七三年）、翌年西域都護を復活し、車師に戊己校尉（戊校尉と己校尉）をおいて、兵を駐屯させた。この体制はまもなく崩壊し、諸機関は内地に撤収した。しかしその後班超の努力によって、西域都護と戊己校尉がまた復活し（九一年）、朝貢する国もあって、班超の部下の甘英は、ローマ帝国の国境まで旅した実績を残した。

しかしこの西域経営は班超の個人的な手腕によるものであったから、かれが辞任してのち（一〇二年）、後漢はまた西域を放棄した（一〇七年）。その後班超の子の班勇が西域長史となって（一二三年）、タ一リム盆地周辺の十七国への支配をとり戻した。後漢は一時伊吾にも屯田を開き、疎勒（喀什《カシュガル》）を攻撃したこともあったが（一七〇年）、そののちの西域経営の状態はわからなくなる（後漢書西域伝・班超伝）。

3　西域支配の性格

西域はなにぶんにも漢にとって遠隔の地であり、また多くの国家が分立していた。とくに葱嶺以東の地（現新疆）には、小規模なオアシス都市国家が点在して、統合されることがなく、連合することもめったになかった。[55] 漢書西域伝の末尾には次のような文がある。

「以上をしめくくると、国は五十で、駅長・城長・君・監・吏・大禄・百長・千長・都尉・且渠《しょきょ》・当戸・将・相・侯・王等の名目で、みな漢の印綬を帯びており、全部で三百七十六人になる。ただ康居・大月氏・安息・罽賓・烏弋等は、みな絶遠の地で、右の数に入らず、かれらが朝貢して来れば、たがいに贈り物を交換するだけで、催促したり取り締まったりすることはなかった。」

これは西域諸国に与えた官を列挙したものであるが、このなかには諸国固有のものもある。漢は五十国の支配層三百七十六人にこれらの官と印綬を与えて、羈縻の下においたのである。印綬を与えたのではあるが、匈奴や南越のように統一された君主をとおして支配することはできなかった。匈奴には通婚政策をとったが、西域諸国の王・首長らにたいしては、侍子と称して王子や王族を漢の都に送らせ、皇帝の側近に侍らせて人質とした。

個々の国はばらばらの動きをするから、漢はそれらに個別的に対応しなければならなかった。しかもすぐ外側には匈奴の強い勢力があって、諸国はそれに誘われて叛服つねなく、それにともなって国王が殺害されたり、交替させられたりすることも多かった。そういう情勢にすぐ対応できるように、漢は遠隔の地に軍隊をおくって駐屯させ、官吏をおいて治めなければならなかった。その駐屯を継続するためにとられたのが屯田という方式であったが、屯田は必要経費の一部を補給するだけで、また永続するとはかぎらなかった。だから西域支配の費用はやはり莫大であった。

西域は遠隔にあるだけでなく、そこに通ずるには砂漠のなかを横断するのであるから、人々の往来は難渋をきわめた。漢はそこで西域に通ずる道路の開拓にも努力した。はじめは玉門関・陽関から、砂漠を横断したあと、塩沢（ロブノール）の北の白竜堆《たい》という難所を通って、楼蘭を経由して、南北両道に入っていたが、前漢末に玉門関から直接に北道の車師に通ずる新道が開かれた。後漢になって伊吾に進出し、ここに屯田をおくにおよび、敦煌から伊吾を経て車師にいたるいわゆる伊吾路が開けて、新道に代わるにいたり[56]、西域への道はより安全になった。

西域経営の負担として、西域諸国からも兵士や兵糧が徴発されたが、諸国が苦しんだのは、使節にたいする饗応であったという。とくに初期には、未知の遠隔地に旅立つには、冒険が必要とされた。張騫が成功したのに見習って、地道な努力をする人物よりも、一獲千金を夢みて使者に応募する無頼のような人間が多かった。そういう人間は沿道の諸国や目的地において、法外な要求を出すので、その誅求に苦しむ国々が多かったという。

前漢の後半期の宣帝の時期になると、匈奴の西方支配を担当していた日逐王が投降したので、匈奴が西域においていた僮僕都尉が消滅してしまい、漢は西域都護をおいて、それまで臨機応変のきらいがあった西域支配を、統一的に行うことができるようになった。ついでおかれた戊己校尉については、その任務に不明な点があるが、西域都護とならんで、その統治を補う点があったと思われる。西域都護は王莽まで続いて中断し、後漢になって復活したが、一時期を除いて、班超らの個人的活躍に依存したことは前述のとおりである[57]。

注

（1）　前章参照。

（2）大庭脩『親魏倭王』（学生社、一九七一）九七頁参照。

（3）西嶋定生「東アジア世界と冊封体制―六―八世紀の東アジア―」（岩波講座『日本歴史』第二巻、一九六二。のち西嶋『中国古代国家と東アジア世界』東京大学出版会、一九八三に再録）

（4）熊谷滋三「前漢における属国制の形成―『五属国』の問題を中心として―」（『史観』一三四、一九九六）

（5）属国・道の制度一般については、厳耕望『中国地方行政制度史』巻上、秦漢地方行政制度一五四頁以下および四三頁、安作璋・熊鉄基『秦漢官制史稿』下、二七八頁以下参照。

（6）李盛珪「遼東郡の位置の変遷」（『古代文化』四六―二、一九九四）。この説は北朝鮮の説に近いのであるが、このような説にたいする批判を含むものに、谷豊信「楽浪郡の位置」（『朝鮮史研究会論文集』二四、一九八七）があり、李論文にたいする批判は、神崎勝「遼東・玄菟・楽浪・帯方諸郡の解体」（『古代文化』四七―三、一九九五）に見られる。

（7）前掲谷豊信論文、田村晃一「新穢・貊考」（斎藤忠先生頌寿記念論文集刊行会編『考古学叢考』上巻、吉川弘文館、一九八八）

（8）浿水の位置については、鴨緑江・清川江・大同江説いろいろあるが、李丙燾「浿水考」（『青丘学叢』一三、一九三三）は清川江説を主張し、譚其驤主編『中国歴史地図集』第二冊（地図出版社）も清川江とする。前注論文のいうように、考古学の出土遺物からみても、清川江が界になっているとされる。

（9）衛氏朝鮮国がのちに漢軍との交戦中に合議した宰相・将軍のなかに、有姓の人物と、姓をもたない人物がみえ、前者は漢人、後者は土着の首長とみられる。この両者が支配層のなかに存在したのである。また衛氏朝鮮国の前後には、支石墓が多数残っており、これらは土着有力豪族のものとみられる。三上次男「古代の西北朝鮮と衛氏朝鮮国の政治・社会的性格」(三上『古代東北アジア史研究』吉川弘文館、一九六六)参照。

(10) 荊木計男「衛満朝鮮王冊封について―前漢帝国遼東郡からのアプローチ―」(『朝鮮学報』一一五、一九八五)に、多少の推測を交えながら、その経過が考証されている。

(11) 史記平準書の誤字は、池内宏「真番郡の位置について」(池内『満鮮史研究』上世編、祖国社、一九五一)において訂正されており、加藤繁訳註『史記平準書・漢書食貨志』(岩波文庫、一九四二)もこれに従っている。

(12) 青山公亮『漢魏時代の朝鮮』(明治大学文学部史学地理学科東洋史同窓会・東洋史研究室、一九七三)一〇頁。

(13) 岡崎敬「『夫租薉君』銀印をめぐる諸問題」(『朝鮮学報』四六、一九六八)

(14) 那珂通世「朝鮮楽浪玄菟帯方考」(那珂『外交繹史』岩波書店版七九頁、『那珂通世遺書』同博士功績紀年会、一九一五年)、池内宏「楽浪郡考」「前漢昭帝の四郡廃合と後漢書の記事」(前掲『満鮮史研究』上世編)

(15) 池内宏前掲「前漢昭帝の四郡廃合と後漢書の記事」

(16) 窪添慶文「楽浪郡と帯方郡の推移」(『東アジアにおける日本古代史講座3倭国の形成と古文献』学生社、一九八一)に研究史が載る。

(17) 以上楽浪郡についての叙述は、三上次男「楽浪郡社会の支配構造と土著民社会の状態」(前掲『古代東北アジア史研究』)による所が多い。

(18) 池内宏前掲「前漢昭帝の四郡廃合と後漢書の記事」

(19) 池内宏前掲「楽浪郡考」

（20）窪添慶文前掲「楽浪郡と帯方郡の推移」
（21）那珂通世前掲「朝鮮楽浪玄菟帯方考」、白鳥庫吉「漢の朝鮮四郡疆域考」（『白鳥庫吉全集』第三巻、岩波書店、一九七〇）、池内宏前掲「前漢昭帝の四郡廃合と後漢書の記事」
（22）李丙燾「玄菟郡及臨屯郡考」（『史学雑誌』四一－四、五、一九三〇）、和田清「玄菟郡考」（『東方学』一、一九五一、和田『東亜史研究（満洲篇）』東洋文庫、一九五五）
（23）稲葉岩吉『増訂満洲発達史』（日本評論社、一九三五）一五頁に同様な見解がみられる。池内らは最初の玄菟郡をこのように広く考えていない。
（24）白鳥庫吉・箭内亙「漢代の朝鮮」（『満洲歴史地理』第一巻、南満洲鉄道株式会社、一九一三）
（25）池内宏「玄菟郡の属県高顕の遺址」（池内前掲『満鮮史研究』上世編）
（26）田中俊明「高句麗の興起と玄菟郡」（『朝鮮文化研究』一、一九九四）一七、一八頁。田中論文にはこれまで述べてきた玄菟郡の位置に関する研究史と近年にいたるまでの遺跡の詳細な考察がなされている。
（27）栗原朋信「漢帝国と印章－『漢委奴国王』印に関する私印説への反省－」（栗原『秦漢史の研究』吉川弘文館、一九六〇）
（28）韓族の間に漢人がいたことについては、次のような二つの伝承がある。一つは魏志韓伝裴注に引く魏略に、衛右渠の時代に朝鮮の相の歴谿卿なる者が右渠を諫めて用いられなかったために、「東して辰国に之く」といわれ、そのとき二千余戸の民が随行したと伝える。辰国は昔韓族の地にあったという伝説上の国である。二つめは魏志・後漢書の韓伝に、衛氏朝鮮国最後の王の侯準（箕準）が左右の宮人（後漢書には其の余衆数千人とある）をひきいて海中に逃れ、韓地に入って（後漢書には馬韓を攻めてとある）韓王と称したが、その後絶滅したという。史実との関係は明らかでない。

（29）廉斯は現在の黄海道瑞興付近という説があるという（井上秀雄他訳注『東アジア民族史』1、一九五頁、平凡社東洋文庫）。

（30）三上次男「濊人とその民族的性格」（三上前掲『古代東北アジア史研究』）。なお白鳥庫吉は、前漢の初期に松花江流域に濊人がいたので、その王を濊王とよび、その城を濊城と称したので、まだ夫余の名は現れなかったという（白鳥「濊貊民族の由来を述べて、夫余高句麗及び百済の起源に及ぶ」（『全集』第三巻）。

（31）三品彰英「濊貊族小考」（『朝鮮学報』四、一九五三）。三品は濊貊の語が、濊と貊の併称である場合があり、その場合貊は高句麗の別称であるという。また濊貊の語がひろく濊系民族を汎称している場合があるという。

（32）那珂通世前掲「朝鮮楽浪玄菟帯方考」八一頁。

（33）漢代の羌族の住地については、佐藤長『チベット歴史地理研究』（岩波書店、一九七八）第四章に、漢代羌族の歴史と地名・族名についての詳細な考証がある。同書付図の第六図「漢代諸羌族略図」をも参照。

（34）内田吟風「後漢永初の羌乱について」（『小笠原宣秀博士追悼論文集』竜谷大学東洋史学研究室、一九八五）

（35）佐藤長前掲『チベット歴史地理研究』二九一頁。

（36）羅福頤『秦漢南北朝官印徴存』（文物出版社、一九八七）二一五、六頁参照。

（37）H. Maspero, Etude d'Histoire d'Annam. Ⅲ. La commandrie de Siang. BEFEO XVI, 1917.

（38）吉開将人「歴史世界としての嶺南・北部ベトナム－その可能性と課題－」（『東南アジア　歴史と文化』三一、

二〇〇二）
（39）百越という名称は、中国東南部と南部地域にいた諸民族の汎称で、一民族の呼び名ではない。この地域にいた諸民族は、おのおの某越とよばれ、それらを総称して百越とよんだのである。中国百越民族史研究会編『百越史研究』（貴州人民出版社、一九八七）等参照。
（40）史記・漢書の南越伝に、「閩越・西甌駱」の語があるが、これは趙佗が文帝に答えた書のなかに、「東閩越……西甌駱」とあるので、「東」字が落ち、「西」字が残ったのであろう。「西の甌駱」と読むべきである。「西甌駱」は史記の集解・索隠、漢書の顔師古注に、これらを「駱越」と解しており、索隠はまた「甌駱」と正しく読んでいる。東の閩越と西の甌駱は、直轄の南海・桂林・象郡三郡の外の地域であろうが、本文で後に引く『交州外域記』や、史記の索隠に引く『広州記』によると、「越王は二使者をして、交阯・九真二郡の民を典主せしめ」たという。これは南越が北ベトナムに勢力を延ばしていた証拠である。またベトナムで発見された銅印に、「胥《しょ》浦候印」というものがある。胥浦は南越滅亡後に武帝がおいた九真郡の県の名である。しかし吉開は、この印を南越の特徴的な印であるとして、胥浦という地名が九真郡設置以前からあったと推測し、これはその地におかれた南越の候官の印とする。吉開将人「印からみた南越世界（前篇）」（『東洋文化研究所紀要』一三六、一九九八）参照。
（41）趙佗は文帝に送った書のなかで、帝と称した理由について、「又遙聞高后盡誅佗宗族、掘焼先人冢、以故自弃、犯長沙辺境。……其東閩越、千人衆、号称王、其西甌駱・裸国、亦称王。［西北有長沙、其半蕃夷、亦称王］老臣妄竊帝号、聊以自娯」（史記南越列伝、［　］内漢書）といっている。呂后によって宗族が殺されたゆえに、自立を選んだこと、また東西の王に超越する称号を選んだということであろう。帝という称号は、当時の北方の国々では、君主の死後贈られる諡号であったが、南越の場合は、君主が生前自ら称する生号であった。栗原朋信「南越の君主号についての小考」(『史観』五〇・五一、一九五七)参照。栗原はまた帝号と皇帝号とを区別しているが、帝号とて漢朝と相容れないことは同じである。生号について、栗原はこれを春秋以後の楚・越の伝統としているが、南越で楚爵が行われたことは、近年海南島で発見された「朱盧執圭」という印によって示されている。これについては、吉開「印からみた南越世界(中篇)(後篇)」(『東洋文化研究所紀要』一三七、一三九、一九九八)参照。朱盧は、漢書地理志に合浦郡に属する県名として出ている。執圭は楚爵の執圭であると考えられる。これは漢の治下では考えられないので、南越の印と考えられる。これが南越の印であるならば、時期が遅れる「労邑執圭」についても、南越と関係あると考えられる。すなわち漢の治下になってから、南越の旧領の民に与えられたと考えられるのである。

(42) 広州象崗漢墓発掘隊「西漢南越王墓発掘初歩報告」(『考古』一九八四—三)、梶山勝「前漢南越王墓出土の金印『文帝行璽』に関する一考察」(『古代文化』三六—一〇、一九八四)、張増禧『晋寧石寨山』雲南美術出版社、一九九八)参照。この王墓は一九八三年広州市内で発見されたもので、墓主は文王(文帝)であると考えられる。

(43) 楊兆栄「西漢南越王相呂嘉遺族入滇及其歴史影響試探」(『中国史研究』二〇〇四—四)は、武帝が滇王の地に益州郡をおいたとき(後述「西南夷の統治」参照)、そこに呂嘉の遺族を移して不韋県をおいた(華陽国志に拠る)ことを指摘する。それは諸族の農民を移して農業を振興する政策の一環であるが、後漢のとき益州郡を割いて永昌郡をおき、そこに不韋県を移管した。蜀漢になってこの地から呂凱が出て、諸葛孔明からその忠節を表彰された（蜀志黄李呂馬王張伝）。呂凱は呂嘉の遺族の後裔に違いないという。
（44）後藤均平「徴姉妹の反乱」（『中国古代史研究』第三、吉川弘文館、一九六九）、同『ベトナム救国抗争史―ベトナム・中国・日本』（新人物往来社、一九七五）、片倉譲「中国支配下のベトナム―中国諸王朝の収奪に関する試論的考察―」（1）（『歴史学研究』三八〇、一九九二）
（45）藤田豊八「前漢に於ける西南海上交通の記録」（藤田『東西交渉史の研究　南海篇』荻原星文館、一九四三）
（46）藤田豊八「葉調・斯調・私訶條につきて」（藤田前掲書）、石田幹之助『南海に関する支那史料』（生活社、一九四五）第一講。
（47）栗原朋信「漢帝国と周辺諸民族」（栗原『上代日本対外関係の研究』吉川弘文館、一九七八）九頁参照。
（48）「滇王之印」は、一九五六―五七年の発掘で発見された。陳麗琼・馬徳嫻「雲南晋寧石寨山古墓群清理初記」（『文物参攷資料』一九五七―四）参照。
（49）栗原朋信「文献にあらわれたる秦漢璽印の研究」（栗原前掲『秦漢史の研究』）
（50）栗原朋信前掲「漢帝国と周辺諸民族」参照。
（51）このことは、小林聡「漢時代における中国周辺民族の内属について」（『東方学』八二、一九九一）に指摘されている。
（52）池田雄一編『奏讞書―中国古代の裁判記録―』（刀水書房、二〇〇二）第一部　案例1。
（53）桑原隲蔵「張騫の遠征」（一九一六、桑原『東西交通史論叢』弘文堂書房、一九三三）
（54）松田寿男「匈奴の僮僕都尉と西域三十六国」（『歴史教育』八―六、九―五、一九三三、三四、『松田寿男著作

集』二、六興出版、一九八六）

（55）北道の姑師国だけはトルファン盆地周辺に領土国家をつくっていたが、宣帝のときにこれを破って、車師前王国・車師後王国と山北六国に分割した。嶋崎昌「姑師と車師前・後王国」（嶋崎『隋唐時代の東トゥルキスタン研究』東京大学出版会、一九七七）参照。

（56）嶋崎昌「西域交通史上の新道と伊吾路」（嶋崎前掲書）

（57）以上については、伊瀬仙太郎『西域経営史の研究』（日本学術振興会、一九五五）三七頁以下参照。

第三章　異民族支配からみた三国時代の位置

前言―魏晋南北朝と両晋南北朝

漢帝国の統一が崩壊してから、隋唐帝国によって再統一されるまで、中国史上珍しい長期の分裂時代が出現するが、これを一括して魏晋南北朝時代とよんでいる。そのような観点からみるとき、三国時代はその時代の最初の分裂時代として位置づけられる。

しかし本書のように、中国と異民族との交渉という観点からみると、三国時代は魏・呉・蜀いずれにおいても、中国側の勢力が異民族の勢力を圧倒し、あるいはその地にむかって拡大していったのにたいし、西晋末いわゆる永嘉の乱以後は、五胡諸族の蜂起もしくは侵入を契機として、異民族の側が長期にわたる中国の分裂をひきおこした。

そういう点を考慮したからであろうか、革命後の中国の比較的初期の概説書には、呂思勉『両晋南北朝史』（開明書店、一九四八）や、范文瀾『中国通史』（人民出版社、一九四九）・『中国通史簡編』修訂本（人民出版社、一九五七）第二冊等があり、そのなかで東漢三国と西晋十六国とを分けている。また尚鉞主編『中国歴史綱要』（人民出版社、一九五四）も同様の章分けをしている。最近日本で出版されている講談社版『中国の歴史』も、第四巻『三国志の時代―後漢・三国時代』（金文京著）と第五巻『中華の崩壊と拡大―魏晋南北朝』（川本芳昭著）とを分けている。後者の魏晋南北朝は人口に膾炙した語を採用しているが、事実上両晋南北朝を内容としている。

中国史全体の時代区分の仕方としてみるとき、どちらがよいかは即断できないが、三国時代の対外関係と両晋・五胡以後の異民族の動向とはあきらかに違うので、本章では三国時代を独立にとりあげることにする。なおこの時代の特徴を分裂時代とするのは、ことの一面をいうのみであって（主要面にはちがいないが）、その反面が上記『中国の歴史』第五巻の題がしめすとおり、中国的歴史世界の拡大の時代でもあることは注意する必要がある。そのような観点からみるとき、永嘉の乱が漢民族の江南移住と開発を促進したのみならず、北方・東方・西方にも民族移動が生じて、それが辺境諸国家の発展に影響を与えたことは、我が日本とて渡来人の役割を考えれば例外でない。ただその先行現象が三国時代にあることは、江南における呉国の成立をはじめ、三国の辺境・海外への発展がしめしている。そのことは本章を草する主要目的でもある。

一　魏代における東方への発展

1　漢末魏代の東方地域

魏代の東方地域については、魏志東夷伝というよくまとまった記録がある。これは漢代までの記録が断片的なのにくらべれば、このような記録の出現は画期的なことである。その内容は、夫余・高句麗・東沃沮《よくそ》・挹婁《ゆうろう》・濊《わい》・韓・倭の順に記されている。このうち夫余・高句麗以下の知識が、主として毌丘倹《かんぶ》らの東北遠征の結果得られたのにたいし、韓・倭にかんしては、朝鮮半島の楽浪郡・帯方郡を介しての韓・倭との交渉を通して得られたものである。そこで以下にはまず韓・倭について述べ、その後夫余以下におよびたい。

なお魏志の同じ巻には、東夷伝にさきだって、「東胡」として一括される烏丸（烏桓）・鮮卑の記録が載っている。これも東方地域といってもよいかと思われるので、「東夷」の後に論及することにしたい。

さて後漢の時代、朝鮮半島南部の韓族の首長らがたびたび朝貢し、漢から邑君・邑長等の位を与えられたことは前述した(1)。韓族の地域は、馬韓・辰韓・弁韓に分かれていたが、それぞれはいくつかの小国の集合体であって、相統合されることはなかった。こういう小国の首長のなかから、漢代中国に朝貢する者が出たのである。ちょうど倭の奴《な》国王が、倭国のうちの一小国であったのと同じである。韓族の朝貢は前漢代からあったはずであるが、具体的な朝貢の状態が伝わるのは、後漢光武帝の時期の廉斯の人蘇馬諟《し》が最初である。倭の奴国王の朝貢も光武帝の時期であるのは、両地域の動向が関連することをしめしているのであろう。

魏志東夷伝のうちの韓伝には、「桓・霊の末、韓・濊彊盛にして(2)、郡県制する能わず。民韓国に流入するもの多し」とある。後漢書東夷伝に、「桓・霊の間、倭国大いに乱れ、こもごも相攻伐す」とあるのによく似ている。時期はいずれも後漢末の桓帝（一四六－一六七）・霊帝（一六八－一八九）の治世である。これらの地域におよんでいた漢帝国の勢力が衰えたことをしめしており、ここでも時期を一にして両地域に動乱が起こったのである。

この直後、この方面に影響を与えたのは、遼東に台頭した公孫氏である。かれらは後漢末から中国各地に割拠した地方政権の一つで、公孫度・公孫康・公孫恭・公孫淵と続いて、楽浪郡をも支配し、公孫康のとき、楽浪郡の南部を割いて、帯方郡をおいた。その時期は建安中（一九六－二二〇）というだけで明確でないが、兵を出して韓・濊両族を討って、それ以後韓も倭も帯方郡に所属することとなった（魏志韓伝）。

中国に魏と呉の二政権が対立・割拠するようになると、呉は公孫康・公孫淵に使者や兵士を送って、魏にたいする包囲網をつくろうとし、公孫淵も応じて呉に使節を送り、孫権は淵に燕王の位を贈った。一方魏も公孫氏に位を与えていたのであり、明帝は淵を遼東太守に任命した。結局淵は魏を恐れて、呉使を斬って呉との関係を断った。このことは後述する呉国の部分で再説する。

これよりさき魏は毋丘倹を幽州刺史に任命し、淵の入朝をうながしたが、淵は毋丘倹の軍を破ったので、燕王と称して自立しようとした（魏志公孫伝）。

このときまで、魏は西方の蜀と戦っていたのであるが、諸葛孔明が死んで西部戦線の手が抜けると、孔明と対戦していた司馬懿《い》を東部に移し、二三八年（景初二年）公孫淵を攻撃して、淵父子を斬り、遼東郡を支配下に収めた。これとは別に鮮于嗣を楽浪太守に、劉昕《きん》を帯方太守に任命し、海路から二郡を攻略した。

魏が楽浪・帯方二郡を領有するようになると、諸韓国の首長たちには、邑君・邑長等の印綬が与えられて、(3)魏の支配に服することになった。ところがやがて部従事呉林という者が、楽浪郡がもとは韓国を統治していたからと主張して、辰韓の八国を分けて楽浪郡に所属させた。呉林は楽浪郡の役人であろうが、これは分割統治を策したことにもなる。そこで韓族の首長らは憤激して、帯方郡の離営を攻めた。離営というのは帯方郡の本拠から離れた処におかれた軍営であろうか。帯方太守弓遵《じゅん》と楽浪太守劉茂はこれと戦ったが、弓遵が戦死するほどであり、ようやくこれを鎮圧した。那珂通世はこれを「正始七八年の交」（二四六、七年）であろうと推測している(4)。

2　倭の女王卑弥呼の朝貢

韓族の諸国が統一されていなかったように、東方海上の倭人も統一されていなかった。魏志東夷伝（いわゆる倭人伝）には、「今使訳の通ずる所三十国」と記されている。後漢書東夷伝は、「使訳の漢に通ずる者三十許国」と書いていて、この文は魏志の文章にもとづいて書かれているのであるが、実際には中国に個別に使者を送っていたのは魏以前の漢代のことであって、後漢書の記事の方が当時の現実に即しているといえるであろう。魏志は漢代以来伝えられていることをそのまま記したのであって、当時倭国には三十以上の国があったにせよ、魏代になると後述する邪馬台国が諸国を代表して、魏に使節を送るようになっていたと思われる。

韓族には、楽浪・帯方二郡の圧力が直接及ぶのにたいし、海を隔てた倭人の場合には、大陸からの圧力がより少なかったといえよう。だからそこには、倭人伝にいう女王国のような、比較的大きな国が存在しえたのであろう。もっとも倭国にいつごろから比較的大きな国が存在したか明確でない。女王国については、魏志倭人伝に、「其の国本亦男子を以て王と為す。住《とど》まること七八十年、倭国大いに乱れ、相交伐すること歴年、乃ち共に一女子を立てて王と為し、名づけて卑弥呼と曰う。云々」とある。これは前に一部を引用した後漢書東夷伝に、「桓・霊の間、倭国大いに乱れ、こもごも相交伐し、歴年主無し。一女子あり、名づけて卑弥呼と曰う。云々」とあるのに相当する。

魏志の方には、男子が王となって七八十年経っていたとあるのであるが、西嶋定生は、後漢の安帝の永初元年（一〇七年）、「倭国王帥升」が朝貢したという記録があり、それがほぼ卑弥呼の出現より七八十年以前に当たるから、このころつまり二世紀冒頭前後に男子の王が出現したと推定している。(5)このように後漢王朝から「倭国王」と認められる人物が出ていたとすると、これと「使訳の通ずる所三十国」との関係をどう考えるかという問題がある。おそらくはこの男子の王権はのちの卑弥呼の王権を参照しても強力なものではなく、小国の自立性がつよくて、その連合の上に後漢王朝の権威を背景として王権が成り立っていたのであろう。そして後漢末にその権威が衰えると、諸国が反乱を起こしたのであろう。

卑弥呼について、魏志には先述の末尾から、「共に一女子を立てて王と為し、名づけて卑弥呼と曰う。鬼道を事とし、能く衆を惑わす」とある。すなわち卑弥呼は倭の諸国によって擁立されたものであり、それは彼女がシャーマン的な能力をもっているからであると考えられる。そうすると、当時の倭国には神政政治（テオクラシー）が行われていて、卑弥呼の権力は、それに対応した呪術的なものであったらしい。しかしそれは世俗的な諸小国を圧倒する能力をもっていたのである。

このような卑弥呼が魏王朝に知られるようになるのは、二三九年（景初三年）の使節派遣からである。(6)この年は司馬懿が公孫氏を滅ぼした翌年である。魏志韓伝に、公孫氏が帯方郡をおいてから、「是後、倭・韓、遂に帯方に属す」というから、倭人は公孫氏支配下の帯方郡に交通していたにちがいないので、公孫氏が滅ぼされると、さっそく次の帯方郡の支配者に挨拶しておく必要があったのである。それにしてもあまりに早い反応である。東アジア諸地域の関係が、このような反応を生み出すほど、緊密になってきていたことを窺わせるのである。

卑弥呼の使者は、帯方郡の役人につきそわれて、魏の都の洛陽にいたり、皇帝（少帝斉王芳）より「親魏倭王」の位をもらい、金印紫綬を授けられた。前代に関して述べたことからすれば、これは卑弥呼が冊封されたことを意味するのであるが、倭人伝には皇帝から卑弥呼に与えられた詔書が載せられている。それには「制詔親魏倭王卑弥呼」と呼びかけられていて、大庭脩によれば、これは卑弥呼が制書を用いて任命されたことをしめし、国内の王等の任命に用いる冊書よりも一段下の形式で任命されたことがわかるという。これは蕃夷にたいして格落ちの扱いをしているのだという。また金印紫綬についても、詔書のなかで「假金印紫綬」と述べられており、もともと仮りに与えるという意味をもつ格の低い「仮授」の扱いになっている。これも蕃夷を低くみているからであるという[7]。

しかし手塚隆義は「親魏倭王」という形式の称号は、「親魏大月氏王」と二例しかないとし、後者には魏の西方国境の安寧を期待したのにたいし、倭国にはその実力を過大に評価して、東方の安寧を期待したのだという[8]。親魏という形式は、親漢・親晋等前後に類似の表現があって、けっして珍しいものではないが、手塚は王号に親魏がつくのは、倭王・大月氏王を特別にみたのだという。もっとも大庭は、史料には現れないが、親魏車師後部王その他があったのではないかと推測している[9]。ただ韓の諸国にたいしては、邑君・邑長等が与えられていたのであるから、卑弥呼が倭王の位をもらっただけでも、ある程度の大国とみなされたのはたしかなことであろう。

魏が倭国を過大評価したと推測するには、それなりの理由がある。倭人伝をみると、魏が倭国・倭人のことを正確に理解していたとは思われない。その著しい点は倭国の位置である。倭人伝には「其の道里を計るに、まさに会稽の東冶《とうや》（現福州、後漢以来福建は会稽郡に属した）の東に在るべし」と記されている。これに関連して、倭人の男子はみな黥面文身しているが、昔夏后少康の子が会稽に封ぜられて、断髪文身して蛟竜の害を避けたのだといい、また産物が儋耳・朱崖（海南島）と同じだなどと述べられている。このように倭国の位置は実際よりだいぶ南方に位置づけられており、魏が倭国を、魏の宿敵である呉の背後を脅かすものと認識して、これを重視したのではないかと考えられるのである(10)。

卑弥呼が朝貢した翌二四〇年（正始元年）、皇帝が下した詔書・印綬や多くの賜物は、帯方郡の使者を通じて、卑弥呼の都する邪馬台国に届けられた。二四七年（正始八年）、卑弥呼は南方の狗奴国と紛争を起こしている状況を帯方郡に報告した。すると郡から役人の張政が来て、詔書をもたらし、紛争を解決して平和を回復するよう勧告した。張政の滞在中に卑弥呼が死んで男王が立ったが、国中が承知しないで動乱になった。結局卑弥呼の宗女でまだ十三歳の壹與《いよ》を立てると、動乱は収まった。それを見届けて張政は郡に帰っていった。

このように被冊封国の秩序が乱れたときには、宗主国（冊封国、中国）は介入することがあり、それによって「ローマの平和」ならぬ「中国の平和」を維持しようとした。被冊封国の側からいえば、地域の紛争を有利に解決して、宗主国の平和に結びつけることが必要であったが、とくに後嗣を確定し承認してもらうことは、諸国の支配者にとって冊封関係を結ぶ第一の目的であった。

それにしても、帯方郡の役人は一度ならず邪馬台国を訪問しているのである。それにもかかわらず、どうしてその位置を正確に認識しえなかったのであろうか。邪馬台国にいたる道筋について、その方位と里程が実際と違うであろうことは、古来多くの言及があり、それをどう修正すべきかが論争のまととなってきた。しかし方位と里程は単純な誤記ではなくて、邪馬台国を南方（呉の背後）にもっていくための作為とみるべきであろう。その作為をおこなったのが、魏の側なのか倭の側なのかはわからない(11)。ともかくそのような作為がおこなわれようとは、帯方郡の役人の関知するところではなかったろう。

邪馬台国の実際の位置については、周知のとおり論争があるが、近年奈良県等で、つぎつぎにふさわしい遺物が発見されるので、畿内説が有力なように思われる。しかし倭人伝の文章を重視すると、南方に進んで女王国の都の邪馬台国に到達したうえで、「女王国の東、海を渡ること千余里、また国あり、皆倭種」とあるのを、どう解釈するか問題であろう(12)。

3　魏志東夷伝の成立

公孫氏が滅びると、魏国の北方、東北地方にのこった強国は高句麗であった。高句麗は公孫康の攻撃をうけて服従していたが、魏の公孫淵討滅には魏に協力した。しかし公孫氏が滅亡すると、魏と高句麗は直接対峙する情勢になった。

正始五年（二四四年）、幽州刺史毋丘倹は高句麗王宮（位宮）を攻めてそれを破り、都の丸都城（集安）を陥れて、多数の高句麗兵を殺した。宮は沃沮に逃亡したので、翌二四五年、丘倹は玄菟郡太守の王頎《き》にこれを追わせて、沃沮の諸集落を落とし、さらに千有余里を踏破して、粛慎氏（挹婁国の古名という）の南界に達して軍を返したという[13]。中国の軍隊がこのように奥地にいたったのは今までになかったことなので、これによって東北奥地の状態が知られるようになった。魏志東夷伝が書かれて、中国の東方地域の詳細な記録が残るようになったのは、このような遠征の結果である。

東夷伝には、上述した韓・倭・高句麗のほかに、夫余・沃沮（東沃沮・北沃沮に分かれる）・挹婁・濊等の諸族の状態が書かれている。そこではこれら諸族内部の社会・風俗の叙述に相当の枚数が割かれている。それは諸族の内的な理解をめざす中国の外国伝といわれるものの特徴なのであるが、本稿では主として諸族社会の政治的構成、諸族と中国、諸族と諸族との間の政治的関係等に主として焦点をあてているので、風俗等についていては十分紹介する余裕がない。

さて東夷諸国のなかで、王権が比較的発達していたのは、夫余と高句麗である。夫余の場合、王の周囲に諸加とよばれる貴族があった。諸加とは馬加・牛加・豬加・狗加等の総称であるというから、貴族集団それぞれがトーテムといってよいシンボルをもっていたといえるであろう。これらが王の同族といわれて支配者集団をなし、王はその代表者のような地位にあった。かれらは地方の邑落を支配していたが、邑落には共同体の首長である豪民がいて、共同体員である下戸を統率していた[14]。戦時には諸加が戦い、下戸は糧食を負担したというから、平時にも邑落をとおして諸加との間に収取関係があったのではないかと想像される。下戸と支配者との間を取りついだのは、豪民であったであろう（この点は東夷伝の記述にはないが、我々は中国人の筆者が気づかなかった点をも推測してよいであろう）。

旧来の夫余の習俗によると、水旱があったり、五穀が実らなかったりした場合は、王のせいであるとして、これを易えようとか、殺そうとか議論されたという。天候を調節する呪術師の役割を王がもつ例は、フレイザー『金枝篇』に多数あげられていて珍しいことではないが、さきの諸加との関係とならんで、王権が専制的でないことはもちろんである。

夫余の本拠について、池内宏は阿勒楚喀《アルチュカ》（ハルビン東南の阿城）を中心とする平野をあげているが、そうであるとすれば、今日のハルビンを含む地域と考えてよいであろう[15]。夫余は二八五年（西晋武帝の太康六年）、前燕の慕容廆《ぼようかい》の襲撃をうけて衰えていった（晋書東夷夫余国伝）。

高句麗は後漢の初めに王を称したのであるが、後漢末公孫氏の攻撃をうけ、都を沸流水《ふつりゅう》（佟佳《とうか》江・渾江）岸から、鴨緑江岸の丸都（集安）に移した。その支配者階級は、涓奴・絶奴・順奴・灌奴・桂婁の五部からなり、もと涓奴部が王であったが、いまは桂婁部が代わっているという。これら五部はかつて血縁的な氏族団体であると思われていたが[16]、三品彰英は語尾の「奴」を土地を意味する語で、諸部は tribe（部族）ないし「原始的小国」であるとする[17]。また川本芳昭は「部」を中国的発想によって付加されたものという[18]。「諸大加」「涓奴加」の語も使われているが、これは夫余に倣った言葉であろうか、夫余のようにトーテム集団であるという証拠はない。

このような諸部・諸加があるうえ、さきに王であった涓奴部は依然宗廟を立て、祭祀を司っていたというから、桂婁部の王権は絶対的なものではなかった。官職の名も伝わっているが、そのなかには王直属の官僚と思われるものもあり、貴族階級と思われるものもあって、後者は自分の官僚をもつものもあった。また「国人」に擁立された王もあるから、一定の王権の発達がみとめられる反面に、王権を制約する血縁組織や貴族階級の存在を認めることができるのである。

国中の「大家」（貴族・官僚らであろう）は佃作せず、坐食する者が万余口、かれらが戦闘に従事し、下戸が遠方から食糧・魚塩を運んだという。これは夫余の社会と似ており、やはり夫余の場合と同じく、邑落の共同体組織をとおして、収取が行われていたのであろう。

高句麗はさらに沃沮・東濊等の他種族をも支配していた。夫余も濊・挹婁を支配していた。これらの他種族支配は、やはりそれぞれの邑落をとおして行われ、租賦が収奪されていたと思われる。高句麗領内には「降胡」（投降した匈奴）も居住していたが、それは漢代（王莽時代を含めて）、高句麗が匈奴討伐に動員されたことをしめしている。降胡は反乱を起こしたことがあるというが、収奪が激しかったのであろう。

すこし後の魏書高句麗伝には、高句麗は夫余から出たといい、その先祖の朱蒙はその母が日に感じて生まれたが、夫余王の圧迫をうけ、逃れて高句麗にいたったという。広開土王碑文にも夫余から出たといい、ただ先祖の名を鄒牟《すうぼう》王とする。魏志東夷伝の裴注に引かれた魏略によると、夫余の先祖にも似たような伝説がある。北方の高離という国に東明という者がおり、その母が鶏子のような気に感じて生まれたが、王の圧迫をうけて、夫余の国に逃れたという。

このような高句麗と夫余との親縁関係について、池内は民族が同じでなくても、伝説が伝播することはありえるとして、親縁関係を否定し[19]、かつては白鳥庫吉[20]、近年では李成市は[21]、高句麗の政治的意図によって、夫余の伝説が取り入れられたという。考古学の所見では、墓葬制度の上で高句麗と夫余は違うといわれる[22]。これにたいし三品は高句麗と夫余ばかりでなく、沃沮・濊の諸族も同源同系であるとする[23]。漢代ではこれらが濊という汎称でもってよばれたという三品の説については、第二章で「濊王之印」に関連して紹介した。

高句麗の東には東沃沮がおり、その土地は日本海に臨んでいた。大君長がなく、邑落が散在していて、それぞれに長がいた。はじめ衛氏朝鮮に属していたが、漢の支配下に入って、沃沮城に玄菟郡（いわゆる第一玄菟郡）がおかれたとみられている[24]。玄菟郡が移ってからは楽浪郡に属し、東部都尉の管下に入って、沃沮県等がおかれた。後漢になってから、「県中の渠帥」に県侯の名が与えられたというが、後述の濊の条に「侯邑君」の名がみえるから、邑長のなかの勢力のある者であろう。諸邑落の渠帥はみな三老と称したというが、これは漢に倣ったものであろう。

沃沮の言語・風俗は高句麗とほぼ同じで、高句麗に臣属していた。高句麗は使者という役人を派遣してこれを支配し、貴族である大加を派遣して租税をとっていた。租税としては、貊布・魚・塩・海産物等を、直接高句麗まで運搬した。また美女を送って、高句麗人の婢妾とした。

濊は南方で辰韓と接し、北方で高句麗・沃沮と隣あい、東は日本海に臨んでいた。やはり大君長がなく、漢以後、邑落に侯邑君・三老がいて、下戸を統率していた。前漢のとき、楽浪郡の下に東部都尉をおき、不耐城に治所をおいて、濊を治めた。後漢になって、都尉をやめ、その渠帥を自治権をもつ侯に任命した。その一つが不耐濊であった。

言語・風俗は高句麗と同じで、長老たちはかつて高句麗と同種だと言っていた。漢末高句麗に属したが、毋丘倹・王頎の高句麗攻撃と同時に、楽浪太守劉茂と帯方太守弓遵は濊に出兵し、これを征服した（二四五年）。不耐侯らはこのとき投降したが、二四七年洛陽に朝貢し、不耐濊王の位をもらった。しかし爾来二郡は濊から、漢の一般民と同じく、軍役・算賦・戸調を取ったといわれている。

李成市は、濊族が原始農業とともに、漁撈・狩猟を生業とし、その産物を遠隔地にもたらす交易活動を行っていて、その関係ではやくから中国と接触し、その保護をうけて、制度・文化を採りいれており、その点では夫余・高句麗が中国の影響をうけたとしても、その内部に固有の社会組織を温存しているのと違うのだという[25]。

日本海岸の濊族とは別に、東夷伝には夫余領内に濊城があり、漢から与えられた「濊王之印」なるものが伝わっていると記されている。これについては、この方面に別に濊族がいたという説と、濊の語が夫余・高句麗等を含んだ諸族の汎称として用いられたという説があることを前章で述べた。

挹婁は夫余の東北にあって、大海に沿い、南は北沃沮に接している。池内宏はその中心地が寧古塔《ニングダ》（牡丹江南方の寧安）にあると推定している[26]。東夷伝には「古の粛慎氏の国なり」とあるが、粛慎は周代以来中国に楛《こ》矢・石砮《ど》（やじり）を貢納していた北方の民族として知られている。もとよりその実在はわからないのであるが、魏晋時代の挹婁も、同じく楛矢・石鏃をもちいたので、そのために伝説上の粛慎と結びつけられたのであろう。

やはり大君長はいないが、言語は夫余・高句麗と同じでない。漢以来夫余に臣属していて、かなり重い税を搾取されていたので、魏初の文帝のはじめ、夫余に背いて中国に通ずるようになった。毋丘倹の派遣した王頎の軍は、この国の南界に達しただけであったが、魏の末に実権を握った司馬昭が、使者を直接派遣して、その見聞によって『粛慎国記』という記録が書かれ、それが魏の次の晋書東夷伝の史料になったといわれる。(27)しかし彼此比較して、魏志東夷伝もそれを参照しているのではないかと思われる。ただ晋書では、君長が父子の間で世襲されるといわれているが、それは当然統一国家の君主ではなく、地方邑落等の長のことであろう。

東夷伝は以上の鴨緑江北側の諸族のあとに、韓族と倭国の記述が続くのであるが、これらについてはすでに述べたので繰り返さない。

4　東胡諸族―烏桓と鮮卑

高句麗・夫余等、東夷伝の諸族が活動した地域の西側に、烏桓と鮮卑の二種族が活動していた。かれらはふるく東胡とよばれた種族の後裔である。東胡の語をふるくはツングースの転写と考える説もあったが、胡(匈奴)族の東方にいたために、漢人がそのような名をつけたと解するのが正しいであろう。白鳥庫吉は烏桓・鮮卑から後世の契丹族までを、東胡の名で一括し、漢字で書かれた地名・官名等の解釈を通じて、かれらがモンゴル系を主とし、ツングース系を交える種族であると推測した。(28)烏桓・鮮卑については、後漢書烏桓鮮卑伝・魏志烏桓鮮卑伝の記録がある。

かれらの社会構成については、烏桓についての記述がある。それによるとやはり邑落が基礎にあり、邑落にはおのおの小帥がいて、数百千の邑落が集まって一部族をなし、大人がこれを支配している。[29] 小帥も大人も世襲でないというから、それぞれ邑落・部族の人々によって選ばれるのであろう。鮮卑も同様であったとみてよいであろう。部落間には復讐が行われているが、決着がつかないときは大人が調停する。敗れた方は牛羊を出して、相手に賠償しなければならない（魏志烏桓鮮卑伝所引王沈魏書）[30]。このような大人の存在は、公権力発達の原初段階にあることをしめしているといってよいであろう。

匈奴の冒頓単于が起こったとき、東胡はたいへん強力であったが、冒頓はこれを破って、東胡王を殺害した。第一章で述べたように、烏桓は匈奴に皮布税を納めていたが、それは冒頓以来のことと考えられていたらしい。漢の武帝は匈奴を撃破して、その左側からの反撃を防ぐため、烏桓を漢の北方辺境外に移して匈奴の動静を偵察させ、護烏桓校尉をおいて監視した。これ以来漢と匈奴との間にあって、烏桓はまた盛んになった。王莽の対策がまずかったため、後漢のはじめ烏桓は匈奴と連合して中国に侵寇した。しかし匈奴が分裂してから、ゴビ砂漠の南部が空地と化したため、烏桓はまた漢に服属し、首領らは侯王君長の位をもらって、漢の辺境諸郡に分布し、南匈奴・鮮卑とならんで、国境の守備にあたった。一時廃止されていた護烏桓校尉も復活した。烏桓の大人のなかには、率衆王・親漢都尉等に任じ、互市（貿易）を行うものもあった。

しかし後漢も中後期になると、また烏桓・鮮卑・南匈奴の連合が復活し、辺境を犯すようになった。漢末には、遼西・遼東・上谷・右北平等の烏桓の大人たちがみな王を称した。そのうち遼西烏桓の丘力居が死に、従子の蹋頓《とうとん》が後を継ぐと、三郡の烏桓を統一し、中原の群雄の袁紹と結託した。袁紹はかれら王たちに単于の印綬を与えた。袁紹が病死すると同時に、曹操は袁尚・袁熙を攻めたので、袁尚らは蹋頓のところに逃げこんだ。そのころ烏桓のもとには、十万余戸の漢人が華北の戦乱を逃れて移住していたので、袁尚らはそれを頼りにした。

二〇七年、曹操は遼西烏桓への遠征を決意し、蹋頓の拠点の柳城（遼寧）を急襲したので、烏桓は大敗し、蹋頓は戦死した。降伏した烏桓族はみな長城内に移住させられて、編戸として扱われ、そのなかの領袖・壮丁は曹操麾下の騎兵として活躍し、天下の名騎と謳われた。一方袁尚らは、残った烏桓貴族らと一緒に、遼東の公孫康の下に逃れたが、公孫康は袁尚以下を斬って、その首を曹操に送った。こうして烏桓の勢力はほとんど壊滅することになった。

さて鮮卑ははじめ冒頓に敗れたとき、遼東塞外に逃れたというが、それは東北北部の嫩江《のんこう》（松花江上流）辺りであるらしい(31)。その後南下して、饒楽水《じょうらくすい》（シラムレン）流域に中心をおいた。後漢の初め、匈奴と入寇したこともあるが、南匈奴が漢に降ると、鮮卑も内属し、その大人仇賁は王に、満頭は侯に任じられた。やがて鮮卑の大人はみな来付するようになった。

北匈奴が西方に移動するようになると、鮮卑はモンゴル高原のかつての匈奴の地を占領して、北は丁零（後の鉄勒）と、東は夫余と、西は烏孫と接する広大な土地を領有するようになった。かれらは南匈奴や烏桓と相攻撃し、漢とも和戦をくりかえした。なかには王の印綬をもらったり、率衆王の位をもらったり、市を開いて交易を行う者もあった。

漢末に檀石槐《だんせっかい》という者が諸部を統一し、広大なモンゴル高原を唯一の主権の下においた。そしてその領土を三分して、右北平（中国内部の東部、河北）以東遼東まで、夫余・濊貊に接する二十余邑を東部とし、右北平以西上谷（河北張家口辺まで）にいたる十余邑を中部とし、上谷以西敦煌・烏孫にいたる二十余邑を西部として、各々に大人をおき、檀石槐がそれを統括した。檀石槐がこのような国家を造ったために、君長の地位も世襲されるようになった(32)。

このような広大な国家が造られたにもかかわらず、その王庭は領土の南端、中国国境に近い弾汗山歠仇水《せつきゅう》（山西高柳＝代郡の北）のほとりにおかれた。中国の物資獲得に都合よかったからであろうか。中国の辺境はたえず侵入・略奪にさらされ、漢では制することができなかったので、使者を派遣して印綬をもたらし、檀石槐を王に封じて和親をはかったが、檀石槐はうけとらず、ますます侵入をくりかえした。鮮卑の部衆が大規模になったため、牧畜や狩猟ではそれらを食わせることができず、中国への侵入・略奪がくりかえされたわけであるが、それでも十分ではなかった(33)。

一八〇年前後、檀石槐が死ぬと、後継者に人をえず、その国家は瓦解した。その子孫のなかで比較的強力になったのは、傍系の歩度根であった。かれは魏の文帝のとき、王に封ぜられた。

これに対立したのは軻比能《かひのう》で、かれはもと鮮卑の小族長であった。勇敢で、法律を公平に処理し、財を貪らなかったので、人々に推されて大人になったという。この伝えは、鮮卑における大人というものが、民衆の支持の上に立っていることを示している。烏桓の場合も同様であろう。軻比能の集落は中国に近かったので、戦乱を逃れた漢人が多数帰属し、かれらを利用して中国の文化を学ぶことができた。やがてかれは強力になって、控弦十余万騎と称せられた。略奪した財物は、均等に分配し、しかもそれを人々の目前で決定して、私することがなかった。そのために部下は死力を尽くし、余部の大人らもかれを尊敬した。それでも記録は檀石槐に及ばなかったというが、その出身や次にも述べる諸勢力の対立状況からいえば当然でもあろう。

軻比能の時代は、檀石槐の国家解体後、大人たちが並び立ったときである。そのなかで檀石槐の系統をひいた歩度根は有力であったので、魏の明帝は歩度根と軻比能とを平等に羈縻して平和を保った。歩度根ははじめ兄の扶羅韓と対立しており、軻比能をよんで扶羅韓を殺させた。しかし扶羅韓の子をめぐって両者は対立し、結局歩度根は軻比能に殺された。

このほかに当時素利・弥加・厥機《けつき》等の大人がいたというが、これらは歩度根の兄の魁頭《かいとう》とともに、檀石槐の東部の大人だった人々である（前掲魏志所引魏書）。軻比能からは比較的遠方にいて、その部衆は軻比能より多かったという。幽州刺史王雄は軻比能の勢力を警戒して、二三五年、刺客を送ってかれを暗殺させた。檀石槐が中国からの自立性を維持したのにたいし、軻比能の時代はその分裂状況をも反映して、中国の羈縻を受けざるをえず、それがかれの運命を決することになった。

二　三世紀ごろの南方地域

1　呉の山越征討

三国時代、北方で曹魏が東北奥地を開拓したころ、南方では呉が江南の領土を広め、漢のベトナム領を引きつぎ、海外に使節を派遣した。

呉が建国した江南は、春秋時代には呉・越等の国があったわけであるが、これらが純粋の漢人国家であったとは言いがたく、後世この地方以南の原住民は越人とよばれて、越王の子孫をもって任じていた。しかし秦末項羽がこの方面を拠点として興ったのであるから、戦国時代に開拓が進んで、漢人の植民が相当行われたことは疑いない。しかもこの地方に未開地が多かったことは、既述のように、漢の武帝のとき、東甌や閩越の民を強制的に移住させたことによって窺われる。だから漢代この地方には、原住の越人と新来の越人と、非漢人がかなりいたことになる。

孫呉の建国者はむろん漢人なのであるが、その後背地には山越とよばれる人々が相当多かった。呉はこの山越を討って領土を広めたのであるが、江南には呉建国以前から居住していた漢人もいたのであって、呉はかれらの抵抗をも排除しなければならなかった。漢人の土着豪族たちは多く宗族を結んで団結していたから、かれらは宗部・宗伍などとよばれた。呉が戦ったのはこれら山越と宗部であって、宗部は山越と共同し、山越のなかに逃げこんだ宗部もあって、この時期に山越とよばれた勢力は、純粋な非漢民族とはいえない面がある。[34]

この時期の記録に、山越・山民・山賊・山寇・山帥等と記される人々の区別はつけにくい。[35] 山民が同時に山越とよばれていることを明確にしめす史料も存在する（呉志諸葛恪伝）。またかれらが文字のしめすように山間部にのみ住んでいたわけではなく、かれらの居住地域は非常に広範で、そのなかに呉国の郡県がおかれていた。[36] 郡県のなかに各種の部都尉や討越中郎将等がおかれているのも、蛮族とみなされる人々が多かったことをしめしている。県の役人のなかには、県の大族のなかから採用され、かれらが山越と結託している場合もあった（呉志賀斉伝）。このような山越の状況は、呉が勢力を広めようとする際に障害になったことはたしかであって、呉はかれらを討伐し、兵士のなかに組みこんだ。一方山越の側が、漢人に同化する過程もまた急速に進んだ。この時代をすぎると、民族集団としての山越の語はほとんどみられなくなる。(37)

2　呉の海外遣使

前記のような呉と山越との戦いは、呉と対立している北方の曹操の関心を引かないわけにいかなかった。曹操は山越の間に手をまわして、若干の者に印綬を授け、呉を背後から脅かそうと図った（呉志陸遜伝）。(38)

これにたいして、呉の方でも黙ってはいなかった。曹操の死後も、北方の遼東にはなお公孫氏が独立していたし、高句麗も勢力があり、曹魏と不即不離の関係を保っていた。呉からみればそれらは魏国の背後にあって、魏国を挟み撃ちする位置にあった。そこで呉は何度か、公孫氏と高句麗に使節を送った。記録にみえるものでは、曹操の生前、公孫康のもとへ一度、魏建国後、孫権も帝位に即いてから、公孫淵のもとへ五度、そのうち一度は使者が高句麗のもとに逃げこみ、あらためて高句麗へも一度使節が送られている。これにたいして公孫氏や高句麗の態度は、そのときの情勢に応じて一様ではなかった。ある者は公孫氏や高句麗に裏切られて殺され、ある者は歓待をうけて、返答の使節が送られたりしている。最後（七度め）の使節が遼東に到達したときには、公孫氏が滅ぼされた後であった。その使節は魏の守将を破り、男女を虜にして帰ったという。

これらの使節は海路を通ったのであるが、当時の航海は陸地に沿って沖合を進んだものと思われる。そのためであろう、第三次使節の一将軍は、山東半島の東端の成山で、魏軍に待ち伏せされて殺されている。しかし江南・遼東間の海路の開拓は、その後の民間貿易の発達に役立ったはずである[39]。その貿易路は、華北や朝鮮方面との間にも延びたであろう。のちの朝鮮諸国や倭の五王の江南王朝への朝貢も、この海路を利用したのである（第五章参照）。

呉の遼東遣使は、曹魏にたいする戦略の一環であるが、また呉国の海外発展の一翼でもあった。呉志呉主伝によると、孫権は二三〇年（第二次遼東遣使の翌年）、将軍の衛温・諸葛直に甲士万人を率いて海中に出て、「夷州及び亶《たん》州」を探させたという。亶州は会稽との間に人民の往来があり、風波によって亶州に漂着する者もあったというが、このときの軍隊は到達できなかった。しかし夷州には到達して、数千人の人民を捕虜にして帰った。しかしこの二将軍は、詔に違って功が無かったという口実で、獄に入れられて誅されたという。ひどいものである。

夷州については、後漢書東夷伝の注と太平御覧に引く臨海水土志に、比較的詳しい記事が出ているので、市村瓚次郎はこれを台湾にあてた。一方呉志陸遜伝には、孫権が将をやって「夷州及び朱崖」を取ろうとしたと記し、全琮伝にも、「珠崖及び夷州」を囲もうとしたとあるので、朱崖は海南島であるから、市村は亶州は海南島であろうと推測した[40]。

朱崖が海南島であることは間違いないことで、後漢でも呉・西晋・東晋でも、海南島を朱崖州とよんでいる。とすると、交州（ベトナム）まで領有した呉が、朱崖州に行きとどかなかったということは考えにくいのではないか。それに亶州を朱崖とすると、会稽との間に往来があるという呉主伝の記事とあわないことになる。

そこで白鳥庫吉は、方角と音の類似によって亶州を種子島にあてた(41)。種子島説が正しいかどうかはともかく、亶州はやはり南西諸島方面に求めるべきであろう(42)。ただし手塚隆義は、倭人伝に倭が「朱崖・儋耳と相い近し」とあるところから、亶州・夷州・朱崖の三島に加えて倭国も、相互に方位もあまり違わず、比較的近接したところにあると想像されていたであろうとしている(43)。

さて呉は右のように交州まで領有していたのであるが、中国のベトナム領有は漢代以来のことであるから、呉はそれを引き継いだのである。孫権は漢末の二一〇年歩隲《しつ》を交州刺史に任命し、二二〇年呂岱《りょたい》がこれに代わった。その呂岱が交州刺史であった間に、「従事を遣わして南のかた国化を宣し、徼外（境外）の扶南・林邑・堂明諸王におよび、各々使を遣わして貢を奉ぜしむ」（呂岱伝）と言われている。従事は刺史の部下で、宣化従事が職名、使者の名は朱応と康泰であった。

派遣の年次について、杉本直治郎は二二六年から二三一年にいたる間とする。派遣先は扶南（クメール）と林邑（チャンパ）と堂明であるが、堂明はふつう場所が不明とされている。杉本は新唐書真臘伝にみえる道明で、真臘（クメール）の北方、今のラオスのなかだという(44)。派遣された二人は、扶南に滞在中周辺諸国の事情を調べたほか、二人のインド人にあって、インドのことをも知ることができた。かれらは帰国後、康泰は『扶南土俗』と『呉時外国伝』を、朱応が『扶南異物志』を著した(45)。

このような呉の海外政策の結果、朱応・康泰のように海外に行かなくても、海外の事情がよく知られるようになったのであろう、多くの著述が現れた。さきに夷州に関して引用した『臨海水土志』（沈瑩《しんえい》著）もその一つである。

魏が東北の奥地に軍を進め、呉が華南・ベトナムを領有し、海外を探検したように、蜀も南方に軍を送り、前代の西南夷の地を支配しようとした。こうして三国はたがいに対立しながら、いずれも辺境の開拓に努力した。

3　蜀漢の南征

漢代今日の貴州・雲南の地域は益州刺史部に属していたが、蜀漢のときには「南中」とも称したので、諸葛孔明の南征は南中の征服および統治として有名である。南中統治の最高機関は庲《らい》降都督であり、華陽国志南中志には、二一四年（建安十九年）劉備が蜀に入ったときに、鄧方を朱提太守・庲降都督に任命したとあるが、蜀志楊戯伝の「季漢輔臣贊」の孔方（孔山）の条には方の略歴を載せて、入蜀時に犍為属国都尉となり、犍為郡が朱提郡と改名されるとその太守となった。その後庲降都督となり、南昌県に住したように記されている。南昌県は朱提郡内にあるから、かれは最初からこの地にいたのかもしれないが、最初の職は庲降都督ではなかったであろう。

二二一年（章武元年）もしくはその翌年、鄧方が死んで李恢が後を継ぎ、平夷県に住したという（蜀志李恢伝）。南昌県は西南夷の領内ではかなり北方にあるが、平夷県は建寧郡内で昆明に近いから、劉備の時代に、蜀の領土は相当南方まで延びていたといってよいであろう。(46) もっとも蜀の領土は、漢の西南夷領を受けついだのであり、李恢自身建寧（益州）の出身で、そこの郡吏から出たのである。ただ蜀漢の勢力は辺境に及ばず、不安定は免れなかったであろう。

その不安定さが顕在化したのが、二二三年（章武三年、建興元年）劉備が亡くなったときで、その年益州郡の大姓雍闓《ようかい》、越巂《えっすい》郡の夷王高定、牂牁《しょうか》太守朱褒らが反乱に立ち上がった。雍闓は益州太守正（あるいは鄭）昂を殺し、張裔という者を太守に任命したが、やがてかれを捕らえて呉に送り（蜀志後主伝・張裔伝）、呉と連携を図ったので、呉は雍闓を永昌太守に遙任した（蜀志呂凱伝）。しかし諸葛孔明も使節を呉に送り、呉との和親を図り、呉・蜀の連盟を復活させようとした（蜀志諸葛亮伝）。

二二五年（建興三年）になって、孔明は軍を三分し、自分は越巂に入り、馬忠が牂牁を攻め、李恢が益州に向かった（華陽国志）。孔明がめざしたのは高定（華陽国志では高定元という）の陣営である。高定は蜀志では「夷王」といわれ、華陽国志では「叟帥」とされている。叟はこの地方の種族名であるから[47]、黎虎は「当時南方数郡の反叛頭目中の、唯一の少数民族の首領」と断定している[48]。孔明は高定の巣窟を攻め、妻子を虜にしたが、高定はもう一度立ちあがり、人を殺して犠牲にして盟約を結び、二千余人の決死隊を集めて戦った（北堂書鈔一五八諸葛亮表）。孔明はこれを破って、高定を斬った。

反乱軍の連携はとれていなかった。高定は兵をやって雍闓を殺したというが、雍氏はこの地域の大姓といわれているから、おそらく漢人で、「益州の夷」はかれに従わなかったという。叟帥の高定はむろんかれと合わなかったのであろう。この雍闓に代わって益州郡の指導者になったのが、有名な孟獲だという。これを伝えるのはもっぱら華陽国志で、三国志本文には言及がなく、李恢が苦戦しながら益州を降し、馬忠が牂牁を征服したことを記すだけである。

孟獲を七たび禽《とら》えて七たび縦《はな》したという話は、華陽国志や漢晋春秋（蜀志諸葛孔明伝裴注所引）に出ているが、蜀志には一言も言及がない。これは数ある孔明伝説の一つであろう。黎虎は南中の大姓に孟氏がおり、建寧（益州）の人士に御史中丞孟獲がいるから、南中の大姓の反蜀陣営中から孔明に投降した人物の一人であろうという。

蜀志後主伝には、「[建興]三年三月、丞相亮、四郡を南征す。四郡皆平ぐ」と記す。実際には南中には朱提・益州・牂牁・越嶲・永昌の五郡があったのであるが、朱提郡には動揺が起こらなかったのであろう。これを除いたものが四郡とよばれている。平定後孔明は益州郡を建寧郡と改名し、建寧郡と牂牁郡の一部を削って興古郡を建て、越嶲郡と永昌郡の一部を削って雲南郡を建て、合計七郡に編成した（以上後主伝）。またその間に五部都尉をおいたというが（華陽国志）、これは原住民の監視機関であろう。

また南中の勁卒や青羌万余家を蜀に移し、五部に分けて、飛軍と号し、精強な軍隊を作り上げた。一方弱体な者は、焦・雍・婁・爨《さん》・孟・量・毛・李等の大姓に分配して、その部曲（従者）としたという。これらは征服の過程で、蜀軍の手中に入った人口であろう。一般の住民からは、金・銀・丹・漆・耕牛・戦馬等を出させて、戦時体制の蜀の資源にあてた（華陽国志）。蜀志諸葛亮伝には、「軍資の出ずる所となりて、国以て富饒となる」と述べて、南征の経済的効果を大きく評価している。

前掲漢晋春秋には、「南中平ぎ、皆其の渠率《きょすい》に即《つ》いてこれを用う」とあり、ある人がこれを諫めたところ、孔明は地域外の人を用いず、地域外の兵を留めず、そうすれば食糧を運ばないですみ、治安も保たれると答えたという話が出ている。これもまた七禽七縦と同様な孔明伝説であるらしい。黎虎は南征後の都督・太守の名を逐一挙げて反論している。これらの人は大部分が地域外の出身者であり、一部地域の大姓といわれる人々も、上述のように大体漢族と考えられる。

もちろんそれは統治機関の上層部と、現地の漢人移住民のことであり、かれらは土着異民族社会の内部に入りえなかった。土着民の伝統的社会は漢王朝の西南夷支配以来存続しており、その点は蜀の一時的征服・支配によって変化するものではなかった。各地に耆老《きろう》・邑君等とよばれる在地の指導者がいて、かれらの指導する社会が継続していたのである。ただし耆老・邑君は、蜀の支配者と原住民社会を媒介する地位にあり、それら指導層を経て、蜀の支配は浸透してきており、上記のごとき収奪も可能となっていたのである。

注

（1） 第二章　漢代の異民族支配における郡県と冊封

（2） 韓族と濊族がならんで出るのは、濊族が朝鮮半島の日本海岸に居住し、その南部で韓族と接していて、しばしば共同行動を起こすからであろう。

（3） 魏志韓伝には、「明帝密遣帯方太守劉昕・楽浪太守鮮于嗣越海定二郡、諸韓国臣智加賜邑君印綬、次与邑長」とある一方、「其官有魏率善邑君・帰義侯・中郎将・都尉・伯長」ともある。

（4） 那珂通世『外交繹史』（岩波書店版、一九五八）八一頁。この部分はもと「朝鮮古史考」（『史学雑誌』五－三～七－一〇、一八九四－九六）として発表されて、『那珂通世遺書』（同博士功績紀念会、一九一五）に収録された。

（5）西嶋定生「倭国出現の時期について」（一九九二、西嶋『倭国の出現―東アジア世界のなかの日本―』東京大学出版会、一九九九）、『邪馬台国と倭国―古代日本と東アジア―』（吉川弘文館、一九九四）

（6）現行本魏志倭人伝の原文には「景初二年六月」となっているが、司馬懿が公孫氏を滅ぼしたのが景初二年八月であるから（明帝紀）、倭人伝の「景初二年」は「景初三年」の誤とみられる。日本書紀神功皇后紀卅九年条、および太平御覧七八二巻四夷部には魏志の関係条文が引用されていて、いずれも「景初三年」となっているから、すでに遺失した版本には、正しく景初三年と書かれていたものとみられる。ただし二郡が公孫氏滅亡以前の景初二年前半に攻略されていた公算もあることは、堀敏一「魏志倭人伝の読み方」（『東アジアのなかの古代日本』研文出版、一九九八）三四頁に指摘されている。

なお明帝は景初三年正月に卒し、斉王芳が即位し、景初三年十二月の後に後十二月をおいて、その翌月を正始元年正月と改めた。景初三年六月はもちろん斉王芳の治世である。右の日本書紀の引用文が「明帝景初三年六月」とするのは誤である。

（7）大庭脩『親魏倭王』（学生社、一九七一）第四章。

（8）手塚隆義「親魏倭王考」（『史苑』二三―二、一九六三）。なおその後、西嶋定生「親魏倭王冊封に至る東アジアの情勢―公孫氏政権の興亡を中心として―」（一九七八、西嶋『中国古代国家と東アジア世界』東京大学出版会、一九八三）、および前掲『邪馬台国と倭国』には、親魏大月氏王冊封の背景を論じ、涼州の諸国王が月氏・康居の胡侯らを蜀王朝に派遣して、蜀軍が魏軍にたいして撃って出たときには、その先駆となることを申し出たという情報を魏がえて、魏は西域諸国の背後にある大月氏に重い地位を与えたとし、親魏倭王の冊封も同様に、呉の背後にある倭国を重視したのだと述べている。

（9）大庭前掲書一〇一－二頁。

（10）このような点をはやく強調したのは白鳥庫吉であろう。白鳥「卑弥呼問題の解決」（『オリエンタリカ』一、一九四八、『全集』第一巻、岩波書店）参照。その後大森志郎『魏志倭人伝の研究』（宝文館、一九五五）、石母田正「古代史概説」（『岩波講座日本歴史』Ⅰ、一九六二）、前掲手塚論文等が出た。

（11）前掲白鳥論文は、倭人が自国がはるか南方に伸びている国であることをしめし、呉と連携する可能性を暗示して、魏人に倭を重視させたのだと述べている（『全集本一四〇頁）。それにたいし、岡田英弘『倭国の時代－現代史としての日本古代史－』（文芸春秋、一九七六）は、公孫淵を征討して凱旋してきた司馬懿の功績を高めるために、ちょうど朝貢してきた卑弥呼の使者が利用され、歓迎式典が準備された。司馬懿の戦略にしたがって、邪馬台国は呉の背後に位置づけられたとしている。

（12）従来の論争のなかでは、方位を変えたり、距離を縮めたりしたが、距離を縮める必要がなく、むしろ距離が長いのは、倭国を東冶の東におく以上当然なのである。そうすれば邪馬台国は南方に求めざるをえない。それが魏志の構造なのであって、そこでは方位や距離から実際の邪馬台国の位置は求められないと理解すべきであろう。

（13）池内宏「曹魏の東方経略」（池内『満鮮史研究上世編』祖国社、一九五一）

（14）以下東夷伝諸族の社会の叙述は、武田幸男「魏志東夷伝にみえる下戸問題」（『朝鮮史研究会論文集』三、一九六七、旗田巍・井上秀雄編『古代の朝鮮』学生社、一九七四に再録）を参照した。

（15）池内宏「夫余考」（池内前掲書）

（16）今西龍「高句麗五族五部考」（一九二二、今西『朝鮮古史の研究』京城、近沢書店、一九三七）、池内宏「高句麗の五族及び五部」（池内前掲書）
（17）三品彰英「高句麗の五族について」（『朝鮮学報』六、一九五四）
（18）川本芳昭「高句麗の五部と中国の『部』についての一考察」（川本『魏晋南北朝時代の民族問題』汲古書院、一九九八）
（19）池内宏「高句麗の建国伝説と史上の事実」（池内前掲書）
（20）白鳥庫吉「夫余国の始祖東明王の伝説に就いて」（一九三六、『白鳥庫吉全集』第五巻）
（21）李成市「東アジアの諸国と人口移動」（田村晃一・鈴木靖民編『新版古代の日本2アジアからみた古代日本』角川書店、一九九二、李『古代東アジアの民族と国家』岩波書店、一九九八）
（22）田村晃一「高句麗の積石塚」（田村編『東北アジアの考古学』六興出版、一九九〇）
（23）三品彰英「濊貊族小考－民族関係文献批判に因んで－」（『朝鮮学報』四、一九五三）
（24）那珂通世「朝鮮楽浪玄菟帯方考」（那珂前掲「朝鮮古史考」の一部）、白鳥庫吉「漢の朝鮮四郡疆域考」（一九一二、『全集』第三巻）、池内宏「前漢昭帝の四郡廃合と後漢書の記事」（池内前掲書）。玄菟郡の治所についての異説については、第二章参照。
（25）李成市「濊族の生業と民族」（李前掲書）
（26）池内宏「粛慎考」（池内前掲書）
（27）池内宏前掲論文

(28) 白鳥庫吉「東胡民族考」(一九一〇—一三、『全集』第四巻)。東胡をトルコ種とする説もあるが、かれらは匈奴と容貌が異なり、漢人に似ているといわれるから、モンゴル説がよいのではないか。
(29) 船木勝馬「匈奴・烏桓・鮮卑の大人について」(『内田吟風博士頌寿記念東洋史論集』同朋舎、一九七八)参照。
(30) 仁井田陞「東アジア古刑法の発達過程と賠償制(ブーセ)」(仁井田『中国法制史研究　刑法』東京大学出版会、一九五九)参照。
(31) 内田吟風「烏桓鮮卑の源流と初期社会構成—古代北アジア遊牧民族の生活—」(内田『北アジア史研究　鮮卑柔然突厥篇』同朋舎、一九七五)
(32) 内田は後漢末霊帝時代には、烏桓・鮮卑とも、父子相続制が成立していたとしている(内田前掲論文)。
(33) 魏志鮮卑伝裴注所引王沈魏書・後漢書鮮卑伝の檀石槐条に、「鮮卑衆日多、田畜射猟、不足給食」とある。後漢書では、その後に奇妙な一文が続く。「聞倭人善網捕、於是東撃倭人国、得千余家、徙置秦水上、令捕魚以助糧食。」これはシラムレン流域に倭人を移したという記録であるが、藤井重雄「倭人管見—論衡と後漢書鮮卑伝—」(『新潟大学教育学部紀要』一〇—一、一九六八)は、この「倭人」を穢人であると解している。また王沈の魏書は「倭人」に当たる所を「汗国」と記しているが、山尾幸久「朝鮮における両漢の郡県と倭人」(『立命館文学』四三九・四〇・四一、一九八二)は、汗は「汙」であって、やはり穢人のことであろうとしている。
(34) 唐長孺「孫呉建国及漢末江南的宗部与山越」(唐『魏晋南北朝史論叢』三聯書店、一九五五)
(35) はやく陳寅恪「魏書司馬睿伝江東民族条釈証及推論」(『中央研究院歴史語言研究所集刊』一一—一、陳『金明館叢稿初編』上海古籍出版社、一九八〇)等は、山民以下の語を山越と同視しているが、胡守為「山越与宗部」

（学術研究編輯部編『史学論文集』広東人民出版社、一九八〇）は、山越とその他の語の厳密な区別を強調している。井上晃「三国時代の山越に就て」（『史観』一七、一九三八）は、山越は多くの場合、漢人であるとする。
(36) 陳可畏「東越、山越的来源和発展」（『歴史論叢』一、一九六四）は、山越の分布範囲を図入りで詳述している。
(37) 川本芳昭「六朝期における蛮の漢化について」「六朝における蛮の理解についての一考察―山越・蛮漢融合の問題を中心としてみた―」（川本前掲『魏晋南北朝時代の民族問題』）
(38) 傅楽成「孫呉与山越之開発」（傅『漢唐史論集』台北、聯経出版事業公司、一九七七）、関尾史郎「曹魏政権と山越」（西嶋定生博士追悼論文集『東アジア史の展開と日本』山川出版社、二〇〇〇）
(39) 黎虎「孫権対遼東的戦略」（黎『魏晋南北朝史論』学苑出版社、一九九九）
(40) 市村瓚次郎「唐以前の福建及び台湾に就いて」（一九一八、市村『支那史研究』春秋社、一九三九）
(41) 白鳥庫吉「『隋書』の流求国の言語に就いて」（一九三五、『全集』第九巻）
(42) 那珂通世前掲『外交繹史』「太古外交考」第二十五章には、亶州を沖縄島とする説がみえ、原田淑人「徐福の東海に仙薬を求めた話」（原田『東亜古文化論考』吉川弘文館、一九六二）には、九州南部および薩南諸島を一括した位置とする説がみえる。
(43) 手塚隆義「孫権の夷州・亶州遠征について」（『史苑』二九―三、一九六九）
(44) 杉本直治郎「三国時代における呉の対南策」（杉本『東南アジア史研究』Ⅰ、日本学術振興会、一九五六）
(45) 石田幹之助『南海に関する支那史料』（生活社、一九四五）第二講。
(46) これらの地名は、譚其驤主編『中国歴史地図集』第三冊、三国・西晋時期を参照。

（47）華陽国志には、「夷人大種曰昆、小種曰叟」とある。
（48）黎虎「蜀漢〝南中〟政策二三事」（黎前掲『魏晋南北朝史論』）

第四章　五胡十六国時代、華北における諸民族の国家形成

前言－諸民族の中国潜住

漢民族と異民族との関係のなかで、漢代から三国時代までは、漢民族の勢力が異民族に及び、漢民族国家が拡大したのであるが、西晋の一時的統一の後には、異民族の勢力が中国北部（華北）一帯に及び、各地に異民族の国家を建設した。いわゆる五胡十六国の時代である。

漢代までは中国の古典時代といえようが、その後に異民族の中国占領の時代が来ることは、しばしばヨーロッパにおける民族移動に対比される。たしかに東西における民族関係の変動は、いずれもユーラシア大陸の奥地における民族の変動によって引き起こされたという点で、関連があるのではないかと考えることができる。すなわち東方における匈奴の分裂と、北匈奴の西方への移動が、西方における民族間の変動を生じさせ、それがフン族とゲルマン民族の移動を引き起こしたと考えられるのである。匈奴とフンが同族であるという説もあるわけであり、たしかにフンという名称は、古代の匈奴と同音であろうと思われるのであるが、

匈奴の勢力が強大であったために、西方諸民族がその支配下に入ったこともあり、フンの名を騙る民族が出たということも考えられる。いずれにしても東西の民族移動は、深いところで関連しているのではないかと思われるのである。

しかし東西の民族移動には、共通の特色もあれば、異なった面もある。共通の点は、異民族が古典世界の内部に早くから入りこんでいたことである。ゲルマン民族について言えば、ローマ帝国の傭兵として採用されており、西ローマ帝国を滅ぼしたのも、ゲルマン民族の傭兵隊長であったことは周知のとおりである。東方では漢帝国の諸民族対策によって、多くの民族が中国内地に居住させられていたことが注意される。とくに後漢になってからは、南匈奴や氐・羌等の諸族が中国の北部・西部に大量に居住するようになっていたのである。

後世の唐代には漢民族と諸民族との接触・交流がとくに盛んだったと言われているが、漢代にも中国内地ではおそらく唐代に劣らず、漢民族と諸民族との接触が日常的であったと思われる。そのような場合には、つねに中華意識を云々することが正しいかどうかも考えなければならない。この点は知識階級と庶民とを分けて考えなければならないであろう。

東西の異なった面としては、西方ではローマ帝国に寄生していた傭兵等とは別に、ゲルマン諸民族がローマ帝国の外部から帝国領内に侵入し、ローマ帝国とは異質のヨーロッパ世界を創り上げたことである。東方の五胡の世界は、上記の中国内地にすでに移住していたかれらの蜂起からはじまった。その後に外部から侵入した胡族もあって、北魏のごとく五胡世界を征服・統一するのであるが、その場合もその漢化政策がしめすように、伝統的中国世界を克服することはできなかったのである。

もっとも中国世界は当初より少数民族を含んで成り立っていた。今日強調される多民族国家としての中国の特質は、その当初からのことであったといえる。それは既述の漢代異民族地域における郡県と冊封の状況をみれば明らかである。しかし中国世界の中心部における政治・文化への影響は、この時代以降きわめて重要になった。後世異民族、とくに北方民族による征服がくりかえされ、いわゆる征服王朝が出現するのであって、その先蹤はこの時代にあった。

征服王朝 Dynasties of Conquest の名はウィットフォーゲルの著書『遼史』からはじまるのであるが[1]、ウィットフォーゲルは遼以下の王朝を征服王朝とよび、それにくらべて五胡の諸民族は、自分の根拠地を離れて中国内地に移り住み、中国文化に同化する傾向をもっていたとして、これら五胡の政権を、潜入王朝 Infiltration Dynasties とよんだ。潜入というのは野原四郎の訳語であろうが[2]、田村実造はこれを「潜住」と言いかえている[3]。この方が中国内地に居ついてしまった民族の実態を指すのにふさわしいかと思う。

たしかに五胡諸政権と遼・金・元・清等の王朝との違いはあるのであるが、にもかかわらず遼以下の征服王朝が中国世界を否定してしまったということはできないと私は思う。そうとすれば巨視的にみて、中国世界における異民族政権の重要性という点において、五胡諸政権の先蹤的役割は無視できないであろう。民族移動が東西の世界において画期的な意義をもつことは同じなのであるが、その内容は以上のごとくたいへん違うのである。

一　諸民族の中国潜住と徙戎論

西暦二八〇年、西晋の武帝は呉を征服し、一時的に中国を統一したのであるが、それからまもなく、西晋の国勢がまだ盛んな時期に、侍御史の郭欽という者が、次のような警告を発した。

「戎狄は昔から中国に患難を加えて参りました。魏初には人民が少なかったので、西北諸郡はみな戎の居住地となってしまいました。今かれらは服従していますが、もし将来兵乱が起こりましたならば、胡族の騎兵は平陽（山西）・上党（山西）より、三日をあげずして都のすぐ北の孟津（河南）に達します。そうすれば北地（陝西）・西河（山西）・太原（山西）・馮翊《ひょうよく》（陝西）・安定（甘粛）・上郡（陝西）はことごとく戎狄の居住地となってしまいます。どうか平呉の勢いと、謀臣猛将の才略によって、北地・西河・安定・上郡・馮翊を確保し、平陽以北の諸県の死罪の者を募集し、三河（河南・河東・河北）・三魏（河南）の士族四万家を移してその地に住まわせれば、異民族が中華を乱さないようになりましょう。その後漸次平陽・弘農（河南）・魏郡（河南）・京兆（陝西）・上党の雑胡を国境に移して、四方の異民族の出入を防がせれば、先王の異民族政策にも合致し、万世の長策となりましょう。」（晋書北狄、匈奴伝）

この献策は武帝の採用するところとならなかった。西晋の国勢がまだ盛んな時であったから、さほどの危機感もなかったのであろう。

しかし武帝の次の恵帝の世になると、八王の乱が起こり、中国内地の戦乱が激しくなって、それに諸民族も参加して力を発揮することとなった。二九四年、匈奴の郝《かく》散が山西で蜂起し、弟の度元が馮翊・北地（陝西）の馬蘭羌や盧水胡と連合すると、九六年、秦州・雍州（甘粛東部・陝西南部）の氐《てい》族と羌《きょう》族がみな呼応し、氐の斉万年を推して帝とした。斉万年がようやく敗れた二九九年ごろ、この状態をみて、山陰令の江統が「徙戎《しじゅう》論」を著した。晋書江統伝に載るこの文章は長文なので、ところどころ省略して要点を記すことにする。

「後漢光武帝の建武中（西紀三五年）、馬援を隴西《ろうせい》（甘粛）太守として、反逆した羌族を討ち、その余種を関中に移して、馮翊（陝西）や河東（山西）の空地に住まわせ、華人と雑居させました。数年の後その仲間は繁殖して、漢人の生活を犯すようになりました。

永初の初め（一〇七年）、騎都尉王弘が西域に出使する際、羌・氐を徴発して守備隊としました。そこで群羌は遠征を恐れて逃亡し、扇動しあった末に、秦・雍二州の戎が一時に蜂起し、要塞を破壊し、都市を屠り去りました。鄧隲《とうしつ》が征討しましたが、敗北が続いて、諸戎はいよいよ盛んになり、南方では蜀漢に入り、東方では趙・魏を掠め、軹《し》関（陝西）を突破し、河内《かだい》（河南）に侵入しました。北軍中候朱寵が五営の兵を率いて孟津で羌を防ぎ、十年の間に夷夏ともに損害をうけ、任尚・馬賢がわずかに勝っただけです。このように大きな害が累年続くのは、防御の方法がまずく、将にその才が無いとはいえ、肝心なことは敵が心腹におり、害が腋の下から起こるために、病をなかなか癒し難いからであります。雍州の戎はつねに国の患いとなり、漢末の乱で関中は破壊し尽くされました。

そもそも関中は土地が肥えて物産が豊かな地です。その土質が最上のうえに、涇《けい》水・渭水の流れと鄭国渠・白渠の灌漑のおかげで、黍稷《しょしょく》がよく実り、畝《ほ》ごとに一鍾《しょう》と言われ、百姓はその豊饒を謡い、つねに帝王の都となってきました。戎狄がこの地に居るべきだとは聞いたことがありません。族類が違えば、その心もかならず異なります。戎狄の心や行動は中華と同じではありませんので、国家が衰退したので、これを畿内に移しましたが、士庶はこの状態が続くなかで、戎狄を軽侮しますので、怨恨の気持ちがかれらの骨髄に染み込むまでになっています。もともと貪悍の性質がある上に、憤怒の気持ちが加わりますので、かれらは隙をみては無道な行動に走ります。同じ国境内に居て、民族を隔てる障壁も無いので、したがって災厄はしばしば起こり、暴虐は測り知れません。此の必然の勢いは、すでに経験ずみです。

現在為すべきことは、兵威が盛んで、万事が実行できるうちに、馮翊・北地・新平（陝西）・安定界内の諸羌を移して、先零・罕幵《かんけん》・析支（甘粛・青海の羌族の種類）の地に住まわせ、扶風・始平・京兆（いずれも陝西）の氐を移して、隴右に返して、陰平・武都（甘粛）の界内に住まわせるようにすることです。その行路の糧食は十分支給して、各自本来の種族に帰し、昔の本土に帰らせて、属国としてこれを安撫するようにします。戎狄と晋人が雑居せず、ともにその住地を得れば、上は往古の秩序に合し、下は盛世が永続することになりましょう。たとい中華を犯す心があり、兵乱の知らせがあろうとも、中国から絶遠の地で、山河を隔てていれば、侵略があっても、損害には限りがあります。

……関中の人口は百余万口ありますが、その割合をみますと、戎狄が半ばに達します。……

并州《へい》（山西）の胡は、もと匈奴が侵入したものです。漢の宣帝の世、匈奴の勢力は飢饉で解体し、国内が五つに分裂し、後に合して二つになって、呼韓邪は衰弱孤立し、自立できないので、塞下にいたり、礼物を持参して服従しました。建武中（四九、五〇年ころ）、南単于がまたやって来て降伏し、ついに国境内に入り、漠南に居住するようになりました。数世の後また背いたので、何熙《かき》・梁慬《りょうきん》がしばしば軍を起こして征討しました。中平中（一八四年）、黄巾の乱が起こったのでその兵を徴発しましたが、部衆は従わず、（単于の）羌渠を殺しました。そこで（その子の）於扶羅《おふら》が助けを漢に求めて、黄巾を討ち、乱に乗じて趙・魏を略奪し、河南に入寇しました。建安中（一九六－二一九）、また右賢王去卑に命じて、（単于の）呼厨泉《こちゅうせん》を誘って人質にし、その部落を六郡に散居させました。咸熙《かんき》（二六四－六五）の際、その一部がはなはだ強くなったので、分割して三人に率いさせました。泰始（二六五－七四）の初め、また増して四つとしました。そこで劉猛が内部で背いて、外部の民族と連盟しました。近年は郝散の変が穀遠（山西）で起こりました。今匈奴五部の衆は、戸数万に至り、人口の盛んなことは西戎（氐・羌）に過ぎます。しかも天性勇猛で、弓馬の術も氐・羌に倍します。もし不虞の兵乱が起これば、并州の町々は危険なことになります。

滎陽《けいよう》の高句麗はもと遼東の塞外に居りました。正始中（二四六年）、幽州刺史の毌丘倹《かん(ぶ)きゅうけん》がその反乱を討伐し、その生存者を移したのです。初めに移った時は、集落は百戸ぐらいでしたが、今は千を以て数えるまでになりましたから、数世の後にはかならずたいへんな勢いになるでしょう。今は庶民が職を失い、謀反する者もいるのに、犬馬は肥えて人に噛みつくものがいます。まして夷狄が変を為さないと言えましょうか。

国を治める者は、患いは民が貧しいことに在るのではなく、財が平均的でないことに在りますし、憂いは人口が寡ないことに在るのではなく、人心が安定しないことに在ります。四海は広いのですから、士庶が富むには、夷狄が国内にいる必要はありません。此れらの夷狄にはみなお触れを出して出立させ、その本来の領土に帰し、羇旅《きりょ》の人が故郷を思う心を慰め、我が中華にいささかも憂いがないようにしたいと思います。此の中国を恵《め》でて、以て四方を安んじ、徳を永世に施して、長久の策としたいと存じます。」

この文章は江統の伝に「戎を徙すの論」と名づけられているのであるが、徙民（強制移住）は関中の氐・羌に重点がおかれて、かなり具体的な提案が為されているのにたいし、それとならんで言及されている山西の匈奴と河南の高句麗については、その危険性を警告するだけで、徙民への言及はない。

関中は西晋の首都圏であるし、そこに氐・羌らが居住して、漢人の士庶と対立している状況は、西晋の士大夫にとってあまりに日常的な風景であったのであろう。それを漢代に氐・羌の原住地であった甘粛西南・青海の地に帰そうというのであるが、山西の匈奴については、元来北匈奴等、塞外の騎馬民族から中国を防衛する任務をもっていたのであり、かれらの部族社会が弛緩しだした中頃以後は、西晋貴族への奴隷供給地ともなっていた。これを塞外に戻すということは考え難かったといえよう。

それでは関中の氐・羌らの徙民は可能であったであろうか。この提言が為されたのは、すでに関中で斉万年らの反乱が起こった後のことであり、関中の異民族人口はあまりに多くなっていて、もはや機を失して実現性をもたなかった。八王の乱を経て求心力を失っていた西晋政権に実力がなく、これを容れられなかったのは当然である。あと五年もたつと、氐族と匈奴の国家が樹立されるのである。(4)

しかしこの提言はまったく無意味であったであろうか。注意すべきは、徙民という方策が孤立したものではなく、すでに郭欽の提案が先行していたし、また後の五胡諸政権においてはしばしばこの方策が実現をみていたことである。それは五胡十六国諸政権の特徴的な政策の一つだとさえいえるのである。(5) その点で「徙戎論」は先駆的意味をもっていたといえるであろう。

二　巴氏の成国建設と流民暴動

1　成国建国者の巴氐《はてい》

徙戎論で述べられた二大異民族集団は、関中の氐・羌等と山西の匈奴であった。前者からは流民を率いて四川に入った成国が、後者からは匈奴の漢・趙国家が興った。両国の建国はいずれも西紀三〇四年であるが、これが五胡十六国時代最初の王朝となった。

まず成国であるが、その指導者李氏について、晋書李特載記は十六国春秋に拠ったらしいが、「巴西宕渠《たくきょ》の人、其の先は廩《りん》君の苗裔なり」と記す。宕渠は四川東部、嘉陵江の支流の渠江流域である。秦の時かれらの賦は少なく、各人四十銭を出すだけであったが、巴人は賦のことを賨《そう》と呼んだので、かれらのことを賨人とも呼んだ。漢の高祖は賨人を募って三秦を平定し、その功によって賦税を免除した。その人は歌舞を善くするので、高祖は楽府《がふ》にそれを習わせた。今の巴渝《はゆ》舞であるという。漢末に張魯が漢中ではじめた鬼道（五斗米道）をかれらは信仰したという。

ところが後漢書南蛮伝に「巴郡南郡蛮」の記載があり、廩君の伝説めいた話を載せているが、秦代にその君長が出した税は、毎年賦二千一十六銭、三年ごとに義賦千八百銭、その民は幏布《かふ》と雞羽を出したという。同伝にはこれとは別に「板楯蛮夷《ばんじゅん》」の記載があり、高祖のとき夷人を発して三秦を伐ち、その渠帥七姓を免税にし、その余に賨銭四十を出させた。高祖は楽人に命じて巴渝舞を習わせたと記す。

華陽国志巴志には板楯蛮のことが出ているが、廩君については言及がない。漢の高祖は賨民を発して秦を平定し、楽人に巴渝舞を習わせたとあり、また宕渠郡の条に、もとの賨国で、賨城があるという。華陽国志李特雄期寿勢志には、「祖世本は巴西宕渠の賨民」とのみ記して、廩君の記述はない。

このことを論じた呂一飛は、廩君蛮と板楯蛮は別で、前者は元来湖北清江流域に発し、後に勢力が巴郡・南郡に拡大したのだという。それで後漢書の記載ができたのであるが、これと板楯蛮との混同は劉宋の何法盛の『晋中興書』（太平寰宇記一三八所引）に始まり、十六国春秋・魏書賨李雄伝・晋書李特載記等に受け継がれたという。また『雲陽県志』（四川）には清の光緒年間、農民が「漢帰義賨邑侯」の古印を得たが、ここは秦漢時の板楯蛮の居住地だという。(6) そうすると李特は板楯蛮の子孫だということになりそうであるが、巴地方にはこれとは別に後漢書のいう巴郡南郡蛮もいたのであるから、種族の共存ないし融合がみられたであろう。

魏志張魯伝によると、二一五年（建安二十年）曹操は漢中の張魯を攻めた。張魯はいうまでもなく天師道（五斗米道）の教主である。その教えは漢中郡の南の巴郡にも広がっていたらしい。張魯の功曹の巴西出身の閻圃《えんぽ》は、巴人の杜濩《とかく》と樸胡の援助をえてから曹操に降っても遅くないと進言する。そこで張魯は南山に奔り巴中に入ったという。魏志武帝紀同年九月条に、「巴の七姓の夷王樸胡・賓邑侯杜濩、巴夷・賓民を挙げて来附す」とあり、十一月条に、「魯、巴中より其の余衆を将いて降る」とある。ここでは巴夷と賓民が分けられており、それぞれ夷王と賓邑侯（上記の古印の所持者であろう）によって率いられていたらしい。曹操は前者を巴東太守、後者を巴西太守に任命したというから、巴西の李氏はやはり賓民に属するであろう。

そのとき李特の祖先はどこにいたのか。華陽国志には前掲のように「本巴西宕渠の賓民」と述べた後に、「天下の大乱に値い、巴西の宕渠より移りて漢中に入る」とあり、十六国春秋・晋書載記には、「天下の大乱に値い、巴西の宕渠より漢中の楊車坂に遷り、行旅を抄掠し、百姓これを患う。号して楊車巴と為す」とある。曹操の漢中征服より前に移っていたとみられる。

華陽国志の文はその後にすぐ、「魏武漢中を定め、（特の）曾祖父虎、杜濩・樸胡・袁約・楊車・李黒等と略陽（甘粛）の北土に移され、復《また》号して巴氐と曰う」と続く。ただ杜濩・樸胡らがさきに太守に任じているのであるから、徙民はすこし後のことであろう。この徙民の記事を信ずれば、漢中にいた李虎も、巴中にいた杜濩らもいっしょに移されているのであるから、巴人に属する人々が根こそぎ移動させられたのではないかと思われる。この記事では、巴人がすべて略陽に移されたと伝えているが、十六国春秋には「内に徙る者亦万余家、隴右諸郡及び三輔・弘農に散居す」とある。これは巴人以外にも大規模な徙民が行われたことをしめすものではないだろうか。

さて略陽の住民には氐族が多かったのであろうが、そのためにかれらも異民族として氐族のなかに数えられ、一般の氐族と区別して巴氐と呼ばれ、居住区も一般の氐族より北方の地に指定された。なおこの地方には、後述するように漢人豪族も居住していたのであるから、巴氏という呼び名は漢人の側からの呼び名であろう。元来氐族でもないかれらを巴氏とよぶのは、氐族の側から出そうもない名である。それにたいしてこの地方の漢人は、異民族を一括する称号として、氐族の名を採用したのではないだろうか。

略陽に最初移された李虎は魏の将軍に任命され、李特の父の李慕は東羌猟将であったという。虎の将軍は徙民時の形式的な任命かもしれない。またこの地方には猟戸という民衆の組織があり、それを率いるのが猟将であったという(7)。李特は「少くして州郡に仕う」といわれているが、具体的な官はわからない。

さきに五胡諸国の建国者は、漢代以来中国に潜入したものが多い点を指摘したが、いずれにせよかれらが中国外部から入ってきたことはまちがいない。ところが巴氏の李氏はもともと中国内部にいた少数民族であったのである。その点は他の五胡諸族と違っている。したがってかれらが漢族化しているといわれるにも理由があるだろうし(8)、後述のように建国の過程で漢族と合作しやすかったのではないかと思われる。

2　四川への流入と成漢政権の成立

二九六年(元康六年)氐族の斉万年の反乱が起こり、その影響もあって、関中では飢饉が激しくなり、米一斛万銭、政府は人身売買を許可することになった(晋書恵帝紀)。華陽国志大同志には、「[元康]八年(二九八年)、……略陽・天水六郡の民、李特及び弟庠《しょう》・閻式・趙粛・何巨・李遠等及び氐叟・青叟数万家、郡土連年軍荒を以て、穀に就いて漢川に入る」と記す。六郡というのは、秦州所属の略陽・天水・扶風・始平・武都・陰平等の郡であって、この時期に四川に入った流民が厖大であったことをしめしている。上に「数万家」とあるが、下記の李苾《ひつ》の上表には「流人十万余口」という。

　はじめこれらの流民には統一的な指導者がいたわけではないが、流民たちがばらばらであったわけでもない。のちに李特らは懸賞金の対象になったが、かれはその掲示を書き換えて、「能く六郡の豪、李・任・閻・趙・楊・上官、及び氐叟の侯王一首を送れば、百匹を賞す」（晋書李特伝）、もしくは「能く六郡の大姓、閻・趙・任・楊・李・上官、および氐叟の梁・竇《とう》・符・隗《かい》・董《とう》・費等の首を送れば、百匹」（華陽国志大同志）としたという。ここで六郡の豪もしくは大姓とよばれているのは流民の指導者であったと思われる。それらは氐叟の侯王と併記されているので、漢人豪族であったとみられる。(9) すなわち流民らには漢族もあり氐族等もあり、それぞれが地域ないし部族の有力者に率いられていたものと思われる。

　李氏は巴氏と称したものの、氐族のなかでは冷遇されたであろうとか、(10) 李氏は漢人化していて部族的性格を喪失しており、非漢人と対立していたとか推測して、(11) これらを李氏が四川に南下した理由にあげる説があるが、南下したのは上記のように多数であって、そのなかには氐族も多く、李氏の行動が孤立していたわけではない。ただ李氏が指導権を握るにいたっていなかったのである。

　流民らは漢中まで来て、入蜀の許可を得ようとしたが、西晋朝廷はこれを禁止しようとして、侍御史の李苾を派遣した。ところが李苾は流民の賄賂を受け、かえってこれを許すよう上表し、流民たちは四川各地に流れこんだ。

　流民は各地を略奪してまわったのであるが、李特はそのような集団の首領であった。ときの益州刺史趙廞《きん》は独立の野心をもっていたので、流民に糧食を支給して、これを味方につけようとした。とくにかれは巴西の出身であったので、はじめは李特に保護を加えたが、李特の弟李庠《しょう》を憎んでこれを殺したので、李特は趙廞の部隊を破って成都に押し寄せ、略奪をほしいままにし、趙廞も乱軍のなかで殺された。

三〇一年（永寧元年）、西晋の宮廷は後任の益州刺史に羅尚《らしょう》を送ってきた。また符を秦州と雍州に下して、四川に入った流民を呼び戻すよう求めた。羅尚は流民にたいし、七月までに故郷に帰るよう要求した。流民のなかには、蜀人の地主に雇傭されて定着している者もあった。かれらはもはや郷里に帰る気もないし、帰る旅費もなかった。これらの人々は、はじめ略奪団の李特らとは利害が一致しなかったのであるが、李特が秋収のときまで出発を延期するよう求めているのを知り、李特の下に集まってきて、李特の指導を受けいれた。

羅尚の部下たちはこれをみて警戒し、特の陣営を襲撃したが、その軍はほとんど全滅した。これをみて六郡の流民たちも、ようやく李特を指導者と認めるようになった。六郡の流民といっても、そのなかには上述のように大姓とよばれる人々がおり、官位をもち、各地の県令等を勤めた人々も含まれていて、李特はそれらの有力者を通して、厖大な流民群を把握できるようになった。その軍はなお李特の兄弟・実子らを中核においていたが、その周囲には流民の有力者たちが組織されたのである。そのうえでかれは蜀人と法三章を約し、糧食の供給、人材の抜擢を約束した。今や略奪集団から足を洗って、政権樹立を考えるようになったのである。

三〇二年（太安元年）、李特は益州牧・都督梁益二州諸軍事・大将軍・大都督と自称し、年号を建初と称し、境内に恩赦を布告した。これは四川地域の独立を宣言したものといってよいのであるが、しかしまだ羅尚が成都の大城にこもっていたので、王と称するわけにはいかなかったのであろう。李特は小城を陥れて、大城の羅尚と対抗した。またその政権の本質は征服国家で、地方では地主たちが村堡を結んで自営していた。李特はそれらの村堡に部下を派遣して治めようとしたが、そのためにその兵力が分散した。弟の李流と子の李雄がこれを諫めて、地主らから人質を取るよう進言したが、李特は聞かなかった。羅尚の部下の任明は、ひそかに諸村に工作し、三〇三年、尚の出兵にあわせて蜂起させたので、李特は大敗して戦死した。

そのあとは弟の李流が大将軍・大都督・益州牧を自称した。蜀の地主・民衆らは要害の地に塢《う》（保塁）を結んで立てこもっていたので、城邑はみな空で食糧もなく、李流の兵士らは飢えに苦しんだ。

そのころ涪《ふ》陵（巴郡）の出身の道教徒の范長生という者が、千余家を率いて成都の西北の青城山（西山）にこもっていた。同郷の徐轝《きょ》という者が、羅尚の部下におり、范長生と結んで、尚とともに李流を討とうと考えたが、尚が許さなかったので、流に降って、范長生を説得して、流に軍糧を支給させた。(12) 流の軍はそのおかげで勢いがよくなった。

李流の死後、李特の第三子の李雄が後を嗣ぎ、やはりはじめ大都督・大将軍・益州牧と称したが、羅尚を破って成都を占領したので、諸将の推戴によって、三〇四年（永興元年）成都王の位に即き、建興と建元し、晋の法を廃して法七章を約した。

李雄は范長生を崇敬して、これに臣事しようとしたほどであった。雄が成都王になると、長生を西山から迎えて丞相にした。范長生は李雄に帝位に即くことを勧めたので、三〇六年皇帝の位に即き、国を大成と号した。晋書李雄載記には太武と改年したと記すが、華陽国志李雄志・十六国春秋では晏平となっていて、この方が正しいであろう。

　范長生は天地太師の号を奉られ、西山侯に封ぜられ、その千余家の家臣には軍務を免じ、その租税分を范長生の家に入れるようにした。李雄はやがて漢中を陥れ、その住民を成都に移住させた。おそらくそれらは天師道教徒であろうから、李雄の成国は道教を国教にしようとしたと言えるかもしれない。范長生の死後はその子の賁が丞相を継いだ（十六国春秋）。

　李雄は三十年の間位にあり、漢中から重慶方面にまで領土を広め、蜀全域を確保した。中原からの流民も受けいれて人口も増加し、住民のなかから多くの人材も採用されたので、中原に比べて比較的安定した治世が続いた。末年には東晋とも交通して、友好的な関係を築いた。

　この国の租税は、男丁が毎年穀三斛《ごく》の人頭税、女丁が半分の一斛五斗《と》であり、戸調の絹と綿（まわた）は非常に少なく、傜役も稀であったという。しかし諸将からの金銀の献上に頼る点があったといわれるから、陰でなんらかの搾取が行われなかったとはいえない。また国に威儀なし、官に秩禄なく、班序別たず、君子小人の服章殊ならず、賄賂が公然と行われた等といわれるから、まだ流民時代の民主的な遺風が残っていた面があったのであろう（華陽国志李雄志・晋書李雄載記）。

　李雄は兄蕩《とう》の子の李班を太子にしていたが、班は次のように上言したという。「古は墾田均平にして、貧富所を獲。今は貴者広く荒田を占め、貧者は種殖するに地無し。富者は己の余す所を以てこれを売る。此れ豈王者大均の義ならんや。」雄がこの言葉を嘉納したというが、実際にはどう処置したかわからない。しかしここにはしばらく後に北魏によって実現する均田制の先駆的な考え方がみえる点、注目すべきである（李班載記[13]）。

所詮流寓政権であった成国は、その中枢を李氏一族でかためていたのであるが、李氏内部で権力争いが起こるのを防ぐことができなかった。それに六郡人士の一部も加わった。三三四年李雄が死ぬと、短期間に雄の甥の李班、のち雄の子の李期が嗣いだが、李特の末弟、雄の弟の驤の子の李寿が嗣ぐと、雄の子をすべて殺した。寿ははじめ東晋に通じたが、結局帝位に即いて、国号を漢と改めた。それで李特以来の国家を成漢とも呼ぶ。かれははじめは評判が好かったのだが、即位後は制度を改め、李雄以来の旧臣や六郡の士人を排除して、側近だけを用いた。かれは北方の後趙の石虎にも交通しようとして果たさなかったが、その政治に倣って刑罰を厳しくした。地方の三丁以上の戸から、民衆を成都の周辺に徙して首都の人口を充実し、また手工業者を徙して、宮殿を増築し、水路を導入した。民衆の使役が激しく、非難の声が上下から起こった。

寿が在位五年で死んだのち、長子の李勢が即位したが、側近の大臣らを殺し、刑罰を残酷にしたので反乱が起こった。またこのころ荊州方面から多数移住してきた獠族が、住民と摩擦を起こして蜂起したが、軍が弱体化していて取り締まれなかった。そこへ東晋の将軍桓温が攻めよせて、三四七年滅ぼされた。

3　各地の流民蜂起[14]

関中から四川に流入した流民は、巴氏の李氏の指導の下で、成という国家を建設するのに成功したが、そのほかにも主として黄河流域と長江流域との間の地区では、多数の流民蜂起が発生した。その人口の大部分は漢族であろうが、以下にはその主なものを列挙しよう。

四川で関中から流入した流民が勢いをふるっていたとき、西晋政府は荊州（湖北）の「武勇」とよばれる兵士を徴発して四川に送り、四川の流民を鎮圧させようとし、これを「壬午兵」と呼んだ。しかしこれは元来荊州地方の地方守備軍ないし郷兵なのであろう、他郷に出るのを好まず、随所にこもって抵抗を始めた。

ちょうどそのとき、義陽（湖北）の蛮で、義陽郡平氏県の少吏であった張昌という者が、江夏郡（義陽郡南隣）一帯の流民数千口を率いて、江夏郡治（湖北安陸）南の石巌山という所に立てこもり、武勇もそれに合体した。かれらは晋軍を破って江夏を占領した。

張昌は江夏で山都県（湖北）の吏の丘沈なる者を擁立して天子とし、昌は相国となった。丘は劉尼と改名し、漢の後裔と称した。張昌も李辰と改名した。鳳凰が集まり、珠袍・玉璽・鉄券・金鼓が降ったと称し、赦書を下し、神鳳と建元した。長江と漢水の間の人民はみな呼応し、その衆三万、真っ赤な頭巾を被り、羽毛を挿して目印とした。そして一年のうちに、南は武昌・長沙・衡陽・零陵、東は弋《よく》陽、北は宛（南陽）・襄陽等を下した。別に将軍石冰《ひょう》らは、東方の江州（江西・福建）・揚州（江蘇・浙江）を破った。当時、荊・江・揚・予（河南）・徐（江蘇北部）五州の境内には、みな張昌がわの郡守・県令が立ったという。

荊州刺史の劉弘は、将軍の陶侃《かん》らを派遣して、張昌と戦わせ、張昌は捕らえられて殺され（三〇四年）、その蜂起軍も瓦解した（晋書張昌伝）。

関中の流民は四川に入っただけでなく、その一部分の流民は湖北の漢水流域、宛県（南陽）一帯に流れこんだ。既述のとおり、西晋王朝はこれを郷里に帰そうとして、武力を行使したので、京兆出身の王如はこれを破って夏口（湖北）・襄城（河南）を占領した。そこで南安（四川）の龐寔《ほうしょく》、馮翊（陝西）の嚴嶷、長安の侯脱らも、多く県令・県長らを殺してこれに応じ、衆四、五万になった。王如は大将軍・司雍二州牧と称した。しかしこれらの指導者たちは反目しあって協力できなかった。王如は石勒に賄賂を贈って、侯脱を殺させ、石勒は侯脱の拠点宛を占領した。その後王如の兵は飢饉に苦しみ、晋軍に投降するものも出て、三一二年、王如も東晋の王敦に帰した。王敦の従弟の棱《じょう》は如の武勇を愛してこれを部下としたが、如の過失を責めて恥をかかせた。王敦は棱と意見があわなかったので、王如を指嗾してこれを謀った。王如は宴会の場の剣舞にことよせて棱を刺した。王敦はこれを口実にして王如を殺してしまった（晋書王如伝）。

三一三年、王如の余党四川の李運・王建らは漢中に入った。梁州刺史張光はこれらを殺したが、王建の女婿楊虎は氐族の族長と連合して張光を殺し、翌年大成政権に帰属した。

巴蜀の流民の汝班・蹇碩《けんせき》ら数万家は、荊・湘（湖北・湖南）の間にあり、住民と対立していた。たまたま蜀出身の李驤が県令を殺して、数百人で楽郷（湖北）に拠ったが、醴《れい》陵（湖南）令をしていた杜弢《とう》が、これを破った。蜀人の杜疇・蹇撫らがまた湘州で乱を起こした。刺史の荀眺《じゅんちょう》が流民を討とうとしたので、汝班らはおそれて杜疇らに応じようとして、杜弢が長安出身であるところから、これを指導者に推した。弢は三一一年、梁益二州牧・平難将軍・湘州刺史と自称して、郡県を連破したので、荀眺は広州に逃走した。広州刺史の派遣した軍も、荊州刺史の派遣した軍も、いずれも弢に敗れた。杜弢は武昌（湖北）や零陵（湖南）を侵し、長沙（湖南）太守・宜都（湖北）太守・邵陵（湖南）太守らを殺して、強大な勢力になった。

東晋の元帝は、王敦・陶侃らに命じて杜弢を討たせた。弢は死者が多く出たので投降し、巴東監軍に任ぜられたが、諸将は攻撃を止めなかった。そこで再び叛き、長江の南に出て、晋軍の運路を断ったが、またも陶侃に敗れ、杜弢は逃走して行方知れずになった（晋書杜弢伝(15)）。

北方の山東からは王彌《び》に率いられた流民が出た。これよりさき三〇六年、劉伯根が山東東萊《らい》で蜂起した。山東東萊の大姓であった王彌は、家内の奴隷を率いて参加し、青州では「飛豹」とあだ名された。伯根が戦死した後には指導者となって、青州・徐州（江蘇）・兗《えん》州（山東）・予州（河南）等を転戦し、郡守・県令らを殺した。当時山西各地から流入していた流民は、在地の住民と対立していたので、城邑を焼き、郡守らを殺して、王彌に応じた。そのころすでに劉淵の漢国が成立していたので、三〇七年、王彌は劉淵の臣下となり、征討大将軍・青徐二州牧となり、劉曜・石勒《ろく》らと協力して、西晋の都の洛陽攻撃に一番乗りをした。しかし農民指導者と権力者とは結局あわなかった。また劉淵治下で王彌は石勒の強力なライバルとなる可能性があり、そこで石勒は王彌を憎んで、これを襲撃して殺してしまった（晋書王彌伝）。

やはり北方の流民に「乞活」とよばれる人々がいた。かれらは并州（山西）の流民で、三〇六年、并州の将の田甄《けん》、その弟田蘭、李渾《こん》、薄盛らに率いられて、東瀛公騰の下に属し、鄴《ぎょう》（河南）に駐屯した。そのとき騰は「并州の二万余戸を率いて山東に下る」（劉元海載記）と言われており、この時期に乞活は并州から他州に出たと考えられる。のちに東海王越に属し、三一一年に洛陽が陥落した後には、陳留内史陳午らに率いられて、陳留（河南）一帯に塢壁を築いていた。そのなかには石勒がかつて恩をうけた郭敬もいて、石勒の特別な好遇をえたが、乞活全体としては晋朝の側に立って、胡族の支配に反対した（石勒載記）。またかれらは并州人の組織としての団結を維持していた。当時の流民は一般に同郷の集団であることが多かったが、乞活はとくに団結が強かった。

三一九年ごろ、陳午は胡人に仕えるなと遺言して死んだが、そのときかれは浚儀（河南）に拠り、五千余人の衆をもっていた。子の赤特が幼かったので、幹部の李頭は叔父の陳川に特を助けさせた。李頭は当時河南地方を制覇していた祖逖《そてき》に傾倒していたので、川は怒ってこれを殺し、石虎に降伏し、乞活の多くは祖逖の下に奔った（ペリオ文書二五八六号晋史逸文）。

しかし乞活集団はなお崩壊しなかった。三五四年、江西の乞活の郭敬らが陳留の内史を殺して叛き、姚襄に降ったとされる（晋書穆帝紀、姚襄載記）。乞活が并州を出てからほぼ五十年、なおその名を維持していた。三七一年、桓温が袁謹を寿春で破ったとき、乞活数百人を穴埋めにしたといわれる（晋書桓温伝）。三八六年、丁零《ていれい》（鉄勒《てつろく》）が洛陽に侵入したとき、乞活の黄淮が「并州刺史」と称して、数千人を率い、丁零と協力して長社（河南）を攻めたという（晋書桓石民伝）。なお郷里の并州を名のっているのである。四一九年王康という者が建康を守ろうとしたとき、「并州の乞活」一千余戸が城南に駐屯していたという（宋書王康伝）。太平寰宇記六六河北道河間県条下に、「乞活城」という遺跡があるという。周一良は、河間はかつて乞活がいた広宗の北にあるので、この城があるのであろうという(16)。

最後に、王仲犖《らく》が当時の流民の数を推定しているので、それを紹介しておこう(17)。すなわち秦・雍（陝西・

甘粛の一部）より流出した者は約四、五万戸、当地の総人口の三分の一を占める。并州（山西）より流出した者は約四万戸、当地総人口の三分の二を占める。梁・益州（四川）より流出した者は約二十万戸、当地総人口の十分の九を占める。冀州（河北南部）より流出した者約一万戸、当地総人口の三十分の一を占める。

流民の戸口の記録に見えるものは三十万戸に近く、西晋全国総戸数（三百七十七万）の十二分の一強を占め、秦・雍・并・冀・梁・益・寧（雲南）等の州の総戸数（約六十万戸）の二分の一弱を占める。

これらの数が正確かどうかは、なお問題があるかもしれないが、大体の目安になるだろう。流民は流動して歩くことが多いので、各地の住民と対立することが多く、また商品経済が未発達であったから、唐以後の黄巣の乱のような広範な流動作戦はとれずに、各地の反乱勢力は孤立していて、北方では胡族政権に吸収されたり、弾圧されたりしたし、南方では王敦・陶侃らの名将に撃破された。四川の成漢国も本質は征服国家で、住民との対立を克服できたとはいえない。

三　匈奴政権の形成と変遷

1　匈奴の漢趙国

前節で成漢政権の特質を、巴氏と漢人豪族との合作だと述べたのであるが、多くの胡族政権は、諸民族の雑居・移動するなかで、権力を維持しなければならなかったから、君主の同一部族の団結と支持に依存した。しかしそれでは君主権の基盤は狭いものにならざるをえない。雑居する諸民族との対立はそのままになり、政権が安定しないものになるのは当然であった。不安定な政権の内部では、同族同士の権力争奪・クーデター・反乱・殺戮が頻発した。その弱点を補うためにさかんに行われたのが、首都等の都市周辺への徙民《しみん》（強制移住）によって、直接掌握する戸口を充実する方法であり、また政権によっては漢人顧問を採用する場合もあった。

しかしそれによって、五胡政権の不安定さが解消したわけではない。そこで次の時代の北魏にいたって、抜本的な対策として、部族制を解散し、全戸口を掌握するために均田制を実施し、「漢化」という方向をとることになったのである。もちろんそれによって新たな矛盾も生じたのであるが。

さて最初の匈奴政権から話を始めよう。山西（上記の并州）に入った南匈奴族は、はじめその部族組織を維持しながら、漢人社会と接触した。これを漢人と雑居したと表現されている。それは北方の草原とは違った環境であったから、伝統の遊牧生活は徐々に崩壊し、個別の家々が農業等に従事するようになると、遊牧と密接にかかわっていた部族組織にも弛みが生じたとみられる。具体的な事例は、のちの石勒《せきろく》の生涯に関して述べることにする。

最初の匈奴国家、漢（のちの前趙）を建てた劉淵の場合、かれは匈奴の支配種族屠各《とかく》種に属する単于の家柄であった(18)。しかしかれの曾祖父の羌渠単于は、漢政府の命令する反乱討伐に協力したので、漢の徴兵を嫌う国人に背かれて殺された。ここに漢の領土内に入った匈奴社会の矛盾が現れ、単于の権威がほとんど崩壊していている様子が伺える。その子の於扶羅が後を継いだが、かれも帰国できずに、河南等各地を荒らしまわっていた。その死後弟の呼厨泉が立ったが、曹操に敗れて魏都に抑留され、その後曹操は匈奴を五部に分割して支配したというのが従来の説であった[19]。

しかし既述の「徙戎論」には、呼厨泉抑留後、その部族を六郡に散居させたとあり、その後それらを三、四に分割したという。そこで近年町田隆吉は通説に疑問を挟み、五分割は晋代のことであったと推測している[20]。

はじめ五部にはそれぞれ帥がおかれ、のちに都尉と改められた。さきに呼厨泉が立ったとき、兄の於扶羅の子の豹を左賢王とし、五部制の下では左部帥とされたが、これが劉淵の父で、劉淵は魏末に任子（人質）として洛陽に送られていた。豹が死ぬと、淵は左部帥を継ぎ、ついで北部都尉となったが、五部のなかでは最も傑出していると見られていたらしい。八王の乱が起こると、五部大都督となり、鄴にいる成都王穎《えい》の下に属して、監五部軍事とされた。

劉淵の従祖で右部都尉の劉宣は、天下の動乱をみて、この機会に劉淵を擁立して匈奴の独立国家を造ろうと画策した。淵は成都王の下を抜け出して、南匈奴の父祖伝来の地、西河国離石県に帰り、劉宣らによって大単于の号を奉られた。はじめ離石に都をおき、ついで近傍の左国城に拠り、数万の兵を擁した。そして三〇四年、「漢」王の位に即き、元熙《げんき》という年号を決め、漢制にならって百官をおいた。

漢という国号も、劉という姓も、むかし冒頓単于以下が漢の帝室と通婚して、漢室と親戚になったからだというが、もちろん漢地に国を建てるからには、漢人の信望をえる必要があったのである。劉宣の目標は匈奴国家の再建であったが、劉淵は漢地における国家建設をめざしたのである。そしてやがて三〇八年には、皇帝の位に即き、永鳳と改元し、翌年山西南部の平陽に都を遷して、河瑞と改元した。

このころまでに、山東地方で兵を挙げていた漢人王彌《び》・羯《けつ》人石勒、陝西北部の鮮卑や氐が、劉淵に帰属した。河北に国を建てるからには、当時の状況の下では、匈奴だけでなく、漢人だけでもなく、このような諸民族を包摂する国家にならざるをえなかったのである。なお山西北部には西晋の并州刺史劉琨《こん》がいて、北辺の拓跋猗盧《いろ》の援助をえて劉淵に抵抗した。また河北北部には幽州刺史王浚が独立の態勢をとっていた。

劉淵の子の劉聡は王彌とともに、洛陽に進攻したが、城は容易に落ちなかった。淵は病が重くなり、子の和を皇太子とし、劉聡を大司馬・大単于・録尚書事とし、単于台を平陽の西に設けた。三一〇年劉淵は死に、皇太子の和が立ったが、軍を握っていた弟の劉聡がこれを殺して、皇帝の位に即き、光興と改元した。劉聡は弟の乂《がい》を皇太弟・領大単于とし、子の粲《さん》を都督中外諸軍事とした。

粲は翌三一一年（永嘉五年）、王彌・劉曜（劉淵の族子）らと洛陽を攻略して、略奪をほしいままにし、王公・百官以下三万余人を殺して、その死体を積みあげて塚を造った。敵の死体を積みあげるこのような習慣は春秋時代からあり、これを京観《けいかん》と言った。晋の懐帝は伝国の爾とともに平陽に送られ、のちに殺された。

なおその後、晋では愍帝《びんてい》が長安を保っていたが、三一六年劉曜に陥れられ、翌年帝は平陽で殺され、西晋は完全に滅亡した。これを永嘉《えいか》の乱というが、そのあと元帝が江南の建康で即位して東晋を建てた。

匈奴国家の治下には、大別して漢人人口と非漢人人口とがあった。前者は農業人口、後者は多くが元遊牧民族であった。この生活原理の違う人口を治めるために、劉聡は左右司隷と単于左右輔をおいた。左右司隷は二十余万の戸を領し、万戸ごとに一内史をおいた。内史は全部で四十三人いた。単于左右輔は六夷十万落を治めたといわれ、部落を単位に数えられている。一万落ごとに一都尉をおいた。

当時の落＝部落がどのくらいの人口から成るものかはっきりしない。のちのモンゴル時代には、天幕（穹《きゅう》盧《ろ》、包《パオ》、ユルト、アイル）が孤立するか、二、三の少数で集まっているものと、大群をなしているものと、両種があったという。かりに少数の方が大群から分立してきたものと仮定すると、匈奴国家時代の落は、相当の口数であった蓋然性があろう。しかし田村実造は、一部落が五、六包（天幕）から成り、一包が六、七人であろうという。後者は後漢書南匈奴伝に載せる戸口統計から推定できるが、一部落五、六包という根拠は知らない。一方内田吟風は、落は大約二、三穹盧、人口十人ないし二十人ほどの天幕群であったと考えている[21]。

単于左右輔は、単于台にいる大単于を長とした。大単于は皇太子・皇太弟と一致する場合が多く、次代の皇帝候補者であった[22]。しかし遊牧国家の時代とは違って、単于だけでは五胡の国家全体を治めることができず、単于を超えたところに、遊牧民をも漢人をも支配する皇帝が存在した[23]。

単于と皇帝との併存という体制は、ある意味では漢代以来の漢と匈奴との対立の制度的な帰結といえるかもしれない。大体前漢一代を通じて、漢と匈奴とは対等な関係にあったのであるが、前漢末の呼韓邪《こかんや》単于以来、匈奴は漢に服属せざるをえない状態になっていた。ただ単于が皇帝より下位にあることを、制度上で明確に示すようになったのは、なんと漢人国家が滅んだ異民族政権の下においてであった。

漢人人口と遊牧民とを分けて治めるやり方は、のちの征服王朝遼の二重体系といわれるものと同じであり、五胡諸国の統治のモデルとなったものであるが、漢地に入った五胡諸国にとっては、そのような二重体系とともに、単于と皇帝との併存も必要になったのであった。しかしそれらはいずれも過渡的な形態であって、次代（北魏時代）にはそれが皇帝権下の統治に一元化されざるをえない運命をもっていた。

さて劉聡のときには、父を皇太弟・領大単于とし（もちろん単于台の長官であった）、王子粲を丞相・領大将軍・録尚書事・晋王に任命し、そのほかに太師・太傅《たいふ》・太保・大司徒・大司空・大司馬以下の漢式の官をおいて、軍を握る大司馬には族子の劉曜を任命した。また輔漢・都護以下の十七の大将軍をおいて、各二千人の兵を配し、諸子に率いさせた。軍事面はすべて一族が抑えるやりかたである。

劉聡は後宮を拡張し、多くの皇后・寵姫を愛したので、外戚・宦官が権力を振るった。あるときは宮中に籠もって、政治をいっさい王子の粲に任せきりにした。権力基盤が狭く、孤立・不安を感じている君主がしばしばみせる行動である。しかしもともと皇太弟の父と王子の粲とは権力が両立しなかったし、その間に臣下が介在して対立を助長した。結局粲は父を殺して、皇太子・領相国・大単于となった。

三一八年劉聡が死に、粲が即位するが、外戚の靳《き》準を大将軍・録尚書事として政治を任せた。靳準は反乱を謀り、粲を殺して、漢大王と称した。「漢大王」の称号は十六国春秋や晋書載記の記すところであるが、資治通鑑には「漢天王」と記されている。もし後者が正しいとすると、これ以後五胡の支配者がしばしば使用した天王号の最初となる。(24) 準は東晋に帰属しようとし、また石勒にも通じようとしたが、部下の将校らに殺された。

このとき長安にいた劉曜は、靳準を討つために兵を進める途中、平陽から逃げてきた人々に擁立されて、皇帝の位に即き、光初と改元した。かれはやがて都を長安に遷し、国号を「趙」と改めた。このとき劉曜は、「光文皇帝（劉淵）は、漢が久しく天下を有っていたので、民庶の支持を得るために、漢の祖宗の廟を立てたが、今宗廟を除いて、国号を改め、大単于（冒頓単于）を太祖としたい」（十六国春秋）と述べているから、劉淵のときと違って、匈奴の国家であることを標榜したのである。田村実造は、漢国の華化的傾向への反発があったのだろうという。(25) ただ再建されたのもやはり劉氏の国であるから、一般に漢と趙を一体のものとして把らえている。

翌年石勒《せきろく》が独立し、襄国（河北刑台）に拠って趙王と称した。劉曜の国家を前趙、石勒の国家を後趙とよぶ。華北は東方の石勒と、西方の劉曜とに二分されたのである。

劉曜は長安に太学・小学を建てた。単于台は一時廃止されたのではないかと思われるが、のちに子の劉胤を大単于とし、単于台を長安付近の渭城においた。劉曜は単于左右輔を左右賢王と改めたというが、これは左右輔が単于の補佐役であった左右賢王を継いだものであることをしめしている。同時に都尉をも万戸長に改めたのではないかという説がある。(26) 国号の変更と同じく復古的傾向をあらわすものであろう。

劉曜は関中の氐・羌族を支配して、その一部の二十余万口を長安に徙民させた。西方の仇池（甘粛南西）を討って、甘粛の万余戸を長安に徙民させた。また前涼を服属させて、秦州（甘粛東部）の大姓二千余戸を長安に徙民させた。一時仇池の楊難敵は益寧南秦三州牧・領護南氐校尉・武都王に、前涼の張茂は涼州牧・領西域大都護・護氐羌校尉・涼王に任じられた。

劉曜は東方で石氏と争っていたが、三二八年、石虎に敗れて捕らえられ、やがて石勒に殺された。太子の劉胤は西方に逃れたが、翌年上邽《けい》（甘粛天水）で石虎に殺された。

2　羯族石氏の後趙国

石勒《せきろく》は山西東南部の上党にいた羯人《けつ》だといわれる。羯は中国文献には匈奴の別部といわれている。しかし唐長孺は内徙の匈奴族には各種の雑胡が含まれており、羯胡には西域胡の要素が比較的多く含まれているとしている。(27) 町田隆吉はこれをうけて、羯族はインド・ヨーロッパ系の要素を多く有する種族であったが、はやく匈奴の支配下に入ってその影響をうけており、匈奴の南下にともない、西晋時代までには河北一帯に入居していたとする。(28) また石氏の統治下で、西域系の宗教・芸術・植物等が流行したという説もある。(29) ただし白鳥庫吉は、石勒の小字、訇《はい》勒を、高車（のちの鉄勒）で王を意味する語としてみえるものと同じであることを指摘し、これをトルコ語の beglik の対音であるとしている。(30)

石勒の家は代々「部落の小率」であったとされ、かれの祖父も父も、その名が羯族の語で伝わっているから、町田は部落民全体がその名を漢族風に変えていなかったとみている。石勒という名は、のちに蜂起後かれの主人であった汲桑《きゅうそう》が名づけたものである。唐長孺は石という姓を、中央アジアの石国（タシュケント）と関係づけているが、漢人がつけた名であるとすれば、どうであろうか。

石勒の属する部落民の自給は困難で、かれ自身少年時代から部落の知人につれられて、洛陽まで商売に出かけていた。漢人のなかにはかれを見込んで生活費を与えた者があり（例えばのちに乞活に参加した郭敬ら、前節参照）、かれはその畑で働いたという。たまたま并州が飢饉にあって、胡人たちが困窮すると、官僚らはかれらを捕らえて奴隷に売り飛ばした。中国に外国人が多かったこの時代には、貴族の家などで外国人の奴隷がよく使われていた。

石勒も山東の一平民の家に売られたが、その隣に馬牧場があり、石勒は馬の目利きがうまかったので、牧場主の汲桑と知り合いになった。勒は牧人たちと群盗団をつくり、略奪してきた物資を汲桑に貢いだ。汲桑は牧場をもつばかりでなく、裏社会でいろいろな取引をやっていたのであろう。

そのころ成都王穎や幽州（北京）に割拠した王浚が、恵帝をめぐって争い、恵帝は長安に遷り、関東には群雄が蜂起し、匈奴の劉淵も漢王と称して自立した。

汲桑も群雄の一人として立ち上がった。石勒も牧人とともに苑馬数万騎を率いて、汲桑に従った。桑らは郡県の獄舎を襲って囚人を解放し、山沢の亡命者を招集して兵とした。石勒は汲桑の先鋒として鄴（河南）を占領し、東嬴《えい》公騰《とう》を殺した。しかしかれらは東海王越の部将に敗れ、汲桑が殺されたので、勒は上党に拠っていた胡族の長の張訇《はいとく》督らのもとに行き、張らを説いて劉淵に帰属した。

劉淵は石勒を輔漢将軍・平晋王とし、後に督山東諸軍事を加えた。さらに劉淵が帝位に即くと、それまでの都督号・王号の上に、持節・平東大将軍・校尉の官を加え、その後将軍号を鎮東大将軍とし、汲郡公に封じた。

石勒は劉淵の部将として大活躍を始めた。当時の華北には、戦乱のなかで地域を防衛するために、豪族や官人たちが防壁を築いて立てこもり、これらを壁とか塁とか塢《う》とか呼んで、地域によっては数百・数十に達した。石勒はこれらの塁壁を陥れ、新しい統治者を任命し、その兵士を徴用しただけでなく、そのなかから指導者・知識人らを集めて、「君子営」とよぶ砦を造った。この君子営のなかに漢人張賓《ひん》がおり、以後石勒の謀臣として活躍し、石勒もかれの意見をよく聴いた。そのほかに石勒の腹心となった人々が、多くこのなかから出ている。石勒は劉淵のような名門でなかったから、漢人に依存する面も多いのである。

塁壁の間には流民集団が略奪に依存しながら横行していた。そのなかで最も強固な団結を誇ったのは、前節末に言及した乞活と称する集団で、石勒らの統治に抵抗した。

劉淵・劉聡の東方経略を、石勒とともに担当した者に漢人名族の王彌がおり、所詮両者は両立しがたかった。石勒は張賓の意見を聴いて王彌を殺した。また幽州の王浚を斬り、并州の劉琨《こん》を破った。琨は鮮卑の段匹磾《ひつせん》のもとに逃げこんだが、匹磾に殺され、匹磾はのちに石勒に降った。

こうして東方における石勒の覇権が確立した。かれは襄国（河北南部の刑台）に拠点を築き、多くの降人らをその周辺等に徙民させた。その数は二十万前後に達するであろう。この措置は、諸族をその根拠地から切り離して抵抗を封じ、同時に首都周辺を充実するやり方である。また従子の石虎（石季龍）を魏郡太守として、曹操の都城であった鄴に駐屯させた。

劉聡は石勒を使持節、散騎常侍、都督冀・幽・并・営四州雑夷征討諸軍事、冀州（河北南部）・幽州（河北北部）牧、東夷校尉等に任命した(31)。石勒は華北東方の幽・冀二州が平定されたので、人戸を調査させて、家ごとに戸貲《し》二匹・租二斛を徴収した。これは戸調・田租という魏晋時代以来の基本的な税制が、施行可能となったことを意味する。また律令の要点を採って、「辛亥制度」五千文を作らせたというが、辛亥というからには、二九一年のことであろう。

三一八年劉聡が死に、靳準の謀反のあとで、劉曜が即位したが、石勒も靳準の誘いを断って挙兵したので、劉曜に対抗して、翌年「趙王」の位に即いた。石季龍（石虎）載記には、このとき石勒は「大単于・趙王」

の位に即いたと記されている。このとき石虎が単于元輔となったことは、石勒・石季龍両載記に出ている。また胡人を「国人」とよんだというから、やはり胡人を国家の根幹と考えていたことは劉曜の場合と同じであるが、他方で衣冠の華族を侮辱してはならないという命令を出しており、晋の九品の制度を継承し、士族の籍を定めて、張賓に選挙を掌らせた。また勧課大夫・典農使・典勧都尉等に、戸籍を定め、農桑を勧課させたというから、戸籍の確定と勧農、すなわち生産力の引上げとを直結させる考えがここにみられるが、これはのちの北魏の政策の濫觴である。

勒は世子の弘を鄴に鎮守させて、多数の禁兵をこれにあずけた。これによって従来鄴を領有し、単于元輔に任命されたとき、都督禁衛諸軍事を兼ねることになっていた石虎を怒らせて、弘との対立の原因をつくった。

そのころ北方出身の祖逖という者が、郷党の民衆をひきいて南下し、「行主」といわれて、黄河以南の塁壁を統合したが、石勒はその勢力を憚ったのか、その行為に感心したのか、逖が北州の名士だというので、黄河をはさんで奇妙なバランスが一時生まれた。しかしその子の祖約が継ぐとバランスは崩壊し、約は勒に降った。

劉曜が石虎に敗れて前趙が滅亡すると、三三〇年、石勒は群臣の勧進によって、「趙天王・行皇帝事」の位に即いた。いったん皇帝になるのを遠慮した形だが、その年のうちに帝位に即いて、建平と改元し、襄国よりすこし南の臨漳に都を遷した。天王から皇帝になるという階梯をふむ形式ができたといえる。これは次代の石虎の場合も、より間隔をおいて踏襲されている。

なおさきに石勒が趙王になったときは、石勒が大単于を兼ねたが、このときは世子の弘を大単于とした（十六国春秋）。皇帝と大単于とは両立せず、上下の関係にあるのである。

石勒の威勢は華北の全域におよび、劉曜の滅亡とともに、陝西から甘粛にまで領土が広がり、前涼も服属した。そこで東北の高句麗や鮮卑の宇文氏も使節を送ってきた。

三三五年石勒が死ぬと、例によって後継者をめぐる争いがおき、石虎（季龍）が世子の弘を廃して後を継ぎ、「居摂趙天王」と称し、建武と改元した。居摂天王は直接天王の位につくのも躊躇しているのである。二年経って三三七年、はじめて「大趙天王」と称した。かれが皇帝の位に即くのは、実に三四九年、死の前年である。石虎は乱暴な男で、直情径行ただちに位に即きそうなものだが、実際はその反対であった。一般にかれは石勒の従子とされているが、石勒の弟だという説もあるようである。いずれにせよ傍系だし、谷川道雄がいうように、同族の制約が相当なものであったことが考えられる(32)。またかれ個人の行為から、臣下の評判がいま一つであるということを自覚していたのかもしれない。

かれは残忍・酷薄で、自分より勇気や才能のある者は、口実を設けてこれを害し、城塁が陥落するごとに、見境なく士女を殺したり坑《あなうめ》にしたりした。反面軍規が厳正で、向かう所敵の無い状態であったから、父石勒の信頼が厚く、その征服戦争の多くを担当した。また「私論之条、偶語之律」を設けて、吏がその上官を、奴婢がその主人を告訴することを許した。権力を自分だけに集めるやりかたである。

かれは襄国から鄴に都を遷し、「襄国から鄴に至るまで、二百里ごとに一宮殿を建て、宮殿ごとに夫人一人と侍婢数十人を住まわせた。かれが内外に建てた大小の宮殿は九つ、台観・行宮は四十四か所におよんだ」

（『初学記』巻八所引鄴中記）。また襄国に太武殿、鄴に東西宮を建てた。いずれも豪壮華麗、贅沢を極めた。女官には星占いを学ばせて、内外の情勢を占わせたという。またかれが華北各地に徙民させた人口は、十五万を上まわったという。

石勒の時代に華北の大部分は征服されたので、石虎の時代には、東北方の鮮卑の諸部が進出の目標とされた。まず北辺の一部中国をも領有していた段遼を攻撃して、これを屈服させた。しかしその東北に住んでいた遼西の慕容廆《ぼようかい》は執拗に抵抗した。この慕容氏は次の時代に、後趙の領土を席巻するのである。石虎は西方の前涼にも軍を出して、甘粛東部を領有したが、前涼を滅ぼすまでにはいかなかった。

3　後趙から冉魏へ、仏教の弘通

石虎の子どもたちは、いずれも親に似て、残酷で無道だった。はじめ邃《すい》を天王・皇太子としたが、兄弟の宣・韜《とう》を嫉視し、これを殺すと公言する始末で、石虎はこれを殺して、石宣を天王・皇太子とし、石韜を太尉とした。宣は韜が広大な宮殿を太尉府に建てたのを怒り、部下を送ってこれを殺させた。虎は宣を捕らえて、その髪や舌を抜き、手足を斬り、眼をつぶして、火あぶりの刑に処し、自分は女官を率いて高楼から見物した。

これからは石虎の子どもたちが、次々に出てきては殺され、出てきては殺される。まず石虎はかつて劉曜の幼女を寵愛し、世という子をもうけていたので、世をつぎの皇太子に立てた。このあと虎は病に伏し、三四九年天王の称号を改めて、ようやく皇帝の位に即き、元号を太興とした。かれはさらに石遵《じゅん》・石斌《ひん》に政務を助けさせたが、石虎の病はますます重くなった。劉氏（上記劉曜の子）とその側近は石斌を恐れてこれを殺し、三五〇年石虎が死ぬと、いったん世が即位したが、石遵は軍の支持をうけて鄴に迫り、世の退位を強制して、自らこれに代わった。石遵の即位は、石虎の養孫石閔《びん》（のちの冉閔《ぜん》）の援助をえたが、かえって閔を邪魔にしたので、閔は石遵を殺して、石鑒を立てた。石鑒も閔の排除を策して、またまた殺された。鑒の死後、弟の石祗《し》が襄国で即位し、胡族ら多数がこれに応じた。しかし石祗は三五一年、部下に殺されて後趙は滅亡した。

そのすこし前の三五〇年、石閔は帝位に即き、国号を大魏とよび、永興と改元し、旧姓の冉氏に復して冉閔と称した。冉閔の父は魏郡出身の漢人で、閔は子どものときに石勒に眼をかけられ、石虎に養われていたのである。

冉閔政権は漢人を味方につけようとして、胡人の虐殺を奨励し、その死者は二十万人におよんだという。石勒・石虎は魏晋以来の貴族社会を受け継いで、それなりに漢人支配層を味方につけようと努力した形跡があるが、無法な施政もたたって、胡人と漢人との対立感情は拭えなかった。冉閔政権はその対立をあおって、一方の支持をえようとしたのかもしれないが、五胡政権が続いてきた歴史のなかでは、それは政権の基盤をいたずらに狭いものにしただけであった。

実は華北の漢人のなかには、以下にも述べるように、東晋の支持者もかなりいたのであるが、冉閔はかれ自身石氏に養われ、そのなかで立身してきた経緯もあるし、胡人の虐殺も石氏との間の政権争奪過程で行われた。それは政権内部の争いであったから、東晋との連絡は考慮の外にあったであろう。そういうわけもあって、漢人の支持をえようとするかれの思惑は、予想外に広がらなかった(33)。

石虎が死ぬと、その治下にはすぐ動揺がおこった。関中地域では豪族たちが蜂起し、県令らを殺して、三十余壁、衆五万を擁して東晋に通じた。河南方面の刺史たちも東晋に帰服する者が多かった。また石氏の徙民政策によって山東・河北・陝西・湖北各地に徙《うつ》されていた氐・羌・胡・蛮の諸民族が、みな本土に帰ろうとして大混乱がおこり、たがいに殺しあったり、飢饉によってのたれ死にする者が数えきれなかった。そうしたなかで、冉閔は東方から慕容燕の攻撃をうけ、三五二年閔は敗れて捕らえられ、慕容氏の都城の龍城に送られて殺された。

最後に、石勒・石虎の治下で、仏教が弘通するようになったことにふれておきたい。仏教は魏晋の時代に知識人の間に広まったのであるが、それが大衆の間にも広く受けいれられるようになったのは、五胡政権の時代からであった。それに功のあったのが、西域から来た仏図澄《ぶっとちょう》で、おそらく亀茲《きじ》（庫車《クチャ》）の王族の出ではないかと想像されている。かれは石氏治下の華北にいたり、その呪術的な能力によって、胡族出身の君主に取り入り、その軍政にも参画して信頼をえた。

儒家のなかには外国の神である仏教を信じるべきではないと主張する者もあったが、外国の教えである仏教が広まるためには、外国人である胡族の支配下であることが都合よかった。石氏は漢人の出家を公認し、仏図澄は華北各地に八九三の仏寺を建て、戦乱のなかで苦しむ民衆の帰依をえた。このように仏教が広まると、教団の秩序維持が必要になってくる。仏図澄の弟子の道安は、仏教教団の戒律を確立した点でとくに重要である。またかれは仏者は釈迦の弟子だから、みな釈を姓とすべしと主張して、この点でも教団の統一に貢献した。釈道安ははじめ華北で活動したが、慕容燕の侵入を逃れて襄陽（湖北）に移り、江南の仏教にも影響を与えた。末年には前秦の軍に捕らえられて長安に移ったが、師同様仏教の弘通に力を尽くした。なお鳩摩羅什《くまらじゅう》については後述するが、かれもはじめ前秦の苻堅に望まれて、亀茲を占領した将軍呂光の手に落ち、のち後秦の姚興《ようこう》によって長安に迎えられ、大規模な訳経を成し遂げた。

この時代に仏教が広がったのは、胡族国家の保護があったからである。このことは次の北魏にいたると一層はっきりする。だからこの時代の仏教は、国家仏教という性格を濃厚にもっている。ただ儒教は中国の支配層のための政治の教えであったのにたいし、仏教は民衆の間にもひろく普及した。また儒教は中国の風土にあまりに密着していたが、仏教はインドから中国まで伝わってくる過程で、国際的な性格をはっきりもつようになっていた。東アジアの諸国が中国にならって国家建設を行おうとすると、それにともなって国家的な仏教が諸国に伝播するようになり、同時に諸国の民衆の間にも広まった。

支配層のためのものはどうしてもナショナリズムと結びつくのにたいし、この時代の仏教は国家仏教であり、それぞれの国家の政治と密着しながら、そのような特性自体が国際間の交通と結びついており、また諸国への広がりは、諸国の民衆の支持なくしては達成されなかったと考えられる。それはこの時代の国家の支配を、比較的広い民衆の支持の上におくことに成功したと考えられる。日本の神仏習合のごときも、仏教が諸国の風土になずみながら国際的に広まっていった特性の一環であり、それは日本の国家的信仰と民衆的習俗との両方に結びついているのであろう。

近代以前の歴史的諸世界においては、ヨーロッパにおけるキリスト教、中近東におけるイスラーム教のように、宗教との関連が重要な特徴をなしているが、東アジア世界においては仏教が重要な役割をはたしている。ただキリスト教・イスラーム教がつよい統一性をもっていて、それぞれの世界の統一に貢献したのにたいし、仏教は諸地域の風土・固有信仰と妥協しながら広まった特徴をもち、東アジア諸国の相対的独自性、統一性のルーズな特徴を生み出しており、今日においても、ヨーロッパ連合などとは違って、東アジア共同体などといわれるものの形成を困難にしている。

四　鮮卑慕容燕の諸国家形成

1　前燕の国家と政治

西晋王朝の時期から匈奴国家が華北を支配していた時期まで、北方辺境地帯には鮮卑の諸部族がひろく居住していた。一番東の東北地域にいたのは、慕容・宇文・段の三部で、シラムレン（遼河）流域を中心に広がっていたが、シラムレン上流の宇文氏に圧迫されて、慕容氏は一時遼東郡・昌黎郡方面に移っていた。宇文氏の南方遼西郡方面に段氏がいた。慕容・宇文・段三氏の西方、内モンゴル方面には拓跋氏がおり、後に北魏を建国するが、その北魏ののちに宇文氏が北周を建てることになる。拓跋氏の西の甘粛地域には、十六国の一の西秦を建てた乞伏氏、南涼を建てた禿髪氏がいた。その西の青海地方には吐谷渾《とよくこん》がいた。吐谷渾は慕容氏の一族が永嘉の混乱を避けて西遷し、辺境に国を建てたもので、七世紀の唐代まで存続した。(34) 鮮卑族はこのように広範囲に広がっていたのであるが、いずれも中国の辺境にいて、中国中心部に入った氐・羌・匈奴等とは違うのである。

さてこれら鮮卑諸族のうち、最初に大規模な行動を開始したのが東北の慕容氏である。慕容氏が最初に起こったのは、はやくから中国王朝と関係をもっていたからであろう。三国魏の時代に、莫護跋は司馬懿《い》に従って公孫氏を討ち、率義王の位をもらって、遼西の棘《ら》城（遼寧錦州）の北に国を建てた。その子の木延は左賢王の位をえ、孫の渉帰は柳城（遼寧朝陽）を獲得して、鮮卑単于の位をもらった。これは西晋から鮮卑全体の君主と認められたことを意味するのであろう。ただかれは根拠地を遼西から遼東郡の北方に遷した。この渉帰が慕容燕第一代と目される慕容廆《かい》の父である。

渉帰が死ぬと、その弟の耐が位を継いで、廆を殺そうとしたが、国人は耐を殺し、廆を擁立したという。だからこの段階で慕容氏では国人（民衆の指導者であろう）が主導権を握っており、君主権は自立していなかった。しかし西晋の後援がかれの権力を強化するのに役立ったのであろう。かれは西晋から鮮卑都督に任命され、二八九年（西晋武帝末の太康十年）徒河の青山（遼寧義県）に遷り、二九四年（元康四年）大棘城に遷って、慕容氏建国の地を確保した。永嘉の乱が起こると、鮮卑大単于と自称し、鮮卑諸族の最高地位にあることを標榜した。

永嘉の乱の混乱のなかで、多くの漢人たちが流民となって、華北の周辺地域に避難した。最も多くて従来注目されてきたのは、江南の東晋・南朝治下への移住であるが、そのほか東北の諸政権治下、西北の五涼政権治下にも多くの漢人移民があった。慕容廆は郡を立てて流民を居住させた。例えば冀州の人をもって冀陽郡を、予州の人をもって成周郡を、青州の人をもって営丘郡を、并州の人をもって唐国郡を立てたのであるが、これは流民たちが郷里ごとにまとまって行動していることをしめし、そのために立てられた新しい郡は、江南のいわゆる僑郡に相当する。唐長孺は流民の指導者を郡守にあてたというが[35]、関尾史郎はそれを否定して、流民指導者には将軍やその属僚の地位が与えられた例をあげている[36]。流民のなかの文人・知識層からは、慕容氏のブレーンとなる者が輩出した。

慕容廆は棘城に移った当初から、遊牧から農業への移行を奨励しており、廆の次の慕容皝《こう》の時代には、農民に耕牛と田土を与える政策が施行されたといわれている（後述）。右の四郡に定着した中国民衆も農業に従事して、農業生産力の向上に寄与したことは疑いない。以上のような先進人口の指導者と民衆の役割は、我がヤマト朝廷における渡来人のそれと似ているといってよいであろう。

ときに平州（遼東郡）刺史の崔毖《さいひ》は、高句麗・宇文氏・段氏と連合して棘城を攻めたが、連合が崩壊したために、数十騎と高句麗に逃げこんだ。石虎も段氏を討つことはできたが、慕容氏には勝てなかった。東晋は廆を監平州諸軍事・安北将軍・平州刺史に任命し、ついで持節・都督幽州（北京中心の地域）東夷諸軍事・車騎将軍・平州牧とし、遼東郡公に封じた（載記、晋書元帝紀）。

三三三年慕容廆が死ぬと、兄弟の相続争いが起こった。廆の擁立の際の国人の関与がまったく無くなったかどうか疑問もあるが、君主の家系はなかなか定まらなかったのである。この争いは東北諸勢力を巻きこむ戦闘をへて、廆の第三子慕容皝の勝利に帰した。

この戦闘のなかで最も激しかったのは、皝と弟仁との争いであるが、皝が派遣した人物のなかに司馬佟寿《とうじゅ》がある。かれは仁に敗れて仁に寝返ったが、結局仁が敗れたため、高句麗に亡命した。さきの崔毖についで大物の亡命であるが、一九四九年北朝鮮で発見された安丘三号墓には、墓主の名冬寿、三五七年に薨じたと記されている(37)。

三三七年、慕容皝は燕王の位に即いた。これをふつう前燕の建国とする。ついで皝は柳城（遼寧朝陽）を龍城と改名し、ここに都城を築いて、三四一年ここに遷った。同じ年東晋もかれの地位を認めて、大都督河北諸軍事・大将軍・燕王の位を贈った（載記、晋書成帝紀）。

三四二年かれは高句麗を攻撃し、都の丸都（集安）を陥れて破壊し、高句麗王釗《しょう》の父の屍を暴き、母と妻を虜にし、五万の男女人口を略奪して帰った。釗は明年皝に臣従して父の屍を返してもらった。皝はまた段氏および後趙の石虎を破って、薊《けい》城（北京）に進軍し、河北の人口三万余戸を略奪して帰った。また宇文氏を撃って、その首長を漠北に追放し、部人五万余落を龍城の東の昌黎郡に徙した。

国内では有名な田制が行われた。このとき流民があまりに多くて、田土をもたない者が十人に四人はいたといわれる。そこで牧牛を貧民に貸与し、御苑を開放してこれを耕作させ、はじめは収穫の八分を官が、二分を私人がとろうとした。また牛をもつ者にも苑を与えて、官が七分、私人が三分をとろうとした。これはあまりに高額であったので、臣下の批判をまねいた。皝はそれを聴いて、御苑をいっさい開放し、小作料は魏晋の屯田の法にならって、官牛をもつ者からは官が六分を、私牛をもつ者からは官が五分をとることにした。これはさきに郡県に組織された漢人流民とは別で、国家の直営する農場が相当あったことを意味する(38)。

郡県制も改編された。さきに廆が郡県を編成したのち、廆が遼東に遠征して、遼東の大姓を棘城地域に徙し、和陽・武次・西楽三県をおいたことがあった。皝はさらに前代の成周・冀陽・営丘等の郡を廃止し、渤海郡（河北）の人でもって興集県を、河間郡（河北）の人でもって寧集県を、広平郡（河北）・魏郡（河北）の人でもって興平県を、東莱郡（山東）・北海郡（山東）の人をもって育黎県を、呉地方（江蘇）の人をもって呉県を建て、これらの県を燕国に直属するようにした。

すなわちこの時代には、民衆組織の単位は県となり、県と国との中間組織である郡は廃止されたのである。このことは前燕国家が民衆組織の階層制を否定し、民衆の直接把握を意図したことをしめしている。郡守らが強大な権限を握り、国家に反抗する漢人官僚が出るのを警戒したのであろうか。また上記の県をみると、江南からの移動があったことがわかる。一般に江南は華北の人々の移動先であったのに、ここでは燕国治下の東北に江南からの避難民があったことがしめされている。

三四八年に慕容皝が死に、第二子の儁《しゅん》が継いだ。かれは『春秋』の暦法にしたがって、即位の年ではなく、即位の翌年をもって元年とした(39)。東晋は儁を使持節・侍中・大都督・都督河北諸軍事・幽冀并平四州牧・大将軍・大単于・燕王に任命した。

このとき石虎が死んで中国に混乱が起こったので、儁はそれに乗じて中原進出をはかり、三五〇年幽州に侵入して薊城（北京）に遷都した。このとき幽州北辺の広寧郡・上谷郡・代郡等の人々を東方へ移動させているが、新都の背後に争乱が起こることを警戒したのであろう。三五二年、儁は中山を占領してここに遷り、さらに鄴を陥れて、冉閔を虜にし、これを龍城に送って殺した。

同年、慕容儁は群臣の奨めで、中山で皇帝の位に即き、元璽と建元し、百官を任命した。それまで前燕は東晋の冊封を受け、東晋に臣属する形をとっていたのであるが、皇帝即位によって、その冊封体制から離脱したわけである。そこで今度は慕容儁の側が冊封の権限をもつことになり、さっそく高句麗王釗を営州諸軍事・征東大将軍・営州刺史・楽浪公・高句麗王に任命した。

儁は河南諸地方をも奪って、華北のほぼ東半分を征服したので、薊城から鄴に遷都し、曹操が造った銅雀台を修復した。後趙の旧臣のなかには東晋に付く者もあり、塁壁に立てこもって抵抗する者もあった。そのなかで張平は山西一帯を領し、塁壁三百余、胡漢の人力十余万戸をもって儁と戦ったが、儁はこれを降して山西を奪った。儁はさらに中国西部に出兵するために、民戸の動員をはかり、家に一丁を残して、その余をすべて徴兵しようとしたが、そんなことをすれば、民衆が疲弊して、国家の土台が崩壊してしまうという臣下の反対にあった。そこで徴兵の条件を緩めて、いわゆる「三五の占兵」（三丁につき一丁、五丁につき二丁を徴兵する）に改め、[40]それらを鄴都に集めるにとどめたという。前燕の兵力は、むろん鮮卑の兵が中核で、それに戦闘のなかから獲得した職業的兵士があったが、さらに徴兵制度による民兵が重要な位置を占めていたと考えられる。

三六〇年慕容儁が死に、第三子の暐《い》が即位して、建熙と改元した。しかし実権は太宰で叔父の慕容恪が握った。恪は前代の征服戦争で活躍し、臣下の信頼も厚かった。恪の死後はその叔父で太傅の慕容評に権限が移ったが、かれはそれほど有能ではなかった。東晋の桓温が軍を進めて、黄河流域に達したので、暐は中原からの撤退を考えたが、叔父の慕容垂の率いる前燕軍が桓温の軍をうち破った。そのため慕容垂の人気が高まって、慕容評から憎まれたので、垂は西方から起こった前秦に亡命した。

前燕軍は前秦軍によって洛陽や山西各地を奪われ、三七〇年前秦の君主苻堅《ふけん》自ら率いる軍によって鄴が陥落し、慕容暐は王公以下鮮卑四万余戸とともに長安に連行された。前燕の君主はおおむね短命であったので、四代八十五年で滅んだ。その領土はすべて前秦のものとなった。

田村実造は、慕容国家に中国風と北アジア風の「二重性格」があったと述べているが、同時に儁の皇帝即位、帝国建設によって、二重性格が中国風に一元化していったと指摘している。(41)

それにたいして谷川道雄は、そのような一元化とは反する性格を指摘している。すなわち慕容国家における君主権継承方式に、漢人国家のような父子継承方式が確立していないこと、国家の高官のなかで軍事司令官としての大司馬が重要なことを指摘し、慕容部の君主は、戦闘共同体の部族長の伝統を保存しているという。とくに注目すべきは「営戸」の存在で、この国家では皇帝直属の郡県制とならんで、軍営に専属して各種生産に従事する戸があって、軍事を掌握する慕容部成員は、皇帝にたいして一種のインムニテートをもっていたと指摘している。(42)

もちろん漢地の国家となって、中国的官制と漢人官僚が重要な地位を占めた点は谷川の文章にも言及されているし、漢人民兵が重要になった点は上に指摘したとおりである。

2　後燕の国家と政治

後燕を建てた慕容垂は慕容皝の第五子である。前燕の末期に東晋の桓温の軍を破って、前燕の危機を救ったのであるが、かえって実権を握っていた慕容評に妬まれ、当時西方から起こった前秦に亡命した。

前秦の君主苻堅は、前燕を滅ぼしてほぼ北部中国を統一し、東晋と一戦を交えようと南下したが、淝《ひ》水の戦いで敗北し、その軍は大混乱に陥った。慕容垂は苻堅の下で京兆尹となり、この戦いにも従軍していたが、かれの軍だけが被害を受けなかったので、苻堅は命からがら手勢とともに垂のもとに身を寄せた。はじめ苻堅が東晋への出兵を計画したとき、部下の多くが反対したのに、慕容垂が賛成したので、たいへん苻堅を喜ばせたというが、垂にはあるいは苻堅が失敗して、かれに機会がまわってくるかもしれないという期待があったのかもしれない。それゆえその軍を損じずに、機会をつかんだわけである。

さて慕容垂が苻堅を擁して北に帰り、黄河まで至ったとき、垂は鄴に行って祖先らの陵墓に参拝し、兼ねて諸民族を安撫したいと申し出た。堅の部下のなかには警戒する者もいたが、拒否することもできず、若干の前秦軍を垂に従わせ、別軍を并州（山西）に送って側面から警戒させた。

これよりさき鄴には苻堅の子の苻丕《ひ》が駐屯していて、垂の陵墓参拝を許さず、たまたま丁零の翟斌《てきひん》が洛陽におしよせたので、その鎮定を命じた。垂は進軍の途中、随行した苻丕の将苻飛龍とその部下の氐兵を殺し、遠近の兵を募集して三万の軍を集め、翟斌を従わせて、慕容燕復活の烽を挙げた。苻丕のもとにいた垂の子や甥たちも鄴を脱出し、味方につく民族も多くて、衆十余万にいたった。

そこで慕容垂は滎陽《けい》において、三八三年、大将軍・大都督・燕王と自称し、燕元と建元し、子の宝を燕王太子とした。これが後燕の建国である。後燕の場合、垂の近親が加わっていたとはいえ、前秦の国内での建国であったから、丁零をはじめ、中国国内にいた諸民族の援助があったことも注意すべきであろう。垂は苻堅の恩を感じて、かれの生存中は完全な自立を果たさなかったが、堅が後秦の姚萇《ようじょう》に殺されたのち、三八六年にいたって、中山で皇帝の位に即いた。

前燕の後継者の地位を後燕と争ったのは、後述するように西燕であったが、三九四年後燕は西燕の都の長子（山西）を陥れてこれを滅ぼした。そのため後燕の領土は、一時前燕をも凌ぐほど拡大した。

これにたいして強敵として現れたのは北魏である。北魏が北辺の諸郡に迫ったので、慕容垂は三九五年、太子の慕容宝らを派遣した。北魏軍は参合陂《ひ》（山西北部）でこれを急襲し、燕を散々に撃ち破ったので、その帰る者十に一、二という有様であったという。翌三九六年、慕容垂は参合陂の戦跡を巡行したところ、軍中の兵士たちがいっせいに慟哭したため、垂は慚愧に耐えず、血を吐いて床に就いたきり、そのまま死んでしまった。

慕容宝が後を継いだが、垂の遺令に従って、「諸軍営を罷めて、郡県に分属せし」めたといわれる。これは先述のように、軍に専属する営戸が、郡県とは別に存在していたのを廃止して、国家直属の郡県一本にしようとするものであったが、そのために「百姓乱を思う者、十室にして九」と記されている。これらは晋書載記の記録であるが、十六国春秋には「諸軍営分蔭之戸を罷《や》めて」と記されている。これは営戸の存在が、郡県の課する税役を忌避するために利用されていたことを物語る。それゆえにこの廃止によって、民衆への搾取が厳しくなり、その結果乱を思う者が多くなったということであろう。

慕容宝の時代には、これらを取り締まるだけの権力があったとは思われない。ばかりか、例のような一族内の争いが激しくなり、一部は北魏や丁零に奔る有様であった。その間に北魏に華北の領土を蚕食され、しまいに宝は龍城に奔った。かれは旧領奪回に失敗し、舅の蘭汗に殺された。

北魏が慕容氏の中山を陥れたとき、三九八年、その領土から移住させた徙民の厖大なことには驚かされる。
「[春正月辛酉]山東六州の民吏及び徒何《とか》（慕容氏）・高句麗・雑夷三十六万、百工技巧十万余口を徙して、以て京師に充つ。……[二月]詔して、内徙の新民に耕牛を給し、計口受田せしむ。」（魏書太祖紀天興元年条）

計口受田については、さきの前燕が施行した田制が参考になろうが、首都周辺への徙民は五胡諸族の国家に共通であり、それが主として農業への移行を重視していることをしめしている。それとならんで多数の「百工技巧」が挙げられているのは、匈奴から元代まで一貫して重視された手工業人口の徙民で、後進国家にとって先進的技術者の確保がとくに重要であったことをしめしている。その点は日本の古代国家にとっても同じである。

慕容宝の庶長子の慕容盛は汗を殺していったん帝位に即いたが、中原を回復できず、遼東・遼西の辺境王国に転落したので、皇帝の号を去り、四〇〇年、「庶民天王」（十六国春秋。魏書慕容盛伝に「庶民大王」、晋書載記に「庶人大王」とある）と称した。中国の皇帝としての実を失った以上、そのような処置をとる必要に迫られたのである。(43) かれは東北の高句麗や庫莫奚等には勝ったが、暴虐であったため禁軍の将校らに殺された。

そのあと慕容垂の末子の熙《き》が立って帝位に即いた。かれは匈奴国家の旧にならって、大単于台と左右輔を置いたといい、州郡とは別に単于八部なるものがあったようであるから、部族組織が依然として健在であったように思われる。さきに前燕における部族の独立的な存在に言及したのであるが、後燕においても慕容宝の初年まで営戸が存在したのであるから、部族の存在は否定できない。まして宝以後龍城を拠点としたのであるから、燕の本拠であったこの地方には、慕容部族の伝統が生きていたにちがいない。しかし後燕にはもはやそれを統合する有能な指導者は出なかったのである。

熙は国勢を顧みず、宮苑・宮殿を拡張したり、暴政を続けたので、四〇七年、将軍の馮跋《ふうばつ》らが慕容雲を推して蜂起し、熙を捕らえて殺し、後燕は事実上ここで滅亡した。雲は慕容宝の養子となったため慕容の姓をもっているが、元来は高句麗人で、即位して「天王」と称し、姓を高氏に戻した。ただし国号は継続して大燕とした。四〇九年、雲もまた側近の侍衛の士に殺された。後燕の君主たちは、初代の慕容垂を除いて、すべて若くして殺されている。殺害の事情はいろいろであるが、その背後に一族内の確執があったことは確実であろう。

3　燕を称する国々

燕という国号は、高句麗人の高雲のときにも、のちに馮跋が国を建てたときにも継続するのであるから、当時燕の国号がかなりなインパクトをもっていたことがわかる。その原因は、上述のような慕容部族とその兵士の存在であろう。以下、燕を国号とするその他の国々について略述しよう。

まず西燕であるが、この国は後燕と同じくはやく起こって、後燕と前燕の後継者の地位を争った。西燕の建国者慕容泓と慕容沖は、前燕の最後の皇帝慕容暐の弟で、暐とともに前秦治下の長安に連行され、苻堅の任用を受けたが、淝水の戦いで苻堅が敗れると、慕容泓は関東に脱出し、鮮卑の族民を糾合して、三八四年燕興と改元した。その後泓が臣下に殺されたため、慕容沖が後を継ぎ、長安に進撃した。長安にいた皇帝慕容暐が苻堅に殺されたため、三八五年、沖は長安の阿房で帝位に即き、更始と改元した。後燕の慕容垂が即位する前年である。

そのころ後燕が関東を抑えたため、沖は長安に留まらざるをえなかったが、部下の将士たちは東帰を望んだため、沖は殺害され、後継者がめまぐるしく代わった末、慕容永にいたって、三八六年長子（山西）に拠点をおいて、皇帝を称した。三九四年、後燕によってこの国が滅ぼされたことは既述のとおりである。

南燕を建てた慕容徳は、前燕の慕容皝の末子で、やはり慕容暐とともに連行されて、苻堅に仕えていた。慕容垂に協力して後燕を建国したが、慕容宝が龍城に奔ったのち、中原の覇権は慕容詳・慕容麟・北魏と交替したが、徳はこの混乱を避けて、三九八年南方の滑台（河南）に奔り、燕王と称した。しかしその後北魏の矛先を避けて、三九九年東方の広固（山東青州）に都を定め、翌四〇〇年皇帝の位に即いた。

南燕の治下では、戦乱と収奪を避けるために民衆がたがいに援けあって、「百室が戸を合し、千丁が籍を共にす」（十六国春秋、晋書載記）という状態であったと伝えられる。これはふつうには当時の租税が戸（家）を単位にかけられるからだと考えられている。魏晋では戸を単位とする戸調と、収穫に応じた田租と、税が二本立てであったのであるが、五胡十六国になると、田租もおおむね戸を単位とするようになった。乱世のなかで、田地の測量や収穫の計量等が難しくなったからであろうと考えられている(44)。

戸を単位に税がかけられるからには、民衆はこれを逃れるために戸を少なくする工夫をする。おそらく多少有力な家が中心になるのであろうが、多くの家々はその保護の下に集まり、戸籍上一戸であるかのごとく装うのである。それが「百室合戸云々」の意味である。厳密にいえば室というのは夫婦のことであり、室は戸内にあるわけであるが、ここでは夫婦と子供を含む少数家族の家がなくなって、百室千丁からなる大家族の戸および戸籍が出現するというのである。もちろん「百室合戸、千丁共籍」は文学的修辞である。

南燕の政府は、郡県をまわって取り調べ、「蔭戸五万八千」を得たという。右のように有力民戸の保護をえて税役を逃れることを、蔭付とか影庇とかいって、そのような保護をえて税役を逃れている家を蔭戸と呼んでいるのであるが、それらの摘発を行って、かなりの成果をあげたというのである。ここでは税役のことだけが問題にされており、それが政府にとって最大の問題なのは当然であるが、人々が有力人戸の保護を求めるのは、何よりも乱世のなかでの身の危険を回避したいからではないだろうか。

そのころ東晋では、桓玄が簒奪をはかったが、劉裕らによって敗死させられた。その混乱のなかで南燕に避難するものもあり、歩兵三十七万その他を獲得した。

四〇五年慕容徳は病死し、甥の超が即位した。東晋では劉裕が実権を握り、直接南燕への攻撃を開始し、四一〇年、広固が陥落して超は捕虜となり、建康に送られて斬られ、南燕は滅亡した。

北燕は慕容氏ではなく、その建国者の馮跋は、長楽・信都（河北）出身の漢人であると伝えられるが、これに疑問を呈する説もある。(45) 父は西燕の慕容永の将軍であった。永が滅んでから、跋は東方の龍城に移って、慕容宝の中衛将軍になっていた。しかし慕容熙の暴政をみて、同志と盟を結び、熙を殺して、慕容雲（高雲）を立てた。そこで雲の下で使持節・侍中・都督中外諸軍事・征北大将軍・開府儀同三司・録尚書事・武邑公となった。しかし雲が側近に殺されると、跋はそれら側近を殺し、四〇九年群臣に推されて、天王の位に即き、国を燕と号し、太平と建元した。これが北燕の建国なのであるが、三崎良章は、馮跋が実権を握り、高句麗人高雲を擁立した四〇七年をもって、北燕の始まりとすべきだという。(46)

北燕の時代には、北魏との関係が緊張した。しかし北魏は西方の夏と事を構えていたので、しばらくは大事無く推移した。一方当時モンゴル高原を占領していた柔然（蠕蠕）と通婚し、契丹・庫莫奚等を服属させ、交易を許した。国内では勧農に留意し、農民各人に桑一百根・柘（やまぐわ）二十根を植える義務を課した。四三〇年病をえると、自分の子を立てようという妾の宋夫人に幽閉され、それにたいして弟の馮弘が宮中で決起したので、跋は驚愕して死んだという。これは十六国春秋・魏書馮跋伝や資治通鑑の伝える所だが、晋書載記は北魏軍の攻撃や地震の頻発を伝えたのち、この事件を四一九年のこととし、馮跋はその後南朝の宋に服属して、四三〇年死んだと伝える。そのあと両書とも、弘が跋の子の翼を殺して立ったという。

馮弘の時代になって、夏を滅ぼした北魏は、連年北燕を攻撃し、四万余戸の人民を連行した。四三六年弘は高句麗に奔ったが、二年後北魏の圧力をうけた高句麗はかれを殺した。

五　氐・羌族の前秦・後秦

1　氐族苻氏の前秦国家とその性格

氐族の建てた前秦国の起源は、略陽（甘粛）出身の苻洪に始まる。苻洪の父は「部落の小帥」であったという。いつごろからか漢族風に蒲氏を名のったが、洪は永嘉の乱で中国が混乱に陥ったとき、大金を散じて勇士を集め、宗族の一部に推されて盟主となり、劉曜や石虎に仕えた。かれは石虎にたいして、関中の豪族や羌族らを都に徙すべきだと説き、龍驤将軍・流民都督に任命されて、鄴の南の枋頭《ほうとう》（河南）に駐屯し、たびたび戦功をあげた。冉閔のころその兵は十余万になっていた。かれはその後蒲の姓を苻と改め、大将軍・大単于・三秦王と称して自立したが、部下に毒殺された。

苻洪のあとは第三子の健が継ぎ、王の号をやめ、晋の征西大将軍・都督関中諸軍事・雍州刺史と称して、長安に向かった。同時に弟の雄をやって潼関から関中に入り、甥の菁《せい》をやって軹《し》関から山西に入らせ、かれ自身は長安に入って都した。そして三五一年、天王・大単于と号して、皇始と建元し、子の萇《ちょう》を天王皇太子とし、弟の雄を丞相・都督中外諸軍事・領雍州刺史とした。これを前秦の建国といってよいだろう。

翌三五二年、健は皇帝の位に即き、皇太子萇を大単于とした。大単于は天王のときには健の称号であったが、かれが皇帝になると、皇太子の称号となった。これは匈奴国家以来の伝統で、単于は皇帝の下位になり、皇帝は北族・漢族両方を支配するのである。そこで漢の故事によって、民衆の代表と法三章を約した。また来賓館をおいて、朝貢国の使者をもてなすことにした。

皇太子の萇は、東晋の桓温との戦いで、流れ矢に当たって死んだので、その弟の生を太子とした。ちょうど健が病死したという噂が立ったので、菁が兵を率いて宮中に入り、生を殺して自立しようとした。健は自ら兵を指揮し、菁を捕らえて殺したのち死んだ。

生は子どものときから無頼であったので、祖父の洪はこれを疾み、健に殺すよう勧めたが、雄がそのうちに改心するだろうと諫めたのでそのままになった。右のように菁が反乱を起こしたのは、生にたいする一族の批判が背景にあったのだろう。健が死ぬと、三五六年生が皇帝になり、寿光と改元した。一族の長老苻安を太尉として軍権を握らせ、弟の苻柳・苻諟らを将軍としてそれぞれ并州（山西）・予州（河南）牧として、要地を抑えさせた。

生は在位二年、年中酒色に溺れて、殺戮はとめどが無かった。位に即いたばかりで、后妃・公卿から僕隷にいたるまで、五百余人を殺したという（魏書臨渭氏苻健伝）。当然非難する者が多かったが、宗室のなかでも従兄弟の苻黄眉は反乱を謀り、ことが漏れて誅殺された。生はさらに苻雄の子（やはり従兄弟）の苻法を警戒して、これを殺そうと謀ったので、苻法はその弟の苻堅と、やはり不満をもつ豪強の梁平老・強汪・呂婆楼らの協力をえて、宮中に突入して生を殺した。(47)

前秦政権の民族的性格については、これを氏族ないし北方民族の政権とみるか、漢族との連合政権とみるか、意見が別れているようである。黄烈は苻洪が関中から枋頭に赴いたとき、その軍はすでに多数の諸民族を交えており、その後漢族知識人の影響をうけて、漢族王朝と似てきており、また漢族地主階級の支持をも受けていたという。(48)これは初期から苻堅時期に続く一貫した性格があったとみるものであるが、日本の論者には、初期前秦政権においては、従前の五胡諸政権と同じく、宗族との血縁関係に依拠しており、いわゆる「宗室的軍事封建制」を特徴としているとみる者が多いようである。(49)それと苻堅政権との相違に注目するのである。

苻生の殺害に功があったのは、苻法と苻堅であるが、晋書載記は苻法が庶子であったので、帝位を継ぐのを遠慮したと記す。しかし資治通鑑によれば、苻堅の母の荀氏が将軍の李威となんらかの策謀をめぐらしたらしく、そのため苻法に死を賜ったという。相続争いに敗れたのである。三五七年、苻堅は大秦天王と称して即位し、生の佞臣二十余人を殺し、永興と改元して（その後甘露・建元と改元した）、子の宏を皇太子とした。

苻堅は苻雄（苻健の弟）の子であるが、その即位のいきさつからして、苻生が手配した生の弟たちの諸鎮を警戒しなければならなかった。そのために伝統的な宗室的軍事封建制に依拠することができなかった。即位後しばらくして、まず苻生の弟の苻騰・苻幼が反乱を起こし、三六七年、上邽（甘粛）に鎮する苻雙、蒲坂（山西）に鎮する苻柳、陝城（河南）に鎮する苻庾、安定（甘粛）に鎮する苻武の四鎮が反乱を起こした。いずれも苻生の弟たちで、連合して反乱を謀ったのであるが、苻堅側は苦戦しながら、これらを撃ち破り、首謀者たちを処刑した。

苻堅の治世は、儒教的な道徳政治、学問の奨励、勧農政策等によって特徴づけられる。それはもとより苻堅の教養・資質によるものであって、諸種族や投降者にたいする寛容な政策も、苻堅個人の性格を抜きにしては理解できないであろう。しかしそれは治世の初期において、苻堅が宗室の援助を全面的には得難かったという、上記の事情によっても促進されたであろうと思われる。またその政策を推進した漢人宰相王猛の存在も無視できない。王猛は軍を率いて各地の征服にも従事した。苻堅は血族のみならず、諸種族の出身者をも優遇したのであるが、もともと五胡の時代のことであるから、それら諸族の部族組織が各地に根をはっていた(50)。その点を考えると、かれの中国的政治の浸透には、当然限界があったと思われる。

苻堅治世の初めには、東方の広大な地域がまだ前燕の支配下にあった。諸鎮の反乱を鎮定したころ、前燕は東晋の攻撃を受け、地を割く約束をして苻堅の援助を請うたが、東晋の軍が退きあげたので、前燕は約束を反故にした。苻堅は怒って攻撃を開始し、三七〇年燕の都の鄴を陥れ、君主慕容暐以下鮮卑四万余戸を長安に連行し、さらに「関東の豪傑及び諸雑夷十万戸」を関中に徙した。苻堅はこれら捕虜の扱いに寛容であった。例えば慕容暐を尚書に、慕容垂を京兆尹に、慕容沖を平陽太守に、慕容泓を北地長史に任命した。

略陽の氐族のうち、楊氏の集団は後漢末から仇池（甘粛西南隅）に移住していた。その後東晋に服属し、仇池公の地位を得たが、内紛を繰り返していたので、前秦はこれに介入し、三七一年これを滅ぼして、首領の楊統を南秦州刺史として仇池に駐屯させた。

蜀（四川）は東晋の領土であったが、三七三年苻堅はこれを征服し、征服軍司令官の楊安を益州牧として成都に鎮守し、同じく指揮官の毛当を梁州刺史として漢中に鎮守させた。

涼州（姑臧、甘粛）には、西晋末以来漢人官僚の張軌とその子孫が拠っていた。これを前涼とよぶのであるが、西晋・東晋に従属の形式をとりながら、事実上独立王国の体をなし、西域にも勢力をのばした。苻堅はこれに圧力を加え、三七六年、張天錫のときにこれを滅し、一時天錫を涼州刺史に任命した（のち天錫は東晋に亡命する）。

山西北部は拓跋氏の什翼犍《じゅうよくけん》が支配し、代国を構成していた。三七六年苻堅は幽州刺史の苻洛を北討大都督とし、幽州の兵十万を率いて什翼犍を攻撃させた。什翼犍の子の翼圭は父を縛って投降した。オルドスにいた匈奴鉄弗《てっふつ》部の劉衛辰はこの攻撃に協力したので、代国の故地のうち、黄河以西を衛辰に、以東を匈奴独孤部の劉庫仁に支配させた。

この戦いで功のあった苻洛は苻健の兄の子で、苻堅には従兄弟に当たるが、たいへん勇猛な将軍であったので、苻堅はこれを警戒し、いつも辺境においていた。苻洛の方は戦功への恩賞も無いうちに、また辺境の益州牧に移動を命じられたので、とうとう反乱を謀ったが、苻堅は弟の苻融を大都督としてこれを撃ち破った。苻洛は捕虜になったが、苻堅はこれを赦して涼州刺史に移した。苻融はこれより宗室（一族）を管理する宗正の役に任じた。

苻堅は関中に都していたが、東方には面積も広く、人口も多い領土が広がっていたので、関中・甘粛の十五万戸を移して、守備に当たらせようとした。その中心の鄴には皇子の苻丕《ひ》を鎮守させた。その他は幽州の一部を平州として、石越を平州刺史として鮮卑を従えて龍城（遼寧朝陽）に鎮し、代郡の平城（山西大同）を烏丸府として、(51)韓胤がここに鎮し、梁讜を幽州刺史として薊城（北京）に鎮し、毛興を河州刺史として枹罕（甘粛蘭州）に鎮し、王騰を并州刺史・匈奴中郎将として晋陽（山西太原）に鎮し、皇子の苻暉《き》を予州牧として洛陽に鎮し、皇子の苻叡を雍州刺史として蒲坂（山西西南）に鎮して、広大な領土を分割統治させることにした。

苻堅は北部中国をほぼ統一した。それは五胡十六国では前にも後にも無いことであった。その領内は、長安から諸州に至るのに、みな道の両側に槐《えんじゅ》や柳を植え、二十里ごとに亭をおき、四十里ごとに駅をおいて、旅行者や商人らに便宜を与えた。民衆は、「長安の大街は、楊や槐が道を挟み、下を朱塗りの車が走り、上には鸞《らん》が巣くっている。秀才が雲のように集まり、我ら下々に教えたもう」と歌った。

苻堅は統一の勢いを駆って、江南の東晋王朝を併呑しようとした。これを臣下に図ったところ、秘書監の朱彤《とう》以外はみな反対した。尊敬する僧の道安も賛成しなかった。前燕から降った慕容垂だけが賛成したが、かれの思惑については前に推測した。しかし苻堅はどうしてもその意向を貫きたかった。それは華北を統一した自信のほかに、道徳主義自体がもたらしたものである。中国の道徳主義は皇帝政治の教えである。それは皇帝による中華の統一を前提にしている。民衆への恩恵は考えるが、戦火による民衆の苦難などは考えていない。それを公式的に受けとれば、皇帝権力の過信に陥りやすい。それは容易に皇帝独裁に転化しやすい。

前秦と東晋の戦闘はこれ以前から起こっていた。東晋領だった蜀を獲得したことは前に述べた。三七八年皇子の苻丕に命じ、七万の兵を率いて襄陽（湖北）を攻め、苦戦のすえ、翌年これを陥れた。東方では一度淮南にまで進出したが、東晋軍に敗れて淮河流域まで後退した。苻堅は怒って指揮官らを処罰した。

三八三年苻堅の意図を察知した東晋側がまず攻勢に出た。東晋の将軍桓沖は十万の軍を出して襄陽を攻撃した。また将軍楊亮が蜀を攻めるなど、各地に進攻した。前秦軍はこれを押し返したが、苻堅の臣下たちの思惑に関係なく、淝水の戦いの前哨戦が始まっていたのである。

苻堅はこの形勢を利用して、本格的な東晋攻撃を開始した(52)。諸州の公私の馬を徴発し、人民からは十丁に一丁を徴兵した。地方の名門や良家の子といわれる人々をも招集した。そして征南大将軍苻融・驃騎大将軍張蚝《し》・撫軍大将軍苻方・衛軍将軍梁成・平南将軍慕容暐・冠軍将軍慕容垂に歩騎二十五万を率いさせて前鋒とし、苻堅自身は兵卒六十余万・騎兵二十七万を率いて長安を出発した。前後千里、旗鼓相い望み、堅が前線の項城（河南）に達するころ、涼州の兵がようやく咸陽に入る有様であった。西方の蜀の兵は長江・漢水を下り、東方の幽州・冀州（華北）の兵は彭城（江蘇徐州）に達し、本軍の堅は項城から建康をめざした。やがて苻融が寿春（安徽）を陥れたので、苻堅も軽騎を率いてこれに赴いた。

東晋の宰相謝安は、弟の謝石と甥の謝玄らに、七万の兵を率いさせて、これを迎え撃った。まず将軍の劉牢之が前秦の将軍梁成の軍を夜襲して成らを斬り、それから進んで寿春の東方の淝水に至って、苻堅の軍と対陣した。このとき謝玄は苻融に申し送った。「貴方は水際に接して陣をしいています。これは持久の計で、速戦の策ではありません。もし少し兵を退けて、我が軍と決戦する場所を作っていただけないでしょうか。」苻融は軍を引いて、東晋の軍が河を渡るのに乗じてこれを撃とうと考え、軍の後退を命じたところ、あまりに大軍のこととて陣形が乱れ、それを敗戦と誤って、全軍が総崩れとなった(53)。苻堅は流れ矢に当たって単騎逃れ、慕容垂の軍だけが損害を受けなかったので、その保護を受けて華北に帰った。その後の慕容垂の行動については前に述べた。

慕容垂が関東において燕国を再建しようとしたのにたいし、慕容泓・慕容沖が関中において西燕を建てた。また羌族の姚萇もやはり関中の馬牧（陝西興平）に拠って、後秦を建国した。苻堅は子の苻暉・苻叡らとともに、これらの勢力と戦った。長安は荒廃し、食料が欠乏し、人が相い食む状態であったという。三八五年堅は長安を脱出し、五将山（陝西岐山付近）に逃れたところ、姚萇の軍に捕らえられて新平（陝西彬県）で縊殺された。

苻堅の死を知った子の苻丕は、すぐ晋陽（山西太原）で即位したが、翌年後燕軍に敗れて南下し、東晋軍に敗れて死んだ。そのあとを甘粛東部で後秦と戦っていた苻堅の族孫の苻登が継いだが、三九四年後秦の姚興に敗れて死んだ。子の苻崇が青海に逃れて即位したが、まもなく西秦に敗死し、前秦は完全に滅亡した。

2　羌族姚氏の後秦国家

後秦を建国した姚氏は南安赤亭（甘粛）の羌族だという。その先祖は漢代の焼当羌であったが、漢王朝に敗れて塞を出て赤亭に移され、西羌校尉・西羌都督等の位をもらった。姚弋仲《ようよくちゅう》のときに永嘉の乱にあって、東方の楡眉（陝西）に移り、西羌校尉（あるいは護羌校尉）・雍州刺史と自称した。町田隆吉によれば、弋仲の先祖の名はいずれも漢名ではなく、羌族の名を名のっていたが、弋仲にいたって姚姓を採用したという[54]。そういえば弋仲という名も漢語でないかもしれない。

弋仲は「少くして英毅、産業を営まず、唯収恤を以て務めと為す。衆皆畏れてこれに親しむ」（晋書載記、十六国春秋）と伝えられるが、これは中国でいう任侠の特徴で、このような人は親分になりやすいのであるが、人々が「畏れて親しむ」というのも、その指導者としての性格をよくしめしている。姚家はもともと西羌校尉や都督に任じたというのであるから、部族中の指導者的地位を占めていたのであろうが、弋仲が楡眉に移るとき、「戎・夏繦負《きょうふ》して之れに随う者数万」というから、漢族をも交えた大集団の長になっていたのである。

かれは前趙・後趙に帰属し、石虎にたいして甘粛・陝西には豪傑が多いから、これを関東に移すよう提案したという。これは地方の強者を中央に移す強幹弱枝といわれる政策であるが、石虎に採用されて、弋仲自身も部衆数万を率いて清河の灄頭《しょう》（河北）に移り、はじめ奮武将軍・西羌大都督であったが、やがて十郡六夷大都督に就任した。羌族だけでなく、諸種族にたいする支配権を認められたのである。

同じころ氐族の蒲洪が同様な提案をし、自ら枋頭に移ったと伝えられるから、この徙民の提案は、実際は蒲洪か姚弋仲かどちらかが行ったものであろう。資治通鑑は蒲洪が石虎に言ったように記している。そして実施は両族いっせいに行われたものであろう。(55)

三五〇年死の前年、弋仲は使持節・六夷大都督・都督江淮諸軍事・車騎大将軍・儀同三司・大単于・高陵郡公の位を拝したと晋書は記しているが、「都督江淮」とはどういう意味なのであろうか。東晋が与えた位にはふさわしくないし、後趙末期の混乱時の称号であろうか。

弋仲の後は、第五子の姚襄が継いだ。前燕でも前秦でも長子相続は貫徹していない。姚襄の場合、「士衆之れを愛敬し、みな請うて嗣と為す」と明記されているから、部下ないし部族の支持が重要であったのであろう。もっともこのとき弋仲が許さなかったと記されているから、君主の指示も必要で、一般的には君主が、部下の意向をみて決めたのであろう。弋仲が死んでから、姚襄がやはり後嗣になった。かれは多数の流民を招いて、三五五年、大将軍・大単于と称し、一時許昌（河南）に拠ったが、やがて故郷への帰還をはかり、関中に入ったところ、三原（陝西）で苻堅に敗れて殺された。

そのあとを姚襄の弟の姚萇が継いだ。かれは弋仲の第二十四子（弋仲には四十二人の子があった）だというが、「少くして聡哲、権略多く、廓落にては率に任ず、行業を修めず、諸兄皆之れを奇とす」といわれるから、姚弋仲と同じような人物であったらしく、「廓落任率」は、「部落の小帥」というのと同じであろう。姚襄の征服戦争では、つねに参謀役を勤めていたという。

襄が死んだ後、かれは諸弟を率いて苻生に降り、苻堅にあつく用いられて、各地の太守・刺史を歴任した。淝水の戦いの後、苻堅の子の苻叡の司馬となって、慕容泓と戦ったが、敗れて叡を死なせてしまい、苻堅に殺されそうになったので、渭水の北の馬牧に逃れた。そうすると戦乱のなかで自衛団を造っていた豪族たち、五万家が集まって萇を盟主に仰いだ。かれは部下の進言を容れ、三八四年、大将軍・大単于・万年秦王と称し、年号を白雀とした。これまで姚氏の活動は多年にわたったが、形式的にいえばこれが後秦の建国である。

ときに苻堅は慕容沖と死闘しており、沖に圧されて五将山に逃げこんできた。苻堅の部下たちは萇に降る者が多く、堅は萇の部下に捕らわれて、新平に送られて縊殺された。

そこで三八六年、姚萇は長安に入って、皇帝の位に即き、建初と改元し、国を大秦と号した。子の興を皇太子とし、安定（甘粛）の五千余戸を長安に徙し、都の長安の充実をはかった。

しかし甘粛東部では長年にわたって苻登との戦闘が続いた。そのため萇は安定に出かけることも多かった。萇に従う人々は、兵を率いて各地に割拠しており、これらを「営」と呼んだ。そこには兵とともに、若干の民戸が従属しており、それらが「営戸」とよばれたのであろう。おそらくかれらは堡塁を設けてそのなかに立てこもっていたのであろうから、「堡戸」ともよばれている（姚興載記）。その外観は前代華北に多数出現した「塢主」と似たようなものであったろう。姚萇の陣営もそのなかの一つであったので、これを「大営」とよんだという。平和時の皇帝の宮殿とはだいぶ違った様態である。しかしそういうなかでも、諸鎮に学官をおいて選抜試験をせよと言っている。やはり中国に入った政権である。

三九三年、萇は病をえて長安で死に、そのあとを姚興が継いだ。

興は萇の長子で、翌三九四年、長安西方の槐里《かいり》で帝位に即き、皇初と改元した。興は即位直前から苻登と戦っていたのであるが、即位後もこれを継続し、登を平涼（甘粛）に走らせ、これを逐って登を斬った。前秦は事実上これで滅んだも同然となった。姚興は苻登の部下の民を帰農させ、陰密（甘粛）の三万戸を長安に徙し、「大営戸」を四分してこれに分属させた。

三九六年仇池の楊盛が服属してきた。興はこれを使持節・鎮南将軍・仇池公に任じた。叔父の姚碩徳《せきとく》をやって上邽を降し、碩徳を秦州牧・領護東羌校尉として上邽に鎮守し、叔父の緒をやって河東（山西）を撃ち、新平・安定の戸六千を蒲坂に徙し、緒を并・冀二州牧として蒲坂に鎮守させた。

姚興はこの間に内政に意を用いた。天水や涼州の儒学者を長安・洛陽に招いて講義をさせ、文章の上手な臣下を抜擢した。法律を教える学校を長安に立て、役人たちに学ばせ、公平な裁判を行わせようとした。民衆の淫祀（正統外の祭祀）を禁じ、戦乱・飢饉のなかで奴隷に転落した者を、解放して自由民とした。

四〇〇年、叔父の姚碩徳に甘粛の諸軍を率いて、西秦王乞伏乾帰を撃たせ、乾帰が来降すると、鎮遠将軍・河州（甘粛）刺史として、これを属国とした。翌年、碩徳はさらに涼州を攻撃して、後涼を服属させた。まもなく後涼の君主の呂隆は長安に移った。このとき南涼の禿髪利鹿《とくはつりろく》、北涼の沮渠蒙遜《そきょもうそん》、敦煌の李玄盛らは、呂隆と結託していたが、呂隆が降ったので、みな使いを送って服属を表明した。興は涼州に漢人官吏を任命して、しばらく直接統治を行ったが、のちに禿髪傉檀《じょくだん》を刺史にした。涼州には名僧鳩摩羅什が滞在していたので、興はこれを長安に招き、国師の待遇を与て活動させた。

興は東方では、西燕の領土だった河東を奪い、東晋が占領していた洛陽その他を獲得した。しかし北魏が強大な勢力として、その前途に立ちはだかった。北魏はすでに後燕領だった中山を占領していたが、四〇二年、興は弟の姚平をやって北魏の支配する平陽を攻撃した。北魏初代の道武帝は自ら出兵して、平陽南方の柴壁で姚平の軍を包囲した。姚平は糧食も矢玉も尽きて、麾下の三十騎と汾水に飛びこんで死んだ。四万余人の将兵はみな虜となった。北魏はさらに蒲坂に進んだが、姚緒が守備を固めて戦わなかったので、北魏軍は引きあげた。

仇池がまた背いたので、姚碩徳はこれを攻めて破った。仇池の楊盛は降を請い、子の難当と近臣の子弟数十人を人質として、後秦に送ってきたが、続いてまた東晋に通じた。東晋は蜀を襲ったが、興はこれを退け、譙縦《しょうじゅう》なる者を蜀王に奉じた。興は縦の提案にしたがって東晋の江陵を攻めたが成功しなかった。

四〇八年、北魏との講和が成立し、北魏は捕虜の一部を返還したため、両国の関係は好転した。しかし後秦の将軍として朔方に鎮守していた赫連勃勃《かくれんぼつぼつ》が、独立して夏を建国したので、興はオルドスから陝西北部を失った。西北の甘粛方面でも動揺が続いた。西秦の乞伏乾帰が背いて、金城（蘭州）を陥れた。乾帰は部下に殺されて、子の熾磐《しばん》が継いで、自立を続けた。南涼の禿髪傉檀と北涼の沮渠蒙遜との間にも争いが起こり、後秦はこれに介入したが、傉檀は涼州を守り通した。

姚興の治世前半は領土も拡大し、後秦の全盛期であったが、北魏に敗れたころから国力が傾きはじめた。東晋では劉裕が実権を握って攻勢に出た。そのなかで四一六年、姚興は病死し、同年長子の姚泓が即位して、永和と改元した。

しかし弟の姚宣・姚懿《い》、甥の姚恢《かい》らが内乱を起こし、仇池の楊盛が秦州にせまり、夏の赫連勃勃が長安近くの雍州を占領した。そこへ東晋の劉裕の攻勢が続き、ついに洛陽を奪い、進んで四一七年長安を占領した。姚泓をはじめ宗室百余人みな劉裕に降り、劉裕はその多くを殺した。こうして後秦は滅亡し、泓は建康に送られて斬られた。

六　河西の諸王国(56)

1　漢人の前涼政権

河西（甘粛）の地は西晋の初め、鮮卑の禿髪樹機能が中心になって熾烈な反乱を起こしたが、将軍馬隆がこれを平定し、その後涼州南部の西平郡太守・東羌校尉として駐在した。八王の乱が起こって、華北が大混乱に入ろうとしたとき、三〇一年、張軌《ちょうき》という士人が護羌校尉・涼州刺史に赴任した。かれは鮮卑らの騒擾を平定し、学校を立て、諸郡の子弟を招集した。また涼州は自然経済に復帰する傾向にあり、わずかに布が流通する状態であったので、銭貨を鋳造して、商業を振興した。当時「天下まさに乱れんとす。難を避くるの国は、ただ涼土のみ」（晋書張軌載記、同摯虞伝）といわれたという。

張氏の政権は東は金城（蘭州）から、西は敦煌までの地を支配したが、地方割拠政権として独立することはなかった。いつも西晋・東晋の政府に使節を送り、漢人を優遇したので、戦乱に追われた中原の人々が涼州に集まった。そこで武威郡を分けて、その周辺に武興郡・晋興郡を設け、移住者をここに住まわせた。張軌以後にまた、広武郡・建康郡・湟《こう》河郡・興晋郡・武始郡・南安郡・大夏郡・祁《き》連《れん》郡・臨松郡等が増設された（晋書地理志）。これらは多くが江南・東北の喬郡に当たる措置であり、むろんここに集まった人々が、前涼政権を翼賛したのである(57)。

三一四年張軌が病死すると、州人は子の寔《しょく》に父の職を継がせた。張寔もかつて西晋の宮廷に奉仕していた人間であり、やはり晋朝に忠実であった。永嘉の乱には宮廷に援軍を派遣し、東晋の元帝には即位を勧めた。しかし西晋の年号の建興を用い続けた。この間に涼州で王を称しようとする陰謀が何度かあり、寔はその陰謀にまきこまれて殺害された。

三二〇年、州人が弟の張茂を推して後を継がせた。このように張寔・張茂はいずれも州人の推薦で後を継いだ。初代の張軌が晋の官吏の立場を守ったから、他の地方割拠政権のような世襲形式は採れず、州人が推薦する形式が採られたのであろう。そのせいか涼州の大姓の賈《か》摹《も》という者が勢力を振るったので、茂はこれを殺して権威を確立した。

三二四年張茂が病死して、張寔の子の張駿が継いだ。張茂・張駿の時代は、前趙・後趙と黄河をはさんで対峙した。かれらはその鋭鋒を避けるために趙に服属した。駿は成漢・東晋にも臣と称したが、事実上は独立を保った。かれは臣下が涼王と称することを勧めたが、人臣の立場を守って承諾しなかった。しかし国内では王という称号が通用していた。これは張氏の政権が実質上他の地方割拠政権と変わらなかったので、王の称号も自然に受け入れられたのであろう。駿も王の行状と同じように、子の重華を立てて世子とした。一方東晋と通交しながら、西晋の年号を用い続けた。

張駿は東方で趙国との衝突を避けたが、西方では西域に勢力をのばした。張駿載記にはかれの時代の「西域長史李柏」の名が出ているが、わが大谷探検隊はむかしの楼蘭遺跡からこの李柏の手紙を発見した。この手紙はかれが海頭（ロブノール畔）に着任して、さっそく西域のある王の消息を尋ねたものであるが、羽田亨はこの王を焉耆《えんぎ》王龍熙だとしている(58)。載記によると、李柏は吐魯番の戊己《ぼき》校尉趙貞の反乱を討ってかえって敗れたが、これを李柏が貞に通謀した証拠だとして、柏を罰する意見があったのを、張駿は聞かずにかれを赦した。駿は軍を派遣して趙貞を討ち、吐魯番に高昌郡をおいた。また亀茲《きじ》（庫車《クチャ》）・鄯善《ぜんぜん》（楼蘭）を撃ち、焉耆《えんぎ》・于闐《うてん》（和田《ホータン》）を朝貢させたという。

三四五年、張駿は子の重華を涼州刺史に任命したうえで、翌年病死して、重華が立ち、護羌校尉・涼州牧・西平公・仮涼王と称した。仮涼王は前代国内で王と称していたのを正式の称号としたもので、なお「仮」と称するのは、いずれかの王朝から任命されるまでの仮りの称号であり、過渡期の称号であることを表明しているのである。その後三四九年、東晋から辞令を持った使者がきたが、期待が外れたので重華は怒り、涼州の官吏らが丞相・涼王・雍秦涼三州牧の位を奉った（十六国春秋）。ここで名実ともに独立の地方政権となったのである。前涼の建国をいつにするか、形式的な点を重視すれば、仮涼王か涼王の自称をもってすべきであろう。しかし前涼という国の性格・推移を考えれば、張軌が涼州刺史に任命された三〇一年とする三崎良章の説がよいように思う(59)。

後趙の石虎（季龍）は、前涼の君主交替期をねらってこれを併呑しようと、麻秋を司令官として兵を繰り出した。麻秋は大夏・抱罕《ほうかん》・金城等を奪い、姑臧《こぞう》（涼州）に迫ったが、重華は謝艾《がい》を司令官としてこれを防ぎ、麻秋の攻撃を退けた。

三五三年、張重華は病死し、子の耀霊《ようれい》が継いだが、わずか十歳であったので、伯父（重華の兄）の張祚《そ》が重華の寵臣らと結託して、耀霊を廃位して殺し、代わって位を継いだ。かれは横暴な野心家で、翌三五四年、皇帝の位に即き、和平と改元して、子の泰和を皇太子、弟の天錫《せき》を長寧王、耀霊の庶弟の玄靚《げんせい》を涼武侯とした。

宗人の張瓘《かん》という者が抱罕に鎮していたが、祚はこれを警戒して、討伐軍を送った。瓘はその軍を破り、逃げる兵を追って姑臧に迫った。敦煌でもこれに呼応する反乱が起こった。瓘の弟と子は数百の市人を募集して、城内から瓘の軍に呼応した。張祚の味方は解散して、祚は殺され、さらし首にされ、死体は道端に放置された。

代わって耀霊の庶弟の玄靚が立ち、西平公・涼州牧と称して、王号・帝号を名のらず、和平の年号を廃して、また西晋の年号に戻し、建興四十三年と称した。耀霊は幼少で実権がなかったのであるが、権力は弱体化して、反乱も幾つか起こった。国外では後趙に代わった前秦が関中を支配して強力になったため、前涼はこれに服属した。

結局実権は張瓘の手に帰したが、かれが簒奪をはかったというので、将軍の宋氏兄弟がこれを殺して権力を握ったところ、耀霊の側近の張邕《よう》がこれを殺し、代わって権力を振るった。三六一年、重華の弟の天錫がこれを滅ぼして実権を握り、西晋以来の建興の年号を廃して、東晋の年号の升平を用いることにした。従来は東晋に通交しながら、自立の体制を保っていたのであるが、この時期東晋への従属が深まることになった(60)。

三六三年、天錫は密かに玄靚を害して、位を奪い、涼州牧・西平公と称した。かれは張駿の末子であり、はじめ名を公純嘏《か》といったが、人がその三字名を笑うので、自分で改名して天錫としたという。張氏は元来漢人であるが、長らく西陲にいて異民族の影響をうけたのであろうか。

天錫は位に即いたものの、東方からの前秦の圧迫を防ぎきれなかった。三七六年、前秦の攻撃軍の前に、前涼の将軍たちは支えきれず、討ち死にする者も多かった。城内には反乱も起こった。そこで天錫は前秦軍に投降して前涼は滅んだ。苻堅は天錫のために屋敷を造り、官位も与えたが、淝水の戦いで前秦が敗れると、かれは東晋に逃れ、四〇六年建康で客死した。

2　氐人呂氏の後涼政権

後涼政権を建てた呂光は、その先が略陽の人で、同じ略陽の氐族の苻氏に従っていた。かれの父の呂婆楼は苻政権の重鎮で、苻堅が苻生を倒すときに功があった。苻堅は北中国をほぼ統一したので、次に西域に勢力を伸ばす順番になった。これよりさき梁熙という者を西域に派遣して交流を求めたことがあり、大宛など十余国が使節を送って来ていた。

三八二年、西域北道の車師《きよし》前部王、南道の鄯善王らが朝貢してきたので、苻堅ははじめ三年一貢・九年一朝ぐらいの制度を考えていたのだが、車師王らは堅が直接出兵するならば、先導になってもよいと言上したところ、それが苻堅の心を動かしたらしい。堅は突然考えを変えて、呂光を持節・都督西討諸軍事に任命し、兵七万を授けて西域征服に出発させることにした。

明年（三八四年）呂光は長安を発った。そのとき苻堅は、「西域は礼儀の国ではないから、羈縻《きび》の法によって、これを服従させるけれども、これを赦して国を継続するようにし、中国の威光をしめして、王化に浴させなければならない。武力をふるって、残虐な行為があってはならない」（十六国春秋前秦録、苻堅載記）と訓示した。この言葉には異民族にたいする中国伝統の支配の仕方の神髄が示されている。派兵のいきさつから、鄯善王に使持節・散騎常侍・都督西域諸軍事・寧西将軍、車師前部王に使持節・平西将軍・西域都護の官位を与え、その国兵を率いて先導をするようにした。

呂光の軍はまず焉耆を降し、亀茲（庫車）に迫った。亀茲王は逃亡したけれども、亀茲に従属する三十余国が投降し、王弟を立てて亀茲の国を継がせた。特筆すべきは、ここで名僧鳩摩羅什を得たことである。鳩摩羅什の名はインド・西域から中国にまで聞こえていたので、苻堅はぜひかれを連れ帰るよう、呂光に命令していたのである。苻堅は光の西域平定を聞き、使持節・散騎常侍・都督玉門已西諸軍事・安西将軍・西域校尉に任じたが、道路が杜絶して通じなかった。一方呂光は西域に止まろうという野心をもっていたのであるが、鳩摩羅什が東に帰ることを勧め、部下の将士も帰国を望んだので、三八五年、駱駝二万頭・駿馬万余匹に戦利品を満載して帰国の途についた。

呂光が高昌まで来て、高昌太守の帰順をえたとき、苻堅が淝水で敗れたことを知った。涼州刺史の梁熙が酒泉で光の東進を防いだが、光はこれを破って姑臧に入り、涼州刺史・護羌校尉と称し、これより涼州に拠ることになった。前涼の最後の主の張天錫の世子大豫が前涼の復活をはかり、地域の不安定に乗じて姑臧に迫ったが、作戦に失敗して民間人に捕らえられ、姑臧に送られて殺された。

三八六年、光は苻堅が姚萇に殺されたのを知り、境内に大赦を施き、前秦の年号の建元を改めて大安とし、臣下の勧めで、使持節・侍中・中外大都督・督隴右河西諸軍事・大将軍・領護匈奴中郎将・涼州牧・酒泉公と名のった。これが後涼の建国である。この段階ではまだ公と言っていたのであるが、その後三八九年、瑞祥が現れたので、三河王と称し、年号を麟嘉と改め、妻を王妃とし、子の紹を世子とした。さらに三九六年、天王の位に即き、年号を龍飛と改め、世子の紹を立てて太子とし、諸子弟の公侯となる者が二十人におよんだ。

呂光の政権は、最初は前秦西征軍の将軍たちから成っていたようであるが、やがて彼らは淘汰されて、呂氏一族ないしそれと関係ある人物が中心になる。前涼政権を握っていた漢人士族たちは、一二の例外を除いて権力を失い、胡族出身者が登用される傾向にあった。漢人中心の社会にかわって、胡人が台頭するのは、この地域と時代の必然の動向でもあったろう。このような変化は当然社会不安をひきおこした。呂光以下の為政者がこれを処理する十分な能力をもっていたとは言いがたい。かれらは批判者を抑圧するために、苛酷な統治を行ったと一般に言われている。それにたいして反乱も頻発した(61)。

周辺諸民族国家との紛争も多かった。はじめ鮮卑乞伏氏の西秦にたいしては攻勢に出ていたが、やがて鮮卑禿髪氏が南涼を、盧水胡の沮渠氏が漢人段業を擁立して北涼を建国し、西秦もそれに連携して、後涼の領土は急速に削られていった。

三九九年、呂光は病が甚だしくなったので、太子の紹を立てて天王とし、長庶子の纂《さん》を太尉として六軍を統括させ、自分は太上皇帝と称した。そのすぐ後で光は死に、紹が後を継いだが、纂の圧迫をうけて即位直後に自殺し、纂が天王位に即き、龍飛四年を咸寧元年と改めた。呂纂は領土拡大をめざして南涼・北涼を攻撃するが、失敗に終わった。纂は田猟と酒色にふけり、四〇一年、従兄弟の超に殺された。後涼の支配者は諸民族・民衆の支持が少なく、それが反映したのでもあるが、権力中枢の一族内の確執が絶えなかった。

翌四〇二年、超の兄の隆が天王位に即き、神鼎と改元した。かれも乱暴で豪族の反対者を殺したりしたが、外からは後秦軍の攻撃を受けて降伏した。後秦の姚興はなお呂隆を涼州刺史に留めたが、四〇三年、南涼と北涼の攻撃をうけて、後秦に救援を頼み、その軍に従って長安に赴き、後涼は滅亡することになった。

3　鮮卑禿髪部の南涼政権

禿髪《とくはつ》部は北魏を建てた拓跋《たくばつ》部と同源で、八世の祖の匹孤が北方から河西に移り、その子の時代から禿髪と名のるようになったといわれる。孫の樹機能は、西晋武帝の全盛期に秦州刺史・涼州刺史らを殺して、涼州の地を奄有した。のちに武帝の派遣した馬隆に敗れて、部下に殺された。そのあと従弟が立ち、その直系に禿髪烏孤が出て、はじめは呂光に従う意向を示していたが、鮮卑諸部を討って、廉川堡（甘粛）に都した。

三九七年、烏孤は大都督・大将軍・大単于・西平王と称し、年号を太初と定めて、建国した。そして呂光の軍隊を破り、後涼東南の三郡を降し、祁連山の南の羌族を服従させ、また北涼と連携して後涼を攻めた。三九八年、かれは改めて大単于・武威王と名のり、翌年湟水流域の楽都（青海省）に遷都した。その政権は弟の利鹿孤《りろくこ》・傉檀《じょくだん》を大将軍として要地に置き、呂光から投降した楊軌を賓客にし、胡・漢の豪傑、中原・秦州・雍州の名門を要職につけた。しかもなお大単于の称号には、自分が異民族の王であるという自覚がみえる。しかし烏孤はその年、酒に酔い落馬して絶命した。

三九九年、利鹿孤がその後を継いで、西平（青海西寧）に遷都し、翌四〇〇年、建和と改元した。この年後涼の呂纂が北涼を攻撃した隙に、傉檀は姑臧を襲い、八千余戸を虜にして帰った。また西秦（後述）の乞伏乾帰が後秦の姚興に敗れて、数百騎とともに亡命してきたのだが、乾帰はやがてまた後秦に逃亡した。乾帰が謀反を図って察知されたのだというが、湟水流域と長安とでは魅力が違うだろう。利鹿孤自身は後秦に臣属する形をとっていた。

四〇一年、利鹿孤は河西王を名のった。同じ王号でも、これまでは一小地域の名称であったのが、ここにいたって河西全域の覇者であることを標榜したのである。四〇二年、かれは傉檀を遣って後涼の臣下の孟褘《い》を降し、北涼の沮渠蒙遜の攻撃から後涼の呂隆を救った。これらの場合も、敵地の民戸をそれぞれ二千余戸、五百余戸と、おそらくは湟水流域に移住させている。

この年（四〇二年）利鹿孤は病死して、弟の傉檀が立った。かれは涼王の位に即き、また楽都に遷都し、弘昌と改元した。ひそかに涼州の覇者たらんことを期したのである。翌年後涼が後秦に滅ぼされたので、傉檀は姚興に涼州の地を求めたが拒否された。そこで四〇五年、傉檀は北涼の沮渠蒙遜を討ち、馬三千匹・羊三万頭を後秦に献じ、後秦ははじめて傉檀に使持節・都督河右諸軍事・車騎大将軍・領護匈奴中郎将・涼州刺史・常侍公を授け、姑臧に鎮守することを許した。後秦の涼州刺史王尚はこれと交替して長安に帰った。

翌年、西平・湟河両郡（青海）の羌族三万余戸を襲って、武興・番禾《ばんか》・武威・昌松四郡に徙したというが、これらは姑臧の周囲の地で、そのとき戎夏の兵五万余人を徴集したというから、首都周辺の兵力充実を図ったのであろう。

その後北涼の蒙遜や夏国の赫連勃勃と戦って、いずれも敗北したので、首都防衛のため三百里内の民衆を姑臧城内に移そうとしたところ、(62)民心の動揺をまねき、それに乗じて内乱が起こった。後秦の姚興はその隙をついて、姑臧攻撃の兵を出したが、傉檀はこれを撃退して、危機を切りぬけた。そこで四〇八年、傉檀はあらためて涼王即位の儀式を行い、嘉平と改元し、夫人を王后に立て、世子虎台を太子として、百官を置いた。

傉檀の治世は周囲の諸国との戦いで明け暮れた。とくに北涼の沮渠蒙遜とは連年戦火を交え、しだいに戦局は不利になっていった。四一〇年、北涼に姑臧を包囲され、翌年ついにこれを奪われて、傉檀は湟水流域の旧都楽都に後退した。北涼はさらに楽都をも包囲したが、傉檀はその子を人質に出してこれをしのいだ。しかしその間に、南方の吐谷渾や、東方の西秦の攻撃も激しくなり、四一四年西秦の乞伏熾磐に楽都を陥れられ、傉檀は西秦に降伏して、南涼は滅亡した。熾磐はいったん傉檀に官位を与えたが、結局かれを毒殺した。

南涼の事跡として著しいのは、度重なる徙民である。これについて関尾史郎は、南涼の実行した徙民を表示し、他の五涼政権や夏政権の徙民を参照しながら、南涼の戦いが徙民措置を目的としていたとすら言いうるという。それは中国農民を対象として、それらを治下の要地に移して農業を振興し、それら中国人民からの収奪を政権の財政的基礎として、それによって少数支配民族の軍事力を強化したという。つまり農業と軍事という分業が、民族を単位として行われていたという(63)。徙民の移住地は史料に明記されていない場合が多いが、湟水とその南の黄河流域が多かったであろう。関尾は湟水・黄河流域に新設された郡の多さを指摘している。

関尾はこれらを強幹弱枝政策ではないというが、湟水流域は南涼の政権基盤といってよいであろう。さらに姑臧に遷都した後に、上述のように首都周囲の地に羌族を移したのは、首都周辺の軍事力強化を目的としたと思われる。この場合は羌族を移したのであるから、農業労働力は問題にならない。さらにその翌年、首都三百里内の民衆を姑臧城内に移したのは、逆に敵からの民衆略奪を防ぐ堅壁清野作戦であろう。末期に北涼との戦いでなお徙民を繰り返しているが、この場合は北涼側の民衆略奪・徙民も記録されているので、南涼としてはそれを防ぐために徙民を行っているのではないか。これも清野作戦の一種とみられるし、人口争奪戦とみられるのではないかと思う。

4　盧水胡沮渠氏の北涼政権

北涼の建国者沮渠蒙遜《そきょもうそん》の載記には、「臨松（甘粛張掖の南）の盧水胡の人なり。其の先世は匈奴の左沮渠為り。遂に官を以て氏と為す」とある。盧水胡については、この記事から匈奴から出たという説と、大月氏の西遷後に甘粛に残された小月氏から出たという説とがある。

唐長孺は、盧水胡の名が後漢初期からみえ、その頃の居住地はいまの西寧付近であったが、漢末三国ごろには広範に分布するようになり、関中の渭北や安定（甘粛）・北地（寧夏）から武威・張掖（甘粛）にまで広がった。その種族については、沮渠蒙遜載記等は匈奴の官にいたというだけで、これを匈奴の別部というのはかまわないが、さらにその由来を尋ねれば、張掖から湟中に分布する小月氏にいたるという(64)。

これにたいして黄烈は、後漢書竇固《とうこ》伝に「盧水羌胡」の語があり、その李賢注に湟水の支流の盧渓水の水が盧川から出たが、それが盧水羌胡の地であると記されており、湟中一帯は小月氏の分布地域であるところから、誤って小月氏説が出たという。一方盧水は沮渠川ともいい、早くから沮渠氏はこの地にいた。十六国春秋に「世々盧水に居りて酋豪たり」とある。同書と晋書載記は、その先世が匈奴の左沮渠の官にいたので、その官名を氏としたという。黄烈は後者の匈奴説が正しいと主張している(65)。

北涼建国のいきさつは、次のとおりである。後涼の呂光に従っていた蒙遜の伯父沮渠羅仇《らきゅう》と沮渠麴粥《きくじゅく》が、敗戦の責任を問われて呂光から刑死させられた。その葬儀に宗族・姻戚・諸部万余人らが集まった席で、蒙遜は、「昔漢が中ごろ衰えたとき、我々の祖先は竇融を援けて、河右の平和を保った。呂王は老いぼれて、残虐無道である。先祖が時代を安定した志を継いで、二人の伯父が黄泉の国で恨みの無いようにしなければならない」と述べて、会衆の賛成をえ、建康太守の段業を推して、使持節・大都督・龍驤大将軍・涼州牧・建康公と称し、年号を神璽と改めた。段業は蒙遜を張掖太守とし、蒙遜の従兄男成を輔国将軍として、軍政を委ねたという。三九七年のことである。段業は名目上の主、実権は蒙遜・男成にあるといってよい。段業は三九九年には、涼王と称した。

ところで蒙遜の言にある竇融との関係については、後漢書竇融伝に、「[建武]八年（西紀三二年）夏、車駕西して隗囂《かいごう》を征せんとす。融、五郡の太守及び羌虜・小月氏等歩騎数万・輜重五千余両を率いて、大軍と高平の第一（第一城）に会す」とあるのがそれであろう。そうすると一概に小月氏説を否定できないであろう。もっとも甥の竇固伝には、「明年（明帝の永平十六年、西紀四〇年）、固、［耿］忠と酒泉・敦煌・張掖の甲卒及び盧水羌胡万二千騎を率いて、酒泉塞を出ず」とあり、この場合の盧水羌胡は上述の李賢注は誤で、張掖方面の盧水胡で、蒙遜の直接の先祖とすべきであろう。しかし前述の伯父の羅仇は西平太守、麹粥は三河太守であったといい（十六国春秋）、湟水・黄河流域に任命されているから、やはり小月氏の地方とも関係があったのかもしれない。

蒙遜が段業を擁立したのは、漢人の支持を慮ったからであろう。ただ段業は文吏で儒者にすぎない。一方沮渠氏は地方豪族であるが、広い範囲の盧水胡と連絡があったかどうかわからない。ただ軍権を握る従兄の男成とは権力が両立しない。そこで四〇一年、男成を段業に讒言して、これを殺させた。そのうえで段業を殺して、部将の推薦をうけた形をとって、使持節・大都督・大将軍・涼州牧・張掖公と称し、永安と改元した。これで独裁権力を握ったようであるが、諸将の推薦をうけているし、一族を要職に任命して、その制約はやはりあったと思われる。また周辺諸国の圧迫をたえず受けていた。そのことは自称した位にも反映している。

蒙遜が権力を握ったころ、敦煌の李暠《りこう》が独立して西涼を建国した。だから北涼の領土はあまり広がらなかった。その周囲には西方に西涼、東方に後涼、その東方に西秦、南方に南涼があったので、西秦の東方にある後秦に服属して、近隣国家と対決した。後涼滅亡後には、とくに姑臧を奪った南涼とはげしい衝突をくりかえした。四一〇年には姑臧を包囲し、いったん撤退したが、翌年これを奪い、さらに翌年（四一二年）姑臧に遷都して、蒙遜は河西王と称し、玄始と改元した。

まもなく南涼は西秦に滅ぼされた。そこで西方の西涼との衝突がはげしくなったが、西涼の君主李暠が死んだのち、四二一年蒙遜は西涼を滅ぼして、敦煌まで領有し、河西全体を支配することになった。一方東方では西秦との衝突がはじまり、西秦は北魏と連携したので、蒙遜は西秦の北にある夏と連携し、しまいには夏に服属してこれに対抗した。

北涼は江南の東晋・宋と通交し、東晋からは涼州刺史、宋からは涼州牧・河西王の位をもらった。この時期江南王朝は、北魏に対抗するため、北方の国家に各種の位を与えようとしたのである。これは倭の五王等と同じである。

四三一年、西秦と夏が相継いで滅亡すると、北魏の勢力が強く及ぶようになった。北魏も南朝に対抗して、北涼を優遇し、蒙遜を涼州牧・涼王に任命したが、四三三年蒙遜が死ぬと、北魏は第三子の牧犍を使持節・侍中・都督涼沙河三州西域羌戎諸軍事・車騎将軍・開府儀同三司・領護西戎校尉・涼州刺史・河西王に任命して、後を継がせ、また太武帝の妹の武威公主と結婚させた。しかしこの和平関係は長く続かず、四三九年太武帝率いる北魏軍に牧犍は降伏した。北涼は五胡十六国中最後に残った国であったから、その滅亡によって北魏は華北を統一したのである。

なおその後、牧犍の弟の沮渠無諱らは河西各地を転々として、四四二年吐魯番に無諱の政権が成立する。これが高昌国の始まりである。

5　漢人李暠の西涼政権

西涼を建てた李暠《りこう》は、いわゆる隴西の李氏で、漢代に匈奴と奮戦した李広の十六代の子孫で、のちに唐朝を建てた李淵の七代の祖であるという。漢代に西北六郡の良家の子を中央の郎に採り、軍隊に配属する習慣があり、(66) 李広もそれにしたがって郎から軍人になったのであるが、李広も李暠も隴西成紀の人で、李暠はかれと同郷の李広を祖と仰ぎ、その地の土着豪族になったのであろう。

北涼が敦煌を支配下に入れたとき、段業は後涼の敦煌太守であった孟敏を沙州刺史とし、李暠を效穀県令とした。孟敏が死ぬと、敦煌の有力者らは、李暠を敦煌太守に迎え、段業はこれを追認したが、西紀四〇〇年、晋昌太守唐瑤は六郡に檄を飛ばし、李暠を大都督・大将軍・涼公・領秦涼二州牧・護羌校尉に推薦した。李暠は庚子と改元し、百官を任命した。これが西涼の建国といえるだろう。かれは学校を建て、選挙を実施するなど、国政を整備し、玉門・陽関に屯田を開き、灌漑施設を整備するなど、農業を振興した。

四〇五年、建初と改元し、酒泉に遷都し、姑臧を占領した南涼と結んで、北涼と対抗した。建初という年号は、現存中国最古の戸籍、敦煌出土西涼建初十二年（四一六年）籍で知られている。この国は漢人に支えられていたので、東晋にも何度か朝貢したが、あいだにいくつもの国家があったので、連絡は容易でなく、東晋からの任命も行われなかった。

これよりさき苻堅が、江南の人万余戸・華北の人七千余戸を敦煌に移したことがあったが、その後さらに張掖以東の人の敦煌・晋昌二郡に避難するものが数千戸におよんだ。李暠が酒泉に都を遷すと、以上の難民をも酒泉に移し、南人五千戸を分けて会稽郡を新設し、華北の人五千戸を分けて広夏郡を新設し、残りの万三千戸を武威・武興・張掖三郡に分置した。前涼から前秦をへて西涼にいたるまでに、華北・江南から多数の避難民が河西に集中し、陳寅恪のいうように、漢以降の中原の文化が河西に保存されたことが確認される。

四一七年、李暠が死に、子の李歆《きん》が継ぎ、嘉興と改元したあと、東晋はかれを持節・都督七郡諸軍事・鎮西大将軍・護羌校尉・酒泉公に冊封した。このころ東晋の劉裕が北伐して長安を占領したから、交流が容易になったのである。劉裕はその後宋朝を建国し、高句麗・百済・倭国とともに、もう一度李歆を冊封し、将軍号を鎮西から征西大将軍に格上げした。

しかし李歆は連年北涼と交戦し、四二〇年酒泉は陥落して李歆は戦死した。そのあとを弟の李恂が継いだが、翌二一年敦煌も陥落し、李恂は自殺して西涼は滅亡した。李歆の弟翻の子の李宝はのちに北魏に帰順したが、その子の李沖は孝文帝の側近にあり、その政治に大きな役割をはたした。とくに村落・隣保組織の三長制の制定等で有名である。

6　鮮卑乞伏部の西秦政権

以上1から5までの五政権は、五涼王国または五涼政権と称して、河西の相当部分を支配した政権を意味するが、そのほかに河西の周辺にあった政権として、西秦・夏・仇池・吐谷渾等が存在する。そのうち西秦と夏は五胡十六国のなかに数えられているが、仇池・吐谷渾はあまりに辺境で、中央の政局に関係がうすいとみなされたのか、それとも他の十六国とともに滅びず、南北朝期まで存続したためか、晋書や魏書の十六国諸国を並べて挙げた部分には記されていない。仇池は氐族、吐谷渾は鮮卑族の国だが、それについては第五章で述べることにする。そこで以下、西秦と夏についてのみ言及するに留めたい(67)。

西秦は隴西にいた鮮卑の乞伏《きつぷく》部が建てた国である。西晋の武帝の初めごろ、乞伏祐鄰という者が仲間の鮮卑を討ち破って、高平川（寧夏）流域に居住し、その後遊牧種族特有の移動を繰り返しながら、一時は苑川（甘粛蘭州付近）にいた。四世紀中頃、祐鄰より五世の孫の乞伏司繁に率いられて度堅山（甘粛）に拠っていたが、前秦の将軍に敗れて苻堅に帰した。苻堅はこれを南単于に署して一時長安に留めたが、やがて司繁を使持節・都督討西胡諸軍事・鎮西将軍に任じて、河西を侵略した鮮卑の一部を討たせた。司繁はこれを破って勇士川（蘭州の南）に拠点を定めた。

そのあとを子の乞伏国仁が継いだが、淝水の敗戦を知り、諸部を招集して、十余万の衆に達した。三八五年、苻堅が姚萇に殺されると、国仁は大都督・大将軍・大単于・領秦河二州牧と自称し、建義と改元し、弟乾帰を上将軍とし、勇士都城を築いて都とした。これが事実上西秦の建国であるが、前秦の臣下の地位は維持したので、前秦の苻登はかれを使持節・大都督・都督雑夷諸軍事・大将軍・大単于・苑川王に冊封した。

三八八年、国仁が死ぬと、臣下たちは国仁の子が幼少であったので、弟の乾帰を擁立して、大都督・大将軍・大単于・河南王とし、太初と改元し、金城（蘭州）に遷都した。苻登はかれを金城王（のちに河南王）に任命した。三九四年、苻登が後秦の姚興によって殺されると、乾帰は苻登の子の苻崇を敗死させて前秦を滅ぼし、隴西郡（甘粛西南）周辺の地を奄有し、秦王と改称した。かれはなお大単于の称号を維持したが、鮮卑その他の胡族が重要な地位を占めていたからであろう。

四〇〇年、乾帰は後秦軍に敗れて南涼に逃亡したが、反乱を画策したと疑われて、後秦の都の長安に逃れ、後秦の姚興から持節・都督河南諸軍事・鎮遠将軍・河州刺史・帰義侯の位をもらい、西秦は一時滅亡状態になった。しかし翌年、姚興は乾帰を苑川に鎮守させて、部衆を支配させた。

四〇九年、乾帰は弱体化した後秦の支配を脱し、度堅山で三万の衆を擁し、部下の勧めで王位を復活させて秦王と称し、更始と改元した。翌年苑川に遷都し、略陽・南安・隴西諸郡の民二万五千戸を苑川に移した。四一一年、南涼の軍や後秦の軍を破り、牛馬十余万を獲得し、四千余戸を苑川に移し、三千余戸を譚郊《たんこう》（甘粛臨夏）に移した。これらは本来遊牧民であった乞伏部の首都周辺に、農民を増やすため、牛馬とともに土地が与えられたのであろう。

翌年四一二年、乾帰は譚郊に遷都したところ、兄の子の公府に、十余人の子とともに殺された。そこで苑川に鎮していたために難を逃れた長子の乞伏熾磐《しばん》が位を継ぎ、大将軍・河南王と自称し、永康と改元し、抱罕に遷都した。かれは翌年吐谷渾等を討って、およそ四万人以上の捕虜をえたらしい。翌四一四年、熾磐は南涼を攻めてその首都楽都に入り、禿髪傉檀を降伏させて南涼を滅ぼした。このとき南涼の支配層と民衆万余戸を抱罕に移したという。

南涼を滅ぼしたのち、乞伏熾磐は秦王の位に即いた。かれがそれまで有していた河南王の地位は、黄河の南側、乞伏部が興った地域を指すのであろうが、秦王は当時の秦州の地、すなわち涼州の東の文明地域（甘粛の東部）全般に王たることを指すのであろう。もともと乾帰がもっていた称号であった。

さきに西秦の徙民について一言し、農民を移したのであろうと述べたが、その後南涼を滅ぼして士民万余戸を抱罕に移したのは、南涼の土地に有力者を残しておかない措置であり、一種の強幹弱枝政策であろう。

四一八年に熾磐は羌豪三千戸を抱罕に移したというが、これも一般の羌三万余戸を在地に残す策と組みあわさっているので、有力者だけを移した強幹弱枝政策であることはまちがいない。

四二七年、熾磐は病死し、子の慕末が継いで、翌年永弘と改元した。慕末の政治は残酷であったので、一族・部民の背く者が多かった。外からは北涼や夏に圧迫され、北魏に援助を求めたが、夏の赫連定に阻まれて降伏し、宗族五百余人とともに殺された。

7 匈奴赫連氏の夏政権

さきに劉淵にはじまる漢・前趙の国家が、匈奴単于の家柄であることを述べたのであるが、夏を建てた赫《かく》連勃勃《れんぼつぼつ》は、南匈奴の右賢王の子孫であるというから、これもまた匈奴貴族の家柄である。しかし曾祖父の劉虎のとき、この一族は鉄弗《てつふつ》と号せられた。鉄弗とは北人の語で、匈奴の父、鮮卑の母の間に生まれた者をいうのだという（魏書鉄弗劉虎伝）。鮮卑との混血種だということになる。その孫の劉衛辰は塞内に入り、前秦の苻堅の代国攻撃に協力し、代滅亡後にはその領土の西半分を領して西単于に任ぜられ、代来城（陝西楡林）にいて、河西の諸族を管理した。かれは淝水の戦いの後、北方で自立を図ったが、北魏に敗れて殺され、その集団は壊滅した。勃勃も北魏に送られるところを、途中で奪還されて後秦に送られ、姚興は鮮卑・雑夷二万余の部落を与えて、朔方に鎮守させた。

四〇七年、勃勃は高平（寧夏固原）を奪取し、天王・大単于と自称し、匈奴は古代の夏后氏の子孫だというので、国を大夏と呼び、年号を龍昇と定めた。かれは南涼の禿髪傉檀に通婚を求めたが、拒絶されて両者は決戦となり、勃勃は大いに南涼軍を破って、数万の兵を殺戮し、大将十余人を斬り、人骨を積み上げて髑髏台とよぶ京観を作って、戦勝の記念とした。この前後、連年後秦と戦って成果を挙げており、七千余家・万六千家という人口を高平の大城に移し、三千余戸を貳城に移したという。これは北方の人口希薄な都市を充実するためであったろう。

四一三年、鳳翔と改元し、この年胡族・漢族十万人を動員して、朔方水の北、黒水の南、現在の無定河上流の地（陝西楡林市靖辺）、オルドスの中心地に統万《とうまん》城を築き、六年かかって完成し、ここを都とした。将作大匠の阿利は工事が得意で、堅牢な城壁を築こうとし、錐が一寸でも入ったら、労働者を殺して城壁に埋めたという。人身御供にされたのである。この城は堅固なせいか、今日も残っており、遺跡の復元・保護が計画されている(68)。人身御供は兵器や宮殿内の銅器の製造の際にも行われた。勃勃はその年、劉という漢姓を赫連氏に改めて、赫連勃勃と称した。

統万城は南下して関中の後秦を衝く位置にあり、後秦はようやく弱体化したが、それに乗じて東晋の劉裕が北進し、長安を占領して後秦を滅ぼした。四一八年、勃勃は長安駐屯の東晋軍を破り、長安を占領し、長安の東郊の灞水のほとりで、皇帝の位に即き、昌武と改元した。

群臣は長安を都とするよう勧めたが、勃勃は北魏の攻撃にさらされたとき、統万城まで護れないおそれがあると考え、翌年統万城に戻り、真興と改元した。

勃勃は四二五年死去し、子の赫連昌が継ぐが、北魏は勃勃の死を待っていたかのように攻撃をはじめ、四二七年北魏太武帝によって統万城は陥落し、昌は平城に送られた。そのあと弟の赫連定が平涼（甘粛東部）

で即位したが、北魏の攻撃をうけて上邽（甘粛）に遷り、四三一年西秦を滅ぼしたが、吐谷渾に捕らえられ、吐谷渾から平城に送られて、夏は滅亡した。

七　次代への見透し

私はさきに「三　匈奴政権」の項の冒頭で、華北に建設される五胡諸政権の特徴として、君主の部族依存の構造を挙げ、それが政権の基盤を狭小なものとし、他種族・他民族との対立、同族内部の政権争奪等を引き起こしたことを指摘した。またその弱点を補うために徙民政策が実行され、直接掌握する戸口を増加しようとする試みがなされた点をも指摘した。

そしてこのような特徴を克服するために、五胡諸国を統一した北魏では、国初の部族解散と、中期の均田制施行による全戸口掌握の試みがなされ、「漢化」による皇帝権力強化がはかられたことを述べたのである。

もっともいわゆる部族解散については、かつては部族組織を解体して部族民を国家が個別的に把握することを意図したと解されていたが[69]、その後の研究は北魏社会を通じての部族の存続が指摘され、それにともなっていわゆる部族解散の解釈も変わってきている[70]。しかし私は初期の改革が意図したものは、「諸部落を散じ、始めて同じく編民と為す」（魏書官氏志）ことであって、部族の解体をめざし、国家（皇帝）の直接把握する編戸を増加させようとしたのは間違いないと思う。しかしその意図が貫徹したかといえば、そうではなかったのであろう。たとい部族民が編戸となったとしても、部落民同士や族長との関係は当然存続したであろう。

しかしかれらは個々に国家（皇帝）支配の下におかれる者が多かったのではないだろうか。その後部族制を存続させ、復活させるさまざまな試みがなされるが、それらは多く国家主導の下でなされたことに注意すべきであって、北魏ないしは北朝において、国家権力が強化されたことは間違いない事実である。

均田制についても、そのような制度がどの程度実施されたか、当然疑問が出されている。私は均田制下の土地は、農民の私田であって[71]、先秦時代以来農民が獲得してきた土地にたいする権利を否定するものではなかった。むしろ均田制はそのような農民の権利を確認することを通じて行われたことを述べた[72]。ともかく農民と土地が戸籍に登録されることによって、国家権力は強化されたのである。

南北朝の分裂は隋唐の統一国家出現によって終わった。漢民族と異民族との支配従属の関係で重要なのは、唐代に羈縻州とよばれる制度が出現したことである。羈縻については、漢代以来中国の異民族支配の原則を指す言葉として使われてきたことを本書では強調してきた。随所に言及した冊封制度も、羈縻政策の一環であることに触れてきた。

さてその伝統をうけた羈縻州制度とは、唐に服属した異民族の地を、中国内地と同じく府（都督府）・州・県に編成するのであるが、中国内地の州・県が秦代以来の郡県制の伝統をうけて、国家の直接的な個別人身支配を支えるのにたいし、羈縻州ではその役人に異民族の族長層、各種首長層を任命してその統治に任すのである。この族長・首長らを通して、羈縻の伝統をうけた諸民族の自治を認めているのであるが、冊封が中国皇帝と異民族首長との間に君臣関係を結び、あとは首長の統治に委ねるだけなのにたいし、羈縻州では異民族の各段階の長を唐朝の官吏に任命し、一応官僚制の形式ができあがっているのである。羈縻州の上には都護府が設けられて、唐朝の官吏と軍隊が駐屯して監視し、ときには羈縻州から異民族の軍隊を動員した[73]。羈縻州制度と前代の辺防政策の類似を指摘する意見もあるが、それでは羈縻州制度の画期的な意義は明らかにならない。この制度は突厥が降伏し、突厥可汗が廃止されたのをきっかけに施行された。君主が廃止されては、前代までの冊封はなりたたない。このときから羈縻州が、唐朝に服属した全異民族地域に施行されたのである。これは異民族支配の強力な制度であったが、それだけに長続きしなかった。

羈縻州制度の中心地であったモンゴル高原において、いわゆる突厥の復興、突厥第二帝国の成立があって（六八二年）、羈縻州体制の崩壊がはじまった。その前後に新羅が朝鮮半島の統一を進め、唐の安東都護府を半島から東北に後退させ（六七六年）、唐は新羅王の事実上の半島支配を認めた。新羅王はそれ以前から鶏林州都督に任命されていたが、統一によって半島全体が鶏林州という一羈縻州になった。羈縻州の名があるといっても、唐の支配が半島内部に及ばないのであるから、それは新羅王にたいする冊封にほかならない[74]。

本来なら本書はこの羈縻州体制にまで及びたかったのであるが、筆者に余力がないのでこの見透しを述べて筆を措くことにする。

注

（1） K. A. Wittfogel and Feng Chia-sheng, History of Chinese Society, Liao, New York, 1947.

（2） 野原四郎「中国史研究の新しい方向―ウィットフォーゲル博士の最近の業績について」（『歴史評論』九、一九四七）

（3）田村実造『中国史上の民族移動期』（創文社、一九八五）

（4）五胡十六国時代の比較的詳細な概説としては、三崎良章『五胡十六国－中国史上の民族大移動－』（東方書店、二〇〇二）がある。

（5）この時代の徙民についての総合的な叙述は、関尾史郎「古代中国における移動と東アジア」（『岩波講座世界歴史』19移動と移民、一九九九）

（6）呂一飛「板楯蛮略論」（中国魏晋南北朝史学会編『魏晋南北朝史研究』成都、四川社会科学院出版社、一九八六）

（7）任乃強校注『華陽国志校補図注』（上海古籍出版社、一九八七）四八六頁注②参照。

（8）王仲犖『魏晋南北朝史』（上海人民出版社、一九七九）上、二二六頁。中林史朗「李氏集団の展開とその性格－西晋末益州の状況を繞って－」（『中嶋敏先生古稀記念論集』上巻、汲古書院、一九八〇）

（9）唐長孺「晋代北境各族『変乱』的性質及五胡政権在中国的統治」（唐『魏晋南北朝史論叢』三聯書店、一九五五）一四六、七頁。

（10）宮川尚志『六朝史研究　政治・社会篇』（日本学術振興会、一九五六）六〇頁。

（11）中林史朗前掲論文。

（12）唐長孺「范長生与巴氏拠蜀的関係」（唐『魏晋南北朝史論叢　続編』三聯書店、一九五九）。范氏・徐氏ともに涪陵の大姓で、蜀漢のとき四川に移されたことは、唐長孺前掲論文一八四頁にも指摘されている。

（13）鄭欣「西晋末年的流民起義」（鄭『魏晋南北朝史探索』山東大学出版社、一九八九）四六五頁。

(14) 王仲犖前掲書第三章第三節、鄭欣前掲論文参照。
(15) 大沢陽典「杜濩の乱とその周辺」(『立命館文学』四三九−四四一、立命館大学創立六十周年記念文学部論集、一九八二)
(16) 周一良「乞活考−西晋東晋間流民史之一頁」(周『魏晋南北朝史論集』中華書局、一九六三)
(17) 王仲犖前掲書二二三頁。
(18) 屠各は休屠各の略称で、漢代に投降した匈奴の休屠王の子孫ないし部衆を意味するらしい。その名は魏晋以後各地に広がったが、魏書序記には、劉淵を匈奴の「別種」といっているので、唐長孺「魏晋雑胡考」(前掲『魏晋南北朝史論叢』)[二]屠各の項では、劉淵が南単于の嫡裔かどうか疑っている。しかし周偉洲『漢趙国史』(山西人民出版社、一九八六)二二頁以降は、その名がやがて漢化の匈奴全般を指すようになったといい、劉淵を南単于の後裔とみて間違いないという。
(19) 魏晋以後の南匈奴の歴史については、内田吟風「南匈奴に関する研究」Ⅱ魏晋時代の五部匈奴、Ⅲ五胡乱及び北魏時代の匈奴(内田『北アジア史研究　匈奴篇』同朋舎、一九七五)に詳細な叙述がある。
(20) 町田隆吉「二・三世紀の南匈奴について−『晋書』巻一〇一劉元海載記解釈試論−」(『社会文化史学』一七、一九七九)
(21) ベ・ヤ・ウラジミルツォフ著　外務省調査部訳『蒙古社会制度史』(生活社、一九四一)七九、八〇頁。田村実造前掲『中国史上の民族移動期』一六、八八頁。内田吟風前掲「南匈奴に関する研究」二三五頁。
(22) 周偉洲前掲『漢趙国史』一八五−八七頁参照。

(23) 谷川道雄「南匈奴の自立およびその国家」（谷川『隋唐帝国形成史論』筑摩書房、一九七一）五一頁参照。
(24) 漢大王と漢天王とどちらが正しいか、一見十六国春秋等の古い史料が伝える大王説の方が信用できるように思えるが、後の例で天王を称する場合には、漢というような国号をつけるのが普通だというから、資治通鑑の説も捨てがたい。宮崎市定「天皇なる称号の由来について」（宮崎『古代大和朝廷』筑摩書房、一九八八、『宮崎市定全集』二一巻、岩波書店）参照。なお天王の号は周代からあったというが、荒木均「漢・前趙・後趙における皇帝・天王・大単于」（『紀要』四三、青山学院大学文学部、二〇〇一）は、資治通鑑だけでなく、晋書孝友伝、王延条にも、靳準が天王になったとあるのを指摘し、準の天王号は単于号の漢訳で、中国古典に依拠したのは石虎からだという。
(25) 田村実造前掲『中国史上の民族移動期』三三頁。
(26) 周偉洲前掲『漢趙国史』一八八頁。
(27) 唐長孺「魏晋雑胡考」（唐前掲『魏晋南北朝史論叢』）
(28) 町田隆吉「西晋時代の羯族とその社会―後趙政権成立についての予備的考察―」（『史境』四、歴史人類学会、一九八二）
(29) 王青「石趙政権与西域文化」（『西域研究』二〇〇二―三）
(30) 白鳥庫吉「東胡民族考」全集版二二四頁以下。
(31) 漢代の冊封号は本書第二章に多くの例を挙げたが、それは魏・晋の時代にも遺風はある。しかしそれらは魏以降新しい方式に交替していく。それは主として一定地域の軍事支配権を意味する都督号に各種将軍号を併設するもので、それに多くの場合、都督が支配する地域の州刺史・州牧の地位が与えられる。これは乱世に対応して、従来文官であった地方官に軍事権を与えるものとして、中国国内の官吏を対象に始まったものであったが、それが中国国内に建国した異民族君主にも与えられ、もしくは異民族君主が自称したのである。したがってこの時代には、漢代のような内臣・外臣の別はなくなったとみるべきであろう。西嶋定生の冊封体制論の最初の根拠となった日本・朝鮮君主への冊封号は、右のような時代の事例である。この時代の具体例については、堀敏一「中華世界」(『魏晋南北朝隋唐時代史の基本問題』汲古書院、一九九七)、「中華世界―魏晋南北朝・隋唐時代における―」(堀『東アジアのなかの古代日本』研文出版、一九九八)参照。また小尾孟夫『六朝都督制研究』(渓水社、二〇〇一)に、都督制についての詳細な研究がみられる。

(32) 谷川道雄「五胡十六国・北周における天王の称号」(谷川前掲『隋唐帝国形成史論』)

(33) 市来弘志「冉魏政権と漢人たち―五胡十六国時代前期の民族関係に関する一考察―」(『学習院大学文学部研究年報』四三、一九九六)。石趙から冉魏にいたる経過については、大沢陽典「李農と石閔―石趙末期の政局―」(『立命館文学』三八六―三九〇、立命館大学文学部創立五十周年記念論集、一九七九)参照。

(34) このような鮮卑諸族の地域配置については、林旅芝編著『鮮卑史』(香港、波文書局、一九七三)等参照。

(35) 唐長孺前掲「晋代北境各族『変乱』的性質及五胡政権在中国的統治」

(36) 関尾史郎「前燕政権(三三七―三七〇年)成立の前提」(『歴史学研究』四八八、一九八一)。なお李海葉「漢士族与慕容氏政権」(『内蒙古師大学報』二〇〇一―四)参照。

(37) 岡崎敬「安岳三号墳(冬寿墓)の研究―その壁画と墓誌銘を中心として―」(『史淵』九三、一九六四)参照。

（38）この田制の研究史と問題点についての意見は、関尾史郎「前燕『屯田』政策に関する二、三の問題」（『上智史学』二二、一九七七）参照。田村実造「慕容王国の成立とその性格」（田村前掲書）一三九頁には、これを営戸の一種とするが、営戸は後述するように軍営に属する戸であるから、これら国営地を与えられ、国家に直属する戸とは別である。

（39）即位の翌年をもって元年とする踰年称元法は、『春秋』で用いられていたので、慕容儁はそれに従ったのであるが、実際にはこの称元法は前三三八年に始まったということを、平勢隆郎が明らかにしている。平勢『中国古代紀年の研究』（東京大学東洋文化研究所、一九九六）一一八頁、同『「史記」二二〇〇年の虚実』（講談社、二〇〇〇）一五六頁参照。

（40）三五徴兵の方法は、これよりさき石季龍載記に、石虎が東晋に備えて「三五発卒」という記録がある。その二年前にも慕容皝と戦うために、「五丁取三、四丁取二」という記録があるから、このような考えは早くからあったであろう。またのち晋書苻堅載記に、代国の部落を漢鄣辺の故地に散在させて、そこから「三五取丁」とあり、また宋書索虜伝に、四五〇年宋が北魏を討つために、南兗州で「三五民丁」を発したという記録があり、これを魏書劉裕伝では「南兗及青・冀・兗・豫、三五簡発」と述べている。また魏書粛宗紀に、五二四年「可三五簡発」の記事がある。当時「三五門」という語もおこなわれており（宋書宗越付武念伝）、越智重明はこれを庶民の名称として、当時の身分を表す族門制の最下位に位置づけている。越智『魏晋南朝の貴族制』（研文出版、一九八二）二三五頁参照。なお周一良『魏晋南北朝史札記』二八一頁「三五賤伎」条に、「三五」の諸用法がみえる。

（41）田村実造前掲「慕容王国の成立とその性格」一三九－四〇頁。

(42) 谷川道雄「慕容国家における君権と部族制」(谷川前掲書) 二、三節。

(43) 谷川道雄前掲「五胡十六国・北周における天王の称号」は、天王号と当時の権力構造との関連を論じ、権力が宗室の手に分与されて、それによって君主権が支えられているからだと述べる。私も一族の力を強調しているので、その見解に賛成であるが、そのような君主も皇帝になる者と、天王になる者とがある。あるいは慕容盛のごとく、皇帝号を返上して、天王を称する者もある。これは権力構造一般からは説明できず、君主当人がおかれた具体的な状況からその条件が考慮されなければならない。ただしそのような場合に君主を強制する背景のなかに、権力構造も考慮さるべきであろう。

(44) 堀敏一『均田制の研究』(岩波書店、一九七五) 七四—七六頁参照。とくに七六、三〇三—三〇六頁に引用した「貲合文書」では、各戸の田土の面積が測られて、それが穀物の量に換算されている。貲合文書という語は賀昌群『漢唐間封建的国有土地制与均田制』(上海人民出版社、一九五八) の命名であるが、その後朱雷「吐魯番出土北涼貲簿考釈」(『武漢大学学報』一九八〇—四、『敦煌吐魯番文書研究』甘粛人民出版社、一九八四に再録)によって、北涼の高昌郡のものであることが明らかにされ、題名のように改名された。これについては、町田隆吉「吐魯番出土〝北涼貲簿〟をめぐって」(『東洋史論』三、一九八二)、王素「吐魯番出土北涼貲簿補説」(『文物』一九九六—七)をも参照。各戸の資産を穀物に換算する吐魯番の方法は、北涼以後の政権にも継承された(『吐魯番出土文書』等参照)。ただし五胡の諸国すべてがこのように田土を測ったり、穀物に換算して収めたわけではなく、拙著七五頁の諸例のように、多くは戸ごとに計算するが、絹・綿・生糸・真綿・粟・麦等の現物で収税したであろう。ただ本稿でも既述したように、四川の成国では、丁を対象に穀物を課していた。

（45）内田昌功「北燕馮氏の出自と『燕志』、『魏書』」（『古代文化』二〇〇五―八）は、馮氏を鮮卑、あるいは東北諸族に出るとする。

（46）三崎良章前掲『五胡十六国』一〇九頁。北燕国成立の過程については、大沢陽典「慕容燕から馮燕へ」（『三田村博士古稀記念東洋史論集』立命館大学人文学会、一九八〇）参照。

（47）現在の記録は、暴君苻生を苻法と苻堅がやむなく打倒したという図式になっているが、藤井秀樹「前秦における君主権と宗室」（『歴史学研究』七五一、二〇〇一）は、苻法・苻堅の反乱計画が先にあり、苻生がその鎮圧に失敗したというのが実情であろうとする。

（48）黄烈「前秦政権的民族性質及其対東晋的戦争性質」（黄烈『中国古代民族史研究』人民出版社、一九八七）。黄烈は後述する後秦についても同様な主張をしている。黄烈「古羌、西羌、東羌和后秦」（前掲書所収）参照。この黄烈の議論を中心に、前秦政権の民族的性格をめぐる論争や、後述する淝水の戦いの性格をめぐる論争と問題点を紹介したものに、市来弘志「中国における『淝水之戦論争』について」（『学習院大学文学部研究年報』四二、一九九五）がある。

（49）松下洋巳「前秦苻堅政権の性格について」（『史苑』五七―二、一九九七）、藤井秀樹前掲「前秦における君主権と宗室」。「宗室的軍事封建制」は、谷川道雄の語だが、谷川「五胡十六国史上における苻堅の位置」（谷川前掲書）は、苻堅の治世についてのみ論じている。ただ苻堅以前の時代との相違が、暗黙の前提になっていると思われる。

（50）町田隆吉「前秦政権の護軍について―「五胡」時代における諸種族支配の一例―」（『歴史における民衆と文化―

酒井忠夫先生古稀祝賀記念論集―』一九八二）は、この時代の一碑文の分析を通して、国家末端における部族組織の広範な存在を推定している。これは漢族国家における州郡県組織とは大違いである。前秦の大統一が淝水の戦いの後あっけなく崩壊した基本的な原因はこの辺りにあるだろう。前秦を北魏の統一への過渡的形態とする意見があるが、賛成できない。

（51）苻堅はこれよりまえ前燕を滅ぼした後、関東の豪傑・諸雑夷を関中に移動させるとともに、「処烏丸雑類於馮翊・北地」としており（三七一年）、その後に平城に烏丸府を置いたのである（三八〇年）。これにたいして魏書官氏志に、「其諸方雑人来附者、総謂之烏丸、各以多少称酋・庶長、分為南北部、復置二部大人以統摂之」とあって、これは代国の建国二年（三三九年）の措置らしいから、苻堅は三七六年に代国を滅ぼした直後、その烏丸勢を引き継いで、平城に烏丸府を置いたのであろう。そうすると前秦時代に関中におかれた烏丸と、平城の烏丸と関係あるかどうかわからない。関中の烏丸はもと前燕治下にあった者であろうから、あるいはその起源は古くさかのぼるかもしれない。ともかくこれら烏丸が、諸方雑人の来附した者だということは変わらないであろう。周一良『魏晋南北朝史札記』に「烏丸三百余家」の項目があり、烏丸が部落ではなく家で数えられており、かつての烏丸の部落が解体してしまったことを指摘している。これが代国・前燕・前秦政権下に存在した烏丸の正体である。なお魏書官氏志は、北魏建国の初めの登国元年（三八六年）、代国の南北二部大人の制度を引き継いだとしている。しかしその間に代国の滅亡・前秦の支配が介在するのであるから、登国元年の制度は改めて再建されたものであろう。平城に置かれた烏丸府のその後の情勢もわからないが、このような部族を解体された人々を直接君主の支配下に置こうとする政策が、のちの部族解散のモデルになったということは言えるであろう。

（52）藤井秀樹前掲「前秦における君主権と宗室」では、開戦前後における国軍司令官苻融の立場について論じたなかで、開戦は苻堅の独裁ではなく、東晋の攻勢のあとでは、将軍らの同意をある程度得ていたであろうと推測している。

（53）中国学界では、淝水の戦いの性質について、これを苻堅の側からみて、民族の統一戦争とみるか、民族間の侵入戦争とみるか、論争が行われている。田余慶「前秦民族関係和淝水之戦的性質問題」（『中国史研究』一九八九―一）は、この戦争の二重の性質を認め、しかし結局中国境域内の各民族間の戦争で、中国史上の内戦であって、各族人民に多大の災難をもたらした。階級社会における歴史の進歩は、本来人民の痛苦を代償として得られたものなのだとするその論調に、私は賛成したい。

（54）町田隆吉「後秦政権の成立―羌族の国家形成（その一）―」（『東京学芸大学付属高等学校大泉校舎研究紀要七、一九八三）参照。この論文では、とくに首長の官爵号や、集団の居住形態等の考察が注目される。

（55）資治通鑑巻九四、東晋咸和四年（三二九年）九月条に、「氐王蒲洪・羌酋姚弋仲倶降于虎。虎表洪監六夷軍事、弋仲為六夷左都督」とあり、両者は同時に降ったものであり、また同書巻九五、咸和八年（三三三年）十月条に、「（虎）遣将軍麻秋討蒲洪。洪帥戸二万降於虎、虎迎拝洪光烈将軍・護氐校尉。洪至長安、説虎徙関中豪傑及氐・羌以実東方、曰『諸氐皆洪家部曲、洪帥以従、誰敢違者。』虎従之、徙秦・雍民及氐・羌十余万戸于関東。以洪為龍驤将軍・流民都督、使居枋頭。以羌帥姚弋仲為奮武将軍・西羌大都督、使帥其衆数万徙居清河之灄頭」とある。

（56）五胡十六国時期河西に拠った王国を総称して「五涼」といい、これについては、斉陳駿・陸慶豊・郭鋒『五涼史略』（甘粛人民出版社、一九八八）、趙以武『五涼文化述論』（甘粛人民出版社、一九八九）等がある。五涼とは前涼・後涼・西涼・南涼・北涼をいい、その周辺に西秦・夏等があった。

(57) 陳寅恪『隋唐制度淵源略論稿』（重慶、商務印書館、一九四四）には、中原からの移民によって西北地区にもちこまれた制度文物が、隋唐の制度文物に大きい影響を与えたことが論じられている。

(58) 羽田亨「大谷伯爵所蔵　新疆史料解説」（『羽田博士史学論文集』上巻歴史篇、東洋史研究会、一九五七）。その後この文書を論じた者は多いが、とくに森鹿三「楼蘭出土李柏文書について」「李柏文書の出土地」（森『東洋学研究　居延漢簡篇』同朋舎、一九七五）参照。

(59) 三崎良章前掲『五胡十六国―中国史上の民族大移動―』七九頁。

(60) 西晋の年号を長らく採用していた前涼は、このとき東晋の年号の「升平」を採用するのであるが、その後はまた東晋側の改元に関係なく、升平の年号を使用し続けた。末期にもう一度「咸安」の年号を採用するのであるが、この二回の採用には、その時期の前涼政局の特別の事情があったと考えられる。関尾史郎「前涼『升平』始終―『吐魯番出土文書』劄記二一―」（『集刊東洋学』五三、一九八五）は、その時期の特別の事情を論じている。もっとも張天錫が東晋と交流したことは、かれ個人の歴史からいえば、かれがのちに東晋に亡命する布石になったといえるかもしれない。

(61) 兼平充明「後涼政権下の諸反乱について」（『青山史学』一九、二〇〇一）は、従来苛酷・非寛容だと一概にいわれる後涼史の推移と、それに応じたそれぞれの段階の反乱の性格について述べている。

(62) これよりさき前涼の張駿が同様の政策をとっている。資治通鑑巻九三、咸和元年（三二六年）条に、「張駿畏趙人之逼、是歳、徙隴西・南安民二千余家于姑臧」とある。
(63)　関尾史郎「南涼政権の徙民政策」（『史学雑誌』八九—一、一九八〇）
(64)　唐長孺前掲「魏晋雑胡考」［二］盧水胡。これよりさき周一良「北朝的民族問題与民族政策」（周前掲『魏晋南北朝史論集』）にも、盧水胡を月氏の子孫とする意見がみえるが、史料や論点は少ない。
(65)　黄烈「盧水胡与北涼」（黄前掲『中国古代民族史研究』）
(66)　浜口重国「両漢の中央諸軍に就いて」（浜口『秦漢隋唐史の研究』東京大学出版会、一九六六）参照。
(67)　三崎良章前掲『五胡十六国』には、前仇池・後仇池について述べてある。吐谷渾については、松田寿男「吐谷渾遣使考」（一九三七、『松田寿男著作集』4、六興出版社、一九八七、に再録）、和田博徳「吐谷渾と南北朝の関係について」（『史学』二五—二、一九五一）、後藤勝「吐谷渾に関する二・三の問題」（『史潮』五八、一九五六）等参照。
(68)　侯甬堅・李令福編『走向世界的沙漠古都—統万城』（陝西師範大学西北歴史環境与経済社会発展研究中心、二〇〇三）
(69)　内田吟風「北朝政局に於ける鮮卑・匈奴等諸北族系貴族の地位」（内田前掲『北アジア史研究　匈奴篇』）、谷川道雄「北魏の統一過程とその構造」（谷川前掲『隋唐帝国形成史論』）。ただし谷川はこの措置は「大人の部落統率権剥奪にまでは至っていない」といいながら、他方で「部落統率権を失った旧大人」の措置に言及している。
(70)　古賀昭岑「北魏の部族解散について」（『東方学』五九、一九八〇）、川本芳昭「部族解散の理解をめぐって」（川本前掲『魏晋南北朝時代の民族問題』汲古書院、一九九八）、「北朝社会における部族制の伝統について」（佐賀大学教養部『研究紀要』二一、一九八九）、松下憲一「北魏の領民酋長制と『部族解散』」（『集刊東洋学』八四、二〇〇〇）等。川本は国初太祖の「部落解散」と中期高祖の「部落解放」とを分けることを主張している。高祖のときになって部族解体は進むのであるが、北鎮には部族の伝統が色濃く残っていたとしている。なお太田稔「拓跋珪の『部落解散』政策について」（『集刊東洋学』八九、二〇〇三）は、いわゆる部族解散を北魏の権力集中とは関係ないものとして位置づけている。

（71）中田薫「律令時代の土地私有権」（一九二八、中田『法制史論集』第二巻、岩波書店）、仁井田陞「中国・日本古代の土地私有制」（一九二九―三〇、仁井田『中国法制史研究　土地法・取引法』東京大学出版会）

（72）堀敏一「均田制の成立と土地所有制」（堀『中国古代史の視点』汲古書院、一九九四）。なお堀前掲『均田制の研究』参照。

（73）羈縻州については、劉統『唐代羈縻府州研究』（西北大学出版社、一九九八）参照。なお関連書に、李大龍『都護制度研究』（黒竜江教育出版社、二〇〇三）、彭建英『中国古代羈縻政策的演変』（中国社会科学出版社、二〇〇四）がある。

（74）栗原益男「唐の衰亡」（『東アジアにおける日本古代史講座7東アジアの変貌と日本律令国家』学生社、一九八二）二〇―二二頁参照。

第五章　江南王朝と東アジアの諸国・諸民族

前言―魏晋南北朝時代における諸国の江南王朝への朝貢の意義

前章では五胡十六国時代の諸民族国家について述べたのであるが、その舞台は主として華北、北部中国に限られていた。そこでこの章では、江南の漢人王朝（東晋・南朝）と諸民族国家との出会いを問題にしたいのであるが、それは主に朝貢（交通と貿易）という形で現れている。従来この点の研究は、日本ではいわゆる倭の五王の朝貢を中心として、朝鮮諸国の動向を参考にしながら行われてきた。

しかしもちろん十六国諸国との交流もときにはあったのであり、十六国が北魏に統一されてからは、交流とともに対立もはげしくなり、南の諸国は北方の蠕蠕《ぜんぜん》（柔然《じゅうぜん》）や西方の仇池《きゅうち》や吐谷渾《とよくこん》とも交渉を持とうとした。これは南北対立の情勢のなかでは、重要な戦略的意図をもっていた。江南に姿を現した諸国も、北方と南方との王朝対立を考慮して、両方の王朝に朝貢するものが多かった。このようななかでは、倭国は少数派であった。他の諸国は中国大陸における対立が、ただちにその国家の命運にかかわる点があったのにたいし、倭の場合の国際的関心は、朝鮮半島における対立に局限されていた。中国王朝は先進国としての権威の存するところであり、その権威を利用することが倭国の目的であった。

この時代に南北の諸王朝が朝貢者に与えた職位や、朝貢者自身が自称した職位は、前章の注（31）でも述べたのであるが、中国国内と国外、あるいは漢人と異民族とに関係なく、みな同じ形式のものであって、一定地域の支配権、とくに軍事支配権を賜与もしくは承認するものであり、主として将軍号に一定地域の都督号とその支配下の州刺史・州牧を加えるものであった。そこにしめされた地域には、実効的な支配がなされている場合もあれば、そうでない場合もあったが、そうでない場合も将来的な支配を保証するという意味をもっていたと考えられる。

漢代のように内臣と外臣との区別はなかったから、倭の五王もとくに制度上で外臣として見なされたわけではないであろう。しかしもちろん倭国と中国王朝とが対等であるわけはなく、右の官号を与えられた者は、いずれも中国王朝の臣下であって、それに内外の別が無かったということである。その点で中国皇帝の天下支配は、形式的には漢代より進んだといえるかもしれない。しかし現実には中国皇帝が支配する範囲は、前代より後退している。例えば倭国に官号を与えることで、倭国は中国王朝の支配下に入ったのであるが、倭国にたいして中国王朝の支配は実際にはまったく及んでいなかった。

しかし倭国にかぎらず、東アジア諸国は中国に朝貢することで、中国の天下的思想を輸入して、自国外の諸民族の服属を正当化しようとした。そうすると東アジア世界には、複数の天下的世界が併存するように思われるかもしれないが、そうではなく、各国が諸民族の服属を正当化するためには、中国王朝の承認が必要であった。そのことをしめすのが中国王朝から与えられた官号であった。だから中国王朝を頂点として、天下的世界の階層制が存在するといえるかもしれない。

そのような世界のなかで、倭国は従属する外民族として、蝦夷と朝鮮諸国とを考えていたが、蝦夷には実効的な支配が可能であったとして、朝鮮諸国との間には支配・従属の関係がほとんど存在しなかったと考えられる。朝鮮諸国の間、あるいは諸国と倭国との間では、たがいに支配・従属の関係を設定するための争いが続いていた。そこで倭国が朝鮮支配を主張するためには、中国王朝の承認が有効であると考えられたのである。だから倭国の朝貢の主要な目的は、朝鮮諸国支配の承認をしめす官号を得ることにあったということができる。

中国の官号、とくに官位の役割については、諸国の内部においても重要な意義があった。十六国のなかには漢人の王朝もあったが、その場合はいうまでもなく江南の漢人王朝と関係をもつことが重要であった。胡人の王朝においても、相当数の漢人を支配していたわけであるから、江南王朝との関係を重視する支配者もあった。朝鮮三国や倭国などには、ごく少数の漢人移民があったにしても、君主の支配権が中国王朝に認められたことそれ自体が、君主の支配に権威をもたせ、それを強化する役割をはたした。また十六国の一部や百済や倭国においては、臣下に中国王朝の官位が直接付与される場合があったが、それはむろん君臣関係の序列を定め、その関係を強化するために行われたのである。

前章までは、華北における五胡十六国の支配までで筆をとどめ、北魏以後の北朝に及ばなかったが、南方の東晋時代にはまだ朝貢国が比較的少なく、それ以後が重要になるので、その大勢をみるために、本章ではなるべく南朝全般に言及することにする。

一　江南王朝と北方内陸の諸国家

1　五胡諸政権と東晋・宋朝

五胡諸政権のうち、東晋と緊密な関係をもち続けたのは前燕の慕容《ぼよう》氏であった。慕容氏は早くから西晋に従い、鮮卑単于・鮮卑都督等の号をもらっていた。慕容廆《かい》が遼東の覇権を握ったので、東晋は何度かこれを冊封しようとしたが、廆は受け入れなかった。そのころ匈奴国家（前趙・後趙）が独立していたので、それに影響されたのかもしれない。この段階では東晋の方が北方の情勢に関心があったのである。結局三二一年になって、東晋は慕容廆を監平州諸軍事・安北将軍・平州刺史に任命し、ついで使持節・都督幽平二州東夷諸軍事・車騎将軍・平州牧・遼東郡公に進めた（載記・通鑑・晋書元帝紀）。

慕容廆のあとをついだ慕容皝《こう》は、三三七年燕王の位に即いたが、東晋では異姓を王に推す例がないという論議が白熱した後で（通鑑）、成帝は反対を押し切って、三四一年慕容皝を使持節・大将軍・河北諸軍事・幽州牧・大単于・燕王に任じた。三四九年に慕容儁《しゅん》が燕王を継ぐと、東晋は使持節・侍中・大都督・都督河北諸軍事・幽冀并平四州牧・大将軍・大単于・燕王の位を贈った（載記）。三五二年儁が皇帝の位に即いたので、東晋との冊封関係は途絶えたが、皇帝になった儁は、今度は自らが冊封の権利をもつことになり、さっそく高句麗王釗《しょう》を営州諸軍事・征討大将軍・営州刺史・楽浪公・高句麗王に任じた（載記）。

慕容氏が皇帝になる以前、歴代東晋に朝貢し、その官位をもらった理由は国初から晋王朝の後援をえていたこともあるが、それが続いた主要な理由は、遼東から興ったかれらの南方に前趙・後趙、とくに後趙石氏の強大な勢力をひかえていたからであろう。慕容儁が帝位に即いたのは、ちょうど石氏を継いだ冉閔《ぜんびん》が滅んだ年である。

後趙の石勒は、三三〇年皇帝の位に即いて、その三年後東晋に使者を送って修好を求めた（通鑑）。それは即位後であったから、もちろん朝貢ではなく、対等の国交をはかったのであるが、この時代には国家関係も、人臣と同様に名分にしたがって律せられたから、東晋は石勒の使者を受け入れなかった。

北燕を建てた実力者の馮跋《ふうばつ》は、末年江南の宋朝に臣属したとも伝えられるが、これは晋書載記の伝える所で、十六国春秋や魏書や通鑑は、妾の宋夫人の裏切りと弟の馮弘の決起に驚いて死んだと伝えている。このことは前章で述べた。

前秦は苻健が河南の枋頭《ほうとう》から長安に向かうとき（三五〇年）、晋の征西大将軍・都督関中諸軍事・雍州刺史と称したということであるが、これは東晋から与えられたのではなく、その権威を利用すべく自称したものであるらしい。苻堅は中国的国家の建設をめざしたが、東晋と連絡した形跡はない。むしろ淝水《ひすい》の戦いで東晋に敗れたことは周知のことである。つぎの後秦は劉裕の北伐によって滅んだ。

河西に建国した前涼はもともと西晋の官僚が建てたもので、漢人国家であったから、東晋の建国を支持し、終始東晋と連絡をとり続けた。しかし東晋に入貢するなら東晋の年号を用いなければならないのであるが、この国は建興という西晋の年号を用い続けた。元来が西晋の官僚であったから、その地位に固執したのであろうか。

張駿のとき前涼の臣下は涼王と称することを勧めたが、駿は臣下の立場を守って承知しなかった。その子の重華は仮涼王と称したが、東晋は涼州牧以上は許さなかったから、涼州の官吏らの推薦で雍《よう》・秦・涼三州牧に就任した。その後内乱が起こってこの国は衰え、重華の弟の天錫が実権を握り、西晋の年号の建興に代えて、東晋の升平を用いたが、やがて天錫は国を失って、前秦を経て東晋に逃れた。

敦煌・酒泉に西涼を建てた李暠《りこう》も漢人であったから、東晋にも朝貢したが、江南と連絡するのが容易でなく、東晋からの任命は行われなかった。その子の李歆《きん》にいたって、東晋は持節・都督七郡諸軍事・鎮西大将軍・護羌校尉・酒泉公の位を与え、ついで鎮西から征西大将軍に格上げしたが、やがて北涼に国を奪われ、かれも戦死することになる。

河西の異民族政権のうち、北涼だけが東晋と次代の宋の冊封をうけた。北涼の沮渠蒙遜《そきょもうそん》は国初に漢人の段業を建てたように、漢人の支持をとくに気にしていた点があるのかもしれないが、とくに南涼との抗争が激しく、南涼滅亡後には西涼・西秦との抗争もあった。そこで東方の後秦や南方の東晋・南朝との連携を考えたのであろう。東晋・南朝との交通からどの程度実質的な利益があったかわからないが、東晋からは涼州刺史の地位を公認され、宋からは都督涼秦河沙四州諸軍事・驃騎大将軍・涼州牧・河西王の位をもらった。子の牧犍《もくけん》も宋に入貢し、都督の地位を踏襲し、征西大将軍に任じられた。

しかし蒙遜の末年には北魏の勢力が迫ったので、かれは北魏にも入貢し、仮節・加侍中・都督涼州及西域羌戎諸軍事・行征西大将軍・太傅・涼州牧・涼王の位をもらった（魏書世祖紀）。牧犍の代になって、北魏は使持節・侍中・都督涼沙河三州西域羌戎諸軍事・車騎将軍・開府儀同三司・領護西戎校尉・涼州刺史・河西王の位を授け、ついで北魏の太武帝は妹の武威公主と牧犍を結婚させたが（以上通鑑）、北魏がもくろんだのは、五胡十六国のうち最後に残ったこの北涼を滅ぼすことによって（四三九年）、華北を統一することであった。

2　北朝と南朝

こうして南北朝が対立する局面に入るのであるが、南北両朝の間には、戦争とともに当然和平が結ばれ、交流の行われる時期があった。これらのことは宋書索虜伝、南斉書魏虜伝、魏書島夷劉裕伝・島夷蕭道成伝・島夷蕭衍伝等にもっとも詳しく出ている。南北ともに皇帝を戴く独立国であるから、実際は対等な交際であるべきなのであるが、ここでも「天に二日無く、土に二王無し」という大義名分論がはたらく。

そこで魏書では宋代から梁代まで一貫して、「遣員外散騎侍郎田廉・員外散騎侍郎祖徳朝貢」というように、「朝貢」の語を用いている。江南王朝の使節が北魏に朝貢したというのである。その際右のように具体的に使節の名が記されているから、実際にあった交流の記録として信頼できる。この点魏書本紀では、「劉義隆（宋の文帝）遣使朝貢」というように省略されている。梁末に北魏は東西に分裂するのであるが、梁は東魏・北斉と頻繁な交流があって、北斉書本紀は「遣使朝貢」の語を踏襲している。

南朝最後の陳朝が建ったときには、北斉書本紀に、陳覇先（武帝）が「使を遣わし藩と称して朝貢」したと記し、王朝交替時に一時臣属の礼をとったかと思わせるが、その後は「陳人来聘《へい》」「周人来聘」と記す。

北斉末に近く（五七〇年）「兼散騎常侍裴献之に詔して陳に聘せしむ」という具体的な記録もある。これは派遣した側の記録であるから、「聘」は派遣した側にも派遣された側にも使われる語で、王朝の弱体化とともに、朝貢扱いができなくなったことを示すものであろう。周書には「陳、使を遣わして来聘す」「隋、使を遣わして来聘す」とある。ただし朝鮮諸国や柔然・突厥・吐谷渾等、異民族国家の場合には、依然「使を遣わして朝貢す」と言われている。

一方南朝側の記録はどうなっているかというと、宋書索虜《さくりょ》伝には、劉裕のときに「使を遣わして和を求め、是れより使命歳ごとに通ず」と記し、ついで「其の後燾《とう》（太武帝）、又使を遣わして好《よし》みを通じ、并びに婚姻を求む、太祖（文帝）毎に之れに依違す」とあり、通婚の要求にはよい返事をしなかったことがわかる。やはり文帝のとき「此の後復《ま》た和を通ぜんことを求む」といい、北魏側からの書信を載せて、「彼此和好、居民連接、日為ること已に久し、……今猟白鹿馬十二匹并びに氈《せん》薬等の物を送る」とある。明帝のとき「此の後虜復た和親し、信餉《しんしょう》歳ごとに至る、朝廷も亦厚く相報答す」と記す。餉は一般には食料を表すが、物をおくる場合にも使用するので、この場合は後者であり、友好の意向をしめす進物という意味で使われている。宋書明帝紀には「索虜、使を遣わして方物を献ず」と記されている。南斉書魏虜伝には、「宋の明帝末年、始めて虜と和好し、元徽・昇明の世、虜使歳ごとに通ず」とある。元徽は明帝の次の後廃帝の、昇明はその次の順帝（宋の最後の皇帝）の年号である。その後斉朝に入るのであるが、そこには「永明元年（四八三年）冬、驍騎将軍劉纘・前軍将軍張謨《ぼ》を遣わして虜に使いせしむ。明年冬、虜使李道固報聘し、……此れより歳ごとに使往来し、疆場《きょうじょう》事無し」とあり、宋の末年から斉の二代目の武帝以来、平和が続いたことを記している。

南朝側では朝貢というような形式はとれなかったのであろう。同じ索虜伝のなかに、「海東諸国、並びに[使]を遣わして朝貢す」とあって、北朝との「通和」「和好」は、明確に朝貢と書き分けられているのである。それでも通和は国家間の使節交換であって、貿易とはまったく別である。ところが北魏からは貿易の要求もあった。やはり索虜伝に、「世祖（孝武帝）即位するに、索虜、互市を求む」という記事があり、このときには許可すべきかどうか、臣下の間で議論が紛糾した末、ようやく許可することに決したという。これは進物を携えた国家間の使節交換とは違い、民間をもまきこむ貿易の要求であったから、名分論どころではなく、国家の統制を外れかねないと考えられたのであろう。国家が積極的でなかったせいか、具体的な貿易の実態は明らかでない点が多い。

3　北朝をとりまく国々と南朝（1）仇池

南朝にとって北朝は潜在的な敵国であったから、北朝側の通婚や互市の要求を警戒したのであるが、北朝が北方の漢地に強大な統一国家を造ったとはいえ、なおその周囲には征服されない若干の異民族国家があったので、南朝はそれら異民族国家との交流に力をいれた。北魏は五胡十六国を滅ぼして華北を統一したのであるが、既述のように十六国に数えられない若干の国家が西方に残っていた。その主なものが仇池と吐谷渾の二国であった。また北方のモンゴル高原には、北魏が華北に入った後に、まず柔然（蠕蠕、芮芮《ぜいぜい》）が興り、柔然の後に突厥が興った。南朝はこれらの国との交流をはかり、背後から北朝を牽制しようとした。

仇池の歴史は、[1]宋書氏胡伝、南斉書氐伝、梁書諸夷伝、魏書氐伝等にまとめられている。仇池は甘粛の東南隅の四川・青海に接する土地の名で、ここに国を建てた楊氏は、前秦の苻氏と同じ略陽（甘粛）出身の氐族である。楊氏は部落の大帥であったといわれ、後漢の末に仇池に移り、その後強敵の襲撃や一族内の争いをへて、楊初なる者が覇権を握り、はじめて仇池公と名のって石虎に臣属した。ついでかれは東晋に朝貢して、三四七年使持節・征南将軍・雍州刺史・平羌校尉・仇池公の位をもらった（宋書氐胡伝、通鑑）。その後一族内の争いは続き、暗殺される者も出たが、東晋の冊封を受け続けた。しかし三七一年苻堅の征服をうけて、その住民は関中に徙民された。

苻堅の死後、楊定は隴右（甘粛）に走り、龍驤将軍・平羌校尉・仇池公と自称して、東晋に朝貢したので、孝武帝はその自称をそのまま公認し、仇池郡を復活して、持節・都督龍右諸軍事・輔国大将軍・開府儀同三司・平羌校尉・秦州刺史に任命した。定はさらに天水略陽の地をも得て、龍西王と号した。定が戦死したのち、楊盛が北魏に附して仇池王の地位をえたが、後秦に隔てられて朝貢が続かなかった。一方仇池は東晋領の四川に接していたから、東晋との交通は容易であった。そこで三九九年東晋に朝貢し（晋書安帝紀）、安帝から輔国将軍・平羌校尉・仇池公に任命された。四〇五年後秦の姚《よう》興に攻められて、一時子を質に入れて屈服したが、その後また東晋の冊封をうけた。劉裕が宋朝を興すと、盛を車騎大将軍とし、武都王に改封した。一族にもそれぞれ将軍号が与えられた（宋書武帝紀）。

四二五年盛が死んで、長子の玄が立ち、宋の文帝から使持節・征西将軍・平羌校尉・北秦州刺史・武都王に任じられたが、華北を統一した北魏の太武帝は、四二七年使者を派遣して、玄を征南大将軍・都督・梁州刺史・南秦王とし、北魏の内藩に準ずる地位を与えた。

玄の死後、弟の難当が玄の子の保宗の位を奪ったが、これが仇池勢力の没落のきっかけになったといえよう。難当は宋に朝貢し、四三六年自立して大秦王と称し、建義という年号を立てたが、飢饉に遭ってまた武都王に戻した。かれは北魏の上邽《じょうけい》（甘粛天水）を攻撃しようとして失敗し、さらに四川を奪おうとして、逆に宋の将軍に敗れて仇池をも棄て、北魏に亡命した（四四二年）。

これよりさき保宗は北魏に亡命し、太武帝はかれを征南大将軍・秦州牧・武都王として、公主と結婚させた。上邽に侵入した難当を破ると、北魏は保宗をその地に鎮守させた。しかし保宗も翌年謀反を図って捕らえられ、北魏にいた難当の手で殺された。この年（四四三年）北魏軍は仇池を占領し、仇池は北魏領となった。

これにたいし、保宗の弟の文徳が氐・羌族に擁立されて、仇池を囲んだが撃退された（魏書世祖紀・古弼伝）。文徳は宋に救いを求めたが、北魏軍に逐われて漢中に逃げこんだ。その後も文徳は宋の力を借りて仇池の奪回を図ったが、成功しなかった。文徳がたまたま宋の叛将に殺されてから、旧仇池の氐族を統合する首長はしばらく出なかった。やがて楊僧嗣とその後継者楊文度が出て、一時仇池を占領したが、すぐ北魏に奪回された。楊文度の死後、弟の楊文弘は氐族の昔の根拠地の略陽に近い武興に移り、武興王と自称した。これより楊氏の家系は六世紀まで続くのであるが、南朝にとっては北朝の南下を防ぐ最前線であったから、南北両朝の間で翻弄されながら、主として南朝の保護を受け続けた。

4　北朝をとりまく国々と南朝（2）吐谷渾・柔然

吐谷渾については、魏書・晋書・宋書・南斉書・梁書の各書にまとまった伝がある。吐谷渾が鮮卑慕容氏の一族から出たことは前章でふれたが、慕容氏の先祖に渉帰（一名奕《えき》洛韓）という者があり、その庶長子の名を吐谷渾といったのだという。その弟は若洛廆《かい》あるいは慕容廆で、嫡子であったので部落を継いだ。庶子の吐谷渾は西方に移動して、まず湟《こう》水流域から黄河上流や青海周辺にたどり着き、のちには青海のはるか西方にまで領土をのばした。(2) 宋書の鮮卑吐谷渾伝は、吐谷渾のことを「阿柴虜《あさいりょ》吐谷渾」と呼んでいるが、宋書や魏書には「西北諸雑種、謂之為阿柴虜」と伝えられている。松田寿男によると、阿柴虜は漢末頃から河西をめざして集まってきた諸族によって形成された集団で、吐谷渾がここに覇を称えたために、吐谷渾がその名で呼ばれたのだという。(3)

晋書吐谷渾伝には、首長の樹洛干《じゅらくかん》が大都督・車騎大将軍・大単于・吐谷渾王と自称したといい、部衆にむかって「遠く天子に朝せん。諸君以て何如と為す」と言ったというから、はやくから東晋に朝献する意向があったらしいが、西秦の乞伏乾帰がこれを邪魔し、乞伏氏に敗れたため実現しなかった。宋書はこれを義熙初年（四〇五年頃）のことと記している。

宋代に入って四二三年、樹洛干の弟の阿犲《あさい》が使者を派遣して朝貢し方物を献じたので、宋朝では詔とともに督塞表諸軍事・安西将軍・沙州刺史(4)・澆《ぎょう》河公の位を贈ったが、「未だ拝受するに及ばず」といい、四二六年また位を贈ったが、到着しないうちに阿犲が死んだという。東晋から吐谷渾にいたる道がかなり困難であったことが想像される。

そのあと弟の慕璝《ぼかい》が立ち、四二九年使者を送って上表したところ、翌年文帝から督塞表諸軍事・征西将軍・沙州刺史・隴西公の位が贈られた。一方慕璝は北魏の太武帝のもとにも朝貢していたらしい。このころ夏の赫連定は太武帝の攻撃をうけて、西方に逃れる途中慕璝に捕らえられ、慕璝の手で北魏に送られた。しかしその後北魏との関係は疎遠になった。他方東晋には四三二年にも朝貢し、使持節・散騎常侍・都督西秦河沙三州諸軍事・征西大将軍・西秦河二州刺史・領護羌校尉に任命され、隴西王に進められた。

その後、弟の慕延（魏書・通鑑では慕利延とする）が立ち、四三七年鎮西大将軍に上せられ、翌年慕璝と同様の官をもらったが、翌四三九年河南王に改封された。河南は黄河上流の甘粛西南から青海にいたる地域をさすのであり、河南王の称号は最初乞伏氏が称していたのであるが、四二九年吐谷渾は乞伏氏を破って河南の地を占領したために、右記のように、その君主慕璝は宋に朝貢し、そのとき河南王と自称したのであるが、宋は隴西公の地位を与えたにすぎず、その後隴西王に進めたが、河南王の地位は認めなかった。それが四三九年になって河南王に封じられたのは、この年北魏が北涼を滅ぼして華北を統一したため、宋にとって北魏の脅威が増し、それだけ吐谷渾の地位が一層重要になったからである(5)。

ところが四四四年以降、北魏の太武帝は吐谷渾への攻撃をはじめ、慕延は敗れて西方白蘭（青海）に走り、さらに于闐《うてん》（新疆和田《ホータン》）に入ってその王を殺したという。四五〇年慕延は宋に使者をよこして、西方諸国の産物と思われる黄金の酒器や釧（腕輪）等を献じて、牽車（田に水を引く道具(6)）を求めたので、宋はその要求に応じた上、領内の越嶲《えつけい》郡（四川南部）に入ることを許したが、北魏の攻撃が中断したので、吐谷渾は旧領に戻った。

慕延（慕利延）が死んで、拾寅《しゅういん》が立つと、四五二年宋の文帝から安西将軍・河南王に封じられた。督諸軍事や刺史や護羌校尉の地位は前代を踏襲した。四六一年孝武帝にも朝貢して馬羊等を献納した。四六七年明帝はかれを征西大将軍に進めた。二年後にも拾寅の朝貢は続いた。以上は主として宋書の記すところであるが、南斉書には拾寅は宋末に車騎大将軍に任じられたと記されている。

四七九年斉が宋に代わると、拾寅を驃騎大将軍というかなり高い地位に進めた。王朝開幕時の昇進ではなく、前代派遣されていた王世武なる者が、拾寅の使者とともに朝献してきたからだという。このときの詔に、「王世武至り、元徽五年（四七七年）五月二十一日の表を得。……今詔して徽号を升せ、以て忠款に酬ゆ。王世武を遣わして銜命拝授せしむ」（南斉書河南伝）とあり、王世武に詔をもたせて、もう一度吐谷渾に派遣したように思われる。

ところが同じ詔中に、「又王世武等をして芮芮に往かしむ。云々」とあり、あらためて芮芮すなわち柔然に使いさせたようにも受けとれる。しかし王世武の柔然派遣の記事はほかに無く、南斉書芮芮虜伝には、「昇明二年（四七七年）、太祖（高帝）輔政、驍騎将軍王洪範を遣わして芮芮に使いせしむ。期を剋《き》めて共に魏虜を伐たしむ。建元元年（四七九年）八月、芮芮主三十万騎を発して南侵し、平城を去ること七百里、魏虜拒守して敢えて戦わず、芮芮主燕然山下に於いて猟を縦にして帰る」とあり、また「永明元年（四八三年）、王洪範京師に還る。経途三万余里」とある。このことは資治通鑑、高帝建元元年条に、「上の宋を輔くるや、驍騎将軍王洪範を遣わして柔然に使いせしめ、与に共に魏を攻めんことを約せしむ。洪範、蜀より吐谷渾に出で、西域を経て乃ち達す。是に至りて、柔然十余万騎魏に寇し、塞上に至りて還る」とあって、宋末王洪範を柔然に派遣して、南北から北魏を挟撃しようとしたのであるが、この使者は吐谷渾・西域を経て柔然に達したのであり、吐谷渾がその連絡路になっていて、宋・斉にとって重要な位置を占めていたことがわかる。その効果はただちに現れ、派遣の翌々年柔然の北魏攻撃があったのであるが、王洪範自身が帰ってきたのはそれより四年後であった。柔然にしばらく滞在していたのではないかと思われる。

　柔然は北魏攻撃に出たばかりでなく、南朝に朝貢するようにもなった。通鑑建元三年（四八一年）九月条に、「柔然主、使を遣わして来聘し、与に書を上る。……共に魏を伐つことを約す」とあり、また南斉書芮芮虜伝に、「芮芮主、医工等の物を求む」とあるが、斉はその期待に沿わなかったらしい。梁書諸夷伝によると、五一五年、五二〇年、五四一年等に朝貢の記録があり、貂の毛皮や馬・金等が献上された。五二〇年以後も数年に一回来朝していたという。通鑑永明三年（四八五年）六月条に、「給事中呉興の丘冠先[7]を遣わして河南に使いし、並びに柔然の使を送らしむ」とあるから、柔然の使者の往来も吐谷渾を通っていたのが証明される。

　四八一年吐谷渾の拾寅が死んで、子の度易侯（南斉書は易度侯とするが、梁書・通鑑に従う）が立つと、斉は車騎大将軍（通鑑は車騎将軍とする）に任命した。四九〇年度易侯が死に、子の休留茂（梁書は休留代とする）が立ち、斉は鎮西将軍に任じたが、梁が代わると、征西将軍に進めた。そのあと子の伏連籌が爵位を継ぎ、五一四年以降、しばしば朝貢し、隣接する益州（四川）の民と通商を行っていた。そのあとは子の夸呂《かろ》（呵羅真[8]）が継ぎ、はじめて可汗と称したという（周書異域伝）。梁は五二九年かれを寧西将軍に任じた。以上のように歴代の吐谷渾主はそれぞれ違った将軍号をもらったのであるが、都督西秦河沙三州諸軍事・領護羌校尉・西秦河二州刺史・河南王の地位は世襲していた。北魏が東西に分裂すると、夸呂は西魏・北周・北斉に朝貢した。

仇池や吐谷渾について、もう一つ注意しておきたいことがある。以上の叙述では君主の任命にのみ言及したのであるが、しばしばその際君主の近親にも位が与えられていることである。例えば、最初に述べた楊初が東晋から使持節・征南将軍・雍州刺史・平羌校尉・仇池公に任じられたとき、その子の国は鎮東将軍・武都太守を授けられており、盛が宋初車騎大将軍・武都王に改封されたとき、長子玄は武都王世子・前将軍に、その弟の難当は冠軍将軍に、撫は安南将軍に任じられた（宋書氐胡伝）。

吐谷渾の例を挙げれば、宋の文帝が慕瓚を使持節・散騎常侍・都督西秦河沙三州諸軍事・征西大将軍・西秦河二州刺史・領護羌校尉・隴西王に任じたとき、弟の慕延（利延）は平東将軍に、兄樹洛干の子の拾寅は平北将軍に、阿豺の子の煒《い》代は鎮東将軍に任じられた。次に慕延が立って、鎮西大将軍・河南王に改封されたとき、拾虔の弟の拾寅は平西将軍に、慕延の庶長子繁暱《はんじつ》は撫軍将軍に、嫡子の瑍《かん》は左将軍・河南王世子に任じられた。拾寅が征西大将軍に進められてまもなく、弟の拾皮は平西将軍・金城公に任じられた（宋書鮮卑吐谷渾伝）。このような例はいくらも挙げられる。これら一族の叙任については、異民族君主の側からの要請があったのかもしれない。その蓋然性がつよいが、確認はできない(9)。

二　江南王朝と南方海上からの来航国

1　朝鮮諸国家（1）高句麗

当時の朝鮮は高句麗・百済・新羅の三国に分かれて戦い、朝鮮半島の覇を競っていたのであり、それに南方からの倭国の侵入があった。そのような情勢が、諸国の中国通交の主要な理由になったのであって、かれらが中国から与えられる位は、かれらと中国王朝との関係を律するだけでなく、そのままかれら朝鮮諸国や倭国をふくむ当時の東アジア世界のなかにおいて、諸国の国際的地位をしめす指標ともなったのである(10)。

右の諸国のうち、高句麗は北朝と南朝の双方に通交した。本節の表題を「南方海上からの来航国」としたが、高句麗の場合は北朝に通交するのに、海上からも陸上からも到達しえたと思われる。百済は一度北朝との国交締結に失敗し、もっぱら南朝への朝貢に集中した。倭国も同様南朝、それも東晋・宋朝の時期にかぎって朝貢した。新羅はおくれて南朝・北朝に姿を現した。

まず高句麗の南朝への来貢から始めよう。高句麗のことは晋書に専伝がないが、晋書本紀には、成帝咸康二年（三三六年）二月条に、「高句驪、使を遣わして方物を貢す」とあり、康帝建元元年（三四三年）十二月条に、「高句驪、使を遣わして朝献す」とあり、安帝義熙九年（四一三年）条に、「是歳、高句麗・倭国及び西南夷銅頭大師、並びに方物を献ず」とある。冊府元亀外臣部朝貢には、成帝・康帝紀の同文を載せるが、安帝紀の文は採用漏れか載せていない。しかし宋書夷蛮伝東夷高句驪国条は、成帝・康帝期の朝貢を載せていないので、この初期の朝貢のくわしい内容はわからない。ただし高句麗内で出土した墓塼《せん》に「泰寧五年（三二七年）」「咸和十年（三三五年）」「建元三年（三四五年）」「永和八年（三五二年）」「永和九年（三五三年）」等の年号が記されており(11)、有名な安岳三号墓（第五章参照）には「永和十三年（三五七年）」の年号があるから、高句麗の南朝朝貢が早くから始まっていたことと、東晋の年号を用いていたことが知られるのである。

宋書夷蛮伝は安帝時期の朝貢から始まる。それは「高句驪王高璉（長寿王）、晋の安帝の義熙九年、長史高翼を遣わし表を奉じて赭白馬を献ず。璉を以て使持節・都督営州諸軍事・征東将軍・高句驪王・楽浪公と為す」という文で始まるのである。興味深いのは高璉に与えられた官号である。これよりさき三四一年、高句麗王釗《しょう》（故国原王）は前燕慕容皝の襲来によって、都の丸都を陥れられ、父の墓を暴かれて屍を奪い去られ、母を虜にしてつれ去られた。釗は翌年前燕に朝貢して臣下の礼をとり、父の屍を取り返したが、母は人質として前燕に留められた。皝の子の慕容儁が皇帝の位に即くと、三五五年釗は前燕に朝貢し、「営州諸軍事・征東大将軍・営州刺史・楽浪公・高句麗王」に冊封され、母を返してもらった(12)。このときの官号を東晋から贈られた官号と比べれば、前燕から贈られた官号とほぼ同じであって、高句麗王が前燕の官号を自称して、東晋に要求したものと思われる。後述する倭王の場合の参考になる。ただこのとき東晋はまだ大将軍を贈るつもりはなく、征東将軍しか与えなかった。

なお高句麗の前燕にたいする臣事の時期と、さきの東晋の年号使用時期とを比べれば、前燕臣事の間も、高句麗は東晋の年号を用いつづけたのではないかと推測される。

その後劉裕が宋朝を開いたときに（四二〇年）、建国を記念して諸国の王の官号を進めた。このとき高句麗王も征東大将軍に格上げされたが、これは諸国の使節派遣があったわけではなく、宋朝の建国を祝賀して一方的に行われたもののようである(13)。その後、「三年、璉に散騎常侍を加え、督平州諸軍事を増す」とあるが、「三年」とはいつのことか、文脈からみると劉裕即位の三年のことのように思われるが、はっきりしない。

宋書本紀には、少帝の景平元年（四二三年）三月条に、「是月高麗国、使を遣わして朝賀す」とあり、翌二年二月条に、「高麗国、使を遣わして貢献す」とあるが、夷蛮伝には後者のみを伝えて、「少帝景平二年、璉、長史馬婁等を遣わし闕《けつ》に詣りて方物を献ず」と記し、宋はそのとき答礼の使者を派遣したらしく、皇帝の詔が載せられていて、そのなかで、「皇帝問う。使持節・散騎常侍・都督営平二州諸軍事・征東大将軍・高句驪王・楽浪公」と呼びかけている。これは前記「三年」に加えられた平州にたいする権利を含んで、右のような号になったのである。

宋書夷蛮伝には、これより「璉、毎歳遣使す」と記されている。そして孝武帝の大明七年（四六三年）、車騎大将軍・開府儀同三司に進められた。その後も相変わらず「貢献絶えず」といわれている。

南斉書東夷高麗国伝によると、斉朝建国時の建元元年（四七九年）に、さらに驃騎大将軍に進められたというが、これも開国の祝賀行事であったらしい。高句麗が実際に使者を派遣して朝貢するのは、二年後の建元三年のことである。四九四年、璉の後を継いだ雲（文咨明王）を使持節・散騎常侍・都督営平二州諸軍事・征東大将軍・高句麗王・楽浪公に冊封した。南斉書の高麗伝はこの後が欠落しているが、斉の滅亡までいくらもない。梁書諸夷伝東夷高句驪条によると、そのあと武帝の即位時（五〇二年）に車騎大将軍に進められ、さらに天監七年（五〇八年）に、撫東大将軍・開府儀同三司に任じられた。雲の次の安（安臧王）は、五二〇年、爵位を継いだうえ、寧東将軍に任じられた。これらをみると、歴代高句麗王・楽浪公や都督の範囲は変わらなかったが、将軍号は前代より低い官が与えられ、その後時期をみて高い官に進められるのが常であったらしい。

高句麗の朝貢は南朝にかぎらず、北朝にたいしても行われたが、南朝への朝貢の方がはやくから始まり、相当頻繁に行われた。ところが四三四年北魏が北燕を隷属させると、その勢力が高句麗の国境地帯に迫ったため、北魏に通貢するようになり、魏書世祖紀太延元年（四三五年）には、「高麗・鄯善国並びに使を遣わして朝献す」とあり、同書高句麗伝には、「世祖の時、釗の曾孫璉、始めて使者安東を遣わして方物を貢す。……世祖其の誠款を嘉し、……員外散騎侍郎李敖を遣わして、璉を拝して都督遼海諸軍事・征東将軍・領護東夷中郎将・遼東郡開国公・高句麗王と為す」とある。その後両国の間に多少のいきちがいもあったが、孝文帝以後は連年使者を送り、とくに太和十二年（四八八年）以後五年ほどは一年に二回使者を派遣している。

四九一年璉が死に、その孫の雲が官を世襲したが、五一九年雲が死んだとき、車騎大将軍を贈られた。跡継ぎの安は安東将軍であったが、北魏末の五三一年次代の延（安原王）が立ったとき、また車騎大将軍となり、東魏に入って驃騎大将軍になった。高句麗は西魏にも朝貢し、そちらでは車騎将軍・領護東夷校尉・遼東郡公であり、北周が北斉を併合したとき、高湯（平原王）は上開府儀同・大将軍・遼東郡開国公・遼東王となった。これは隋代に入っても続き、湯の子の元（嬰陽王）にも継承された。

2　朝鮮諸国家（2）百済

百済の江南王朝への朝貢は、晋書簡文帝紀咸安二年（三七二年）正月条に、「百済・林邑王各おの使を遣わして方物を貢す」とあるのが初見である。ついで同年六月条に、「使を遣わして、百済王余句（近肖古王）を拝して鎮東将軍と為し、楽浪太守を領せしむ」とあるから、正月の朝貢に答礼の使者が派遣され、冊封が行われたのである。

ところが我が国の天理市の石上神宮に、百済王が倭王に贈ったとされる七支刀が蔵されており、その銘文に、

「泰□四年□月十六日丙午正陽、造百練□七支刀、□辟百兵、宜供供侯王、□□□□作。」

とあり、この「泰□四年」を最も有力な説にしたがって、東晋の太和四年（三六九年）とするならば、百済王の東晋朝貢はもっと早くなるばかりでなく、百済が東晋の年号を用いていたことも証明される。百済は高句麗と長年戦い、このころ勝利を得たところであるから、この有利な状態を確保するために、東晋および倭と連携する必要があったのである。このうち東晋には臣属していたのであるから、倭国にも臣属したという説は成り立たない。

なお念のために言えば、三九一年（広開土王即位の年）以後の広開土王（好太王）碑に、

「倭以辛卯年来、渡□破百残□□新羅、以為臣民。」

とあるのによれば、百済・新羅が倭の臣民になったように思われるが、国際関係をとかく主従関係によって見ようとする高句麗側の見方であることに留意すべきであると思う。本節の冒頭にも述べたように、当時は近代のような国家間の関係を平等とする見方はなく、なんらかの身分的な関係とみるのが一般的であったのである。

さて百済と東晋のその後の関係をみると、晋書孝武帝紀太元九年（三八四年）条に、「百済、使を遣わして来たり、方物を貢す」とある。これは梁書諸夷伝百済条に、「晋太元中、王須……生口を献ず」とあるもの

で、須は近肖古王の次の近仇首王の名である。ところが三国史記百済本紀に、この王の時代の使者は海上で悪風にあい、途中から引き返したといい、次の枕流王即位の三八四年に朝貢したとある。これが梁書の太元中の使者であり、同書の「王須」の名は訂正する必要がある。

右の二年後の太元十一年（三八六年）夏四月条には、

「百済王世子余暉《き》（後の阿莘王《あしん》）を以て、使持節・都督・鎮東将軍・百済王と為す。」

という記事がある。このときの百済王は辰斯王で、世子が冊封の対象になっているのは珍しい。しかも授けられたのは、本来なら王に与えらるべき将軍号・王号である。この世子余暉は前王の子であるが、まだ幼少であったため、前王の弟の辰斯王が王位に即いたといういきさつがある。そしてこの辰斯王の後には世子余暉が立って、阿莘王となった。このようなことが予定されていたため、右のような称号授与が行われたのであろうか(14)。

晋書には馬韓・辰韓の伝があるが、百済伝はなく、宋書夷蛮伝東夷百済国条が、「義熙十二年（四一六年）、百済王余映（腆支王《てんし》）を以て、使持節・都督百済諸軍事・鎮東将軍・百済王と為す」という記事からはじまる。三国史記は四〇六年二月に使者を晋に派遣したことを記し、四一六年東晋の冊封があったことを記す。最初の三七二年と同様、はじめ使者が来て、それにたいして百済国伝の冊封があったのである。このときの冊封は前代の位を引き継いだものと思われるから、おそらく三七二年の最初から、都督百済諸軍事・鎮東将軍・百済王であったのであろう。

宋代に入って、少帝の景平二年（四二四年）、映は長史張威を派遣したが、翌元嘉二年（四二五年）、太祖文帝は「皇帝問う、使持節・都督百済諸軍事・鎮東大将軍・百済王……」という詔を降した。この場合は開国のお祝いではなく、「皇帝問う」という呼びかけの言葉も示すように、実際の使節を通して位が授けられたのであるが、やはり開国時とて大将軍に格上げされている。その後毎年朝貢したというが、元嘉七年（四三〇年）、百済王余毗《ひ》（毗有王）に映の爵号を授けた。ついで孝武帝の大明元年（四五七年）余毗の子の慶（蓋鹵《がいろ》王）の使者が来て襲爵を求めたので、やはり同じ爵を授けた。

この王のときには注目すべきことが多い。その一は大明二年（四五八年）、王の請願によって、百済王の部下に直接中国から位が授けられたことである。しかも位の名称まで百済側の指定によっている。さきに高句麗の例を挙げて、王の名号を朝貢国の側から指定されたことを示したが、ここでは部下の名号まで指定して任命を請うている。このときの部下の名と位を示せば次のとおりである（宋書百済国伝）。

行冠軍将軍右賢王余紀→冠軍将軍　　行龍驤将軍余爵→龍驤将軍
行征虜将軍左賢王余昆→征虜将軍　　行寧朔将軍余流→寧朔将軍
行征虜将軍余暈《うん》→征虜将軍　　行寧朔将軍糜《び》貴→寧朔将軍
行輔国将軍余都→輔国将軍　　行建武将軍于西→建武将軍
行輔国将軍余乂《がい》→輔国将軍　　行建武将軍余婁→建武将軍
行龍驤将軍沐衿《もくきん》→龍驤将軍

余姓は百済王の一族であるが、仇池や吐谷渾の場合一族の任命だけなのにたいして、百済の場合は、一族以外の人物の任命も行われている。

注目すべきことの第二は、魏書百済国伝によると、延興二年（四七二年）余慶ははじめて北魏に遣使したことで、長文の上表が同伝に掲載されている。それは高句麗との対立・戦争の歴史を述べ、とくに現在の長寿王の罪を数えあげて、高句麗討伐を請うた内容である。しかし高句麗は北魏には親密な朝貢国であったから、百済の願いは聞き入れられなかった。北魏は百済に返答の使者を送ったが、その使者は風波に妨げられて、百済に到達せずに帰還した。そのため百済の北朝への使者派遣はこれだけで終わり、南朝にのみ入朝するようになった。

当時朝鮮から中国へ交通するには黄海・東シナ海を通ったのであるが、この航路では高句麗と百済が衝突することがあった。三国史記には、宋末の四七五年、百済の文周王が使者を宋に派遣して、高句麗の入貢路妨害を訴えようとしたが、使者は宋に到達できずに帰ったと記されている。高句麗の妨害にあったのか、風波のためなのか、このときの理由はわからない。しかし四八四年、王の牟大《ぼう》（東城王）が南斉に派遣した使者が、西海の海上で高句麗兵にあい、朝貢できなかったという記事がある。

南斉書の百済伝は前半が欠落しているが、冊府元亀外臣部封冊には、南斉の初め、建元二年（四八〇年）百済王牟都が遣使貢献してきたので、使持節・都督百済諸軍事・鎮東大将軍を授けたという記事がある。この位は前代を踏襲している。南史百済伝は、その次の牟大が斉の永明中（四八三―九三年）、大都督百済諸軍事・鎮東大将軍・百済王に任命されたと記しているが、やはり同様な官である。

南斉書の残存部分は、牟大が中国へ派遣した使臣に叙任を請うたという記事から始まる。使臣の氏名と現在の位と請願した位を示せば次のとおりである。これも百済の側から位を指定している。

行建威将軍・広陽太守・兼長史高達→仮行龍驤将軍・帯方太守
行建威将軍・朝鮮太守・兼司馬楊茂→仮行建威将軍・広陵太守
行宣威将軍・兼参軍会邁《かいまい》→仮行広武将軍・清河太守

これはそのまま認可されて、軍号と太守号が授けられた。太守号は三七二年の最初の朝貢のとき、百済王自身に楽浪太守が授けられたことがあるが、このときの帯方太守はこれに匹敵する位である。その他の郡は中国国内の郡であって、百済人に実際にそれを治める権限はなく、将軍号と同じく名誉的な称号である。このとき牟大にも上と同様な鎮東大将軍・百済王の位を授けたというから、さきの永明中の任命のことをいっているのであろう。それについて冊府元亀封冊は永明八年（四九〇年）のこととする。ただし三国史記は四八六年（永明四年）にこれを掲げる。

南斉書は「是歳」に、北魏が攻めてきたが、百済はこれを撃ち破ったと記している。資治通鑑や三国史記はこれを四八八年（永明六年）にかけている。四九五年（建武二年）、牟大は北魏を破った将軍たちの叙任を願い出た。

沙法名→仮行征虜将軍・邁羅王
賛首流→仮行安国将軍・辟《へき》中王
解礼昆→仮行武威将軍・弗《ふつ》中侯
木干那→仮行広威将軍・面中侯

またこのときの使臣にも叙任を願っている。

行龍驤将軍・楽浪太守・兼長史慕遺
行建武将軍・城陽太守・兼司馬王茂
行振武将軍・朝鮮太守・兼参軍張塞
行揚武将軍　　　　　　陳明

これらもすべて願いどおりに叙任された。

右の記事の中心をなす百済が北魏を破ったというのは事実かどうか、これについては年次も一致しないし、両国の位置からみても、北魏が百済を直接攻撃できるのか疑問である。もっとも宋書や梁書には晋代、高句麗は遼東を略し、百済は遼西を領し、遼西・晋平二郡をおいたという記事がある。しかし百済の遼西領有などは事実とするにはきわめて疑わしい。それはさきに述べたように、百済が北魏に朝貢し、高句麗攻撃を申請して成功しなかったのちに、今度は江南王朝に売りこんだ架空の事実で、まんまと江南王朝を騙しおおせたものらしい(15)。

梁書東夷百済伝等では、梁朝が始まった天監元年（五〇二年）、百済王の軍号を征東将軍に進めたというが、これは梁書本紀天監元年四月戊辰条によって征東大将軍に進めたというのが正しい。これは王朝開始のお祝いとして、高句麗王・百済王・宕《たく》昌王・倭王・河南王（吐谷渾）らの号をいっせいに進めたのである。その後五二一年（普通二年）、百済王余隆（武寧王）が朝貢したとき、「行都督百済諸軍事・鎮東大将軍・百済王余隆」と称して、旧来の鎮東大将軍の号を称しているから、進号の通知は届かなかったのであろうか。これにたいし梁は余隆（武寧王）を「寧東大将軍」に任じた。

この武寧王の陵墓が韓国の公州（百済の都の熊津《ゆうしん》）で発掘された[16]。その墓誌に、

「寧東大将軍百済斯麻王、年六十二歳、癸卯年五月丙戌朔七日壬辰崩ず。云々」

と記されている。斯麻は武寧王の本名であるが、王の肩書としては中国からもらった寧東大将軍のみが記されている。百済国内においてもこれが正式な称号なのであろう。中国からの冊封が、従属国内においても通用し権威をもったことを示している。王の位のみならず、臣下の位をも中国から承認されるように図っているのは、それらがやはり国内で通用し、一つには王と臣下との関係を明示し、二つには百済国内でのかれらの地位と権威を明らかにするのに役立っているのであろう。

武寧王が死んだ癸卯年は五二三年である。後を継いだ明（聖王）には、梁から綏《すい》東将軍しか授けられなかったが、冊府元亀外臣部封冊によると、「陳文帝の天嘉三年（五六二年）閏二月、百済王余明を以て撫東大将軍と為す」といわれる。同書朝貢条によると、梁後半から陳にかけて、百済は何度も使節を派遣している。明王は中国から仏教・儒教の経典や工匠・画師等を輸入した。一方我が国へはじめて漢字の経典が輸出されたのもこの王のときである。

北魏が分裂してから、百済王余昌（威徳王）は北斉に朝貢し、五七〇年（武平元年）使持節・侍中・驃騎大将軍・帯方郡公となり、翌年都督東青州刺史に任じた（冊府元亀封冊）。北斉が滅んでから北周にも朝貢したという（周書異域百済伝）。隋が統一したとき、百済は依然余昌の時代で、建国初めの五八一年（開皇元年）上開府儀同三司・帯方郡公となった（冊府元亀封冊）。

（3） 朝鮮諸国家―新羅

新羅ははやく十六国時代の前秦に入貢している。まず資治通鑑晋紀太元二年（三七七年）条に、「春、高句麗・新羅・西南夷、皆使を遣わして秦に入貢す」とあり、次に晋書苻堅載記の太元四年ないしそれに続く記事に、「使者を分遣し、鮮卑・烏丸・高句麗・百済及び薛羅（新羅の誤であろう）・休忍等の諸国より徴兵す。並びに従わず」とあり、同じ記事が通鑑晋紀太元五年（三八〇年）条に、「使者を分遣し、鮮卑・烏桓・高句麗・百済・新羅・休忍諸国より徴兵す」とある。また太平御覧七八一東夷・新羅条に、「秦書に曰く、符堅《ママ》建元十八年（三八二年）、新羅国王楼寒、使衛頭を遣わして、夷丈（美女か）を献ず。国は百済の東に在り、其の人多く美髪、髪長さ丈余。」「又曰く、符堅の時新羅国王楼寒、使衛頭を遣わして朝貢す。堅曰く、卿、海東の事を言うに、古と同じからざるは何ぞやと。答えて曰く、亦猶中国の時代変革・名号改易のごとしと」とある。

右によると、新羅はすくなくとも二回前秦に入貢している。内藤湖南は高句麗にたよって交通したのではないかというが[17]、新羅の初期における高句麗の影響、高句麗兵の駐屯の事実等を考えると、高句麗の影響を否定できないと思う。しかし太平御覧の記事をみると、前秦は新羅を独立国として扱っており、一応そのような体裁をもって朝貢したと思われる。

北魏へは後半の宣武帝の景明三年（五〇二年）と永平元年（五〇八年）三月と二回朝貢しているが（魏書本紀）、高句麗の仲介があったろうといわれている[18]。そのような高句麗との関係がはっきりみられたのか、遠方の小国とみられたのか、北魏は冊封を行っていない。

一方南朝には、梁書東夷新羅伝に、「普通二年（五二一年）、王、姓は募、名は秦、始めて使をして百済に随いて方物を奉献せしむ」とある。このときも百済使に随伴したらしいが、このときの王は有名な法興王で、新羅が強力になり出す時代であり、その一つの手段として中国に朝貢することを考えたのであろう。前出の高句麗のような関係を、百済の場合には考えない方がよいであろう。はじめての通航を順調に行うために、百済使と同行したのであろう。

南朝への入貢は、次の陳朝になって活発になった。冊府元亀朝貢条によると、廃帝の光大二年（五六八年）六月、宣帝の太建二年（五七〇年）六月、同三年（五七一年）五月、同十年（五七八年）七月に使者を派遣している（陳書本紀・冊府元亀朝貢条）。これらは真興王と真智王の時代であるが、中国との交通を重要視しだしたのである。

一方分裂後の北朝には、北斉武成帝の河清三年（五六四年）に入貢し、翌年二月、使持節・領東夷校尉・楽浪郡公・新羅王の位をもらっている。後主の武平三年（五七二年）にも朝貢している。これらは真興王である。隋は開皇十四年（五九四年）、真平王を上開府・楽浪郡公・新羅王に任命した。北斉の封号をほぼ踏襲している（冊府元亀封冊・朝貢条、隋書新羅伝）。

なお南斉書東夷伝には、加羅国について簡単な記録があり、南斉建国の建元元年（四七九年）、「国王荷知」の使という者が来献したので、「輔国将軍・本国王（すなわち加羅国王であろう）」の位を授けたという。これが加羅諸国のうちのどれか説がわかれるのであるが、田中俊明は当時加羅諸国の盟主となった大加耶国の嘉悉王だとしている。[19] その使節は倭国使に同道したという説もあるが、倭国の通使は前代で終わったとするのが一般であろう。しかし前秦への新羅の朝貢や、梁朝への新羅の遣使のように、はじめての使者派遣には、いずれかの国が案内に立ったということは考えられるであろう。

4 倭国と東晋・宋朝

倭国すなわち我が日本の江南王朝への朝貢は、晋書安帝紀の義熙九年（四一三年）条に、

「是歳、高句麗・倭国及び西南夷銅頭大師、並びに方物を献ず。」

とあるのに始まる。これに関連する記事が、太平御覧九八一に義熙起居注の文として引かれている。

「倭国、貂皮・人参等を献ず。詔して、細笙《しょう》・麝香《じゃこう》を賜う。」

問題はこれらの産物である。これらは同時に入貢した高句麗の産物としてふさわしいところから、池田温は、高句麗の使者が倭国使を随伴したものと考えたが[20]、坂元義種は、当時倭国と高句麗は敵対関係にあったのだから、高句麗が倭人の捕虜をつれていって、倭国からの使者と称したのであろうと推測した。[21] 広開土王碑によれば、四〇〇年から四〇四年にかけて、倭は高句麗に敗れている。

義熙九年の高句麗使については、上述の高句麗の欄で引いたように、このとき赭白馬を献じたという記録があるから、右の貂皮・人参を献じたのが高句麗使の誤りであるという説はいただけない。やはり倭国使とするのが正しいようである。ただしこの献上品からみても、倭国使の高句麗使にたいする従属性は否定しがたいように思われる。

このときの高句麗使については、もう一つ注意すべきことがある。晋から使持節・都督営州諸軍事・征東将軍・高句麗王・楽浪公の位をもらったのである。これにくらべて倭国使には下賜品はあったが、位については音沙汰が無かった。これは倭国の地位が低くみられたことはもちろんであるが、あるいは東晋への朝貢国・臣属国ともみられない一回限りの使者と同じに扱われたことを意味するのではあるまいか。もしくは坂元説のようであれば、晋の方でその実態を承知していたのではあるまいか。

高句麗と倭国の使者が東晋に入貢した背景について大庭脩は、四一〇年東晋の将軍劉裕が南燕を滅ぼして、東晋が山東半島までを領有するようになったことを挙げている[22]。朝鮮半島から海路山東に達し、東晋に入貢することが容易になったというのである。川本芳昭はこれを補足して、山東に上陸して陸路東晋領内を旅行できるようになったと述べている[23]。

しかし高句麗については、さきに高句麗朝貢の項に記したように、おそくとも三二七年以降高句麗は東晋の年号を用いていたようであるし、三三六年から入貢の記録がある。高句麗は三一三年楽浪郡を併合し、領内にかなりの漢人をかかえて、中国の動向に敏感であったと思われるので、東晋の建国（三一七年）以後まもなく東晋に臣事するようになったと考えられる。そのころ山東は石氏後趙国の支配下にあったと思われるが、高句麗は三三〇年の石勒即位の機会に楛矢《こし》を贈ったというから（晋書石勒載記・三国史記高句麗美川王本紀）、もちろん慕容燕を挟撃することが主目的であろうが、山東航路の安全をも配慮しているのではないかと思われる。しかし東晋進出以前は山東の海岸から海路を南下したであろう。四一三年以降の東晋進出後の通路は、あるいは川本のいうとおりかもしれず、すくなくとも倭国使にはその説が通用する公算が大きい。

宋代になって、国初の永初二年（四二一年）倭国使が姿を現した。宋書夷蛮伝東夷倭国条に、

「高祖永初二年、詔して曰く、倭讃、万里に貢を修む。遠誠宜しく甄《あらわ》すべく、除授を賜うべし。」

とあり、南史の宋本紀、永初二年二月己丑条に、「倭国、使を遣わして朝貢す」とある。永初元年には、高句麗王・百済王等の位を上げているが、建国の祝賀としてやっているので、実際にこれらの国が朝貢したわけではない。だから倭国の場合は実際に朝貢した国の第一号である。(24) 右に「除授を賜う」と記されているが、その点、東晋義熙九年の遣使の場合とは違うのである。ただしどのような官を授けられたか記されていない。

宋書夷蛮伝はそれに続けて次のように記している。

「太祖元嘉二年（四二五年）、讃又司馬曹達を遣わして、表を奉じ方物を献ず。」

司馬は姓ではなく、讃の幕府の官であろうというのが一致した説である。そうだとすると讃はなんらかの官、おそらく将軍号を除授されているのであるが、ここでもその官は記されていない。

ところがそれに続けて、次のように述べられている。

「讃死し、弟珍立ちて、使を遣わして貢献す。自ら使持節・都督倭百済新羅任那秦韓慕韓六国諸軍事・安東大将軍・倭国王と称し、表して除正を求む。詔して安東将軍・倭国王に除す。」

珍については、梁書諸夷伝に、「賛（讃）死して、弟彌《び》を立つ」とあり、彌とも伝えられている。それはともかく、右の記事には珍の使者派遣の年次が記されていない。しかし宋書文帝紀には、元嘉七年（四三〇年）条と、同十五年（四三八年）条とに倭国の朝貢が記されている。そして冊府元亀外臣部封冊の項の元嘉十五年条に、「四月、倭国王弥を以て安東将軍と為す」とあるから、除授の年次はこの年、すなわち元嘉十五年

とすべきである。

このとき珍は安東大将軍を要求したが、それは宋初に高句麗が征東大将軍、百済が鎮東大将軍に任じられていたからであろう。倭国使はそのことを知っていたのである。しかし高句麗も百済も、もとはそれぞれ征東将軍・鎮東将軍であった。そこで倭王もはじめ安東将軍であったから、安東大将軍を要求したのであろうと思われる。そうとすれば、はじめに讃が除授された位は安東将軍であったにちがいない。それは安東将軍・倭国王であったろう。そして宋の文帝は、それにしたがって珍にも安東将軍・倭国王を授けたのである。

珍に関する記事はまだ続く。

「珍又倭隋等十三人を、平西・征虜・冠軍・輔国将軍号に除正せられんことを求む。詔して並びに聴《ゆる》す。」

部下の任命を願い出て、そのとおり聞き届けられたのである。部下の任命については、百済の例があるので前述した。ただし倭王の請願の方が年代が早い。

従来右の倭王の部下については、これを倭王の身近にいる中央豪族とする説と、倭政権に服属するようになった地方豪族・地方首長とみる説とが対立している[25]。右の部下のうち倭隋については、上述の倭王讃と同じく、中国側の考え方によると倭王らの姓とみられている。そうすると倭隋は倭王の一族と考えられる。百済王が任命を願い出た者のうちに、百済王の一族とみられる余姓が多かったのが参考になる。倭王が願い出た十三人の内訳はわからないが、平西以下の将軍号が似たような地位であることを考えると、倭隋に近い人々であると考えられないであろうか。

倭隋が任命された平西将軍については、武田幸男の興味深い説がある[26]。さきに高句麗・百済・倭国が中国からもらった征東・鎮東・安東の将軍号は、いずれもこれらの国が中国からみて東方にあったからである。これにたいして倭国王が倭隋に平西将軍を与えるよう要請したのは、倭隋が倭国王の居所からみて西方におかれていたか、そのように予定されていたかであろう。そうすると、倭国王の居所は畿内だから、平西将軍は九州あたりにおかれたのであろうと推測できる。倭隋すなわち王族が九州の要地におかれたのであろうという。

武田はこの論文のなかで、もう一つ重要なことを述べている。それは中国からもらった将軍号の上下である。倭国王の安東将軍は第三品（大将軍は第二品）であるが、部下がもらうことになる平西将軍・征虜将軍・冠軍将軍・輔国将軍等も同じく第三品なのである。ただ第三品であっても、これらの間に多少の上下の順があるのであるが、それは同じ第三品のなかでの級であり、倭王の安東将軍と平西将軍との間はわずか一級の差しかない。このような将軍号の官品による比較は、これよりさき坂元義種によってもなされているが、坂元は倭隋を珍の副王としての弟であり、あるいは次代の倭国王になる済と同一人ではないかとまで述べている[27]。それはともかくここに出てくる将軍号がすべて第三品なのは、倭国王とその部下との間が非常に接近していて、倭国王は特別に抜きん出た地位にあるのではなく、中国のような専制君主というには程遠い存在であることが判明する。そこで倭王権は倭国王とそれをとりまく王族と、身分の接近した貴族らによって成り立っている政権であるということができる。

さてこのように身分が接近していればなおさらのことだが、王権が成長してきてそれを強化するためには、王とその周りの貴族・官僚たちとの上下・統属の関係を明確にする必要にせまられる。そのような必要に答えるのは、ふつう官位・位階の制度である。もちろん朝鮮各国にも日本にもそれぞれ固有の身分制度があって、その起源は古くさかのぼるであろうが、それらが体系的に整備されるのは大体六世紀前後と思われる[28]。しかも固有の身分制度は古くからの氏族制・部族制と結びやすかったから、新たに王権を頂点として官僚制的に身分制度を再編しようとすれば、中国的な官位制度を創出するほかにない。その点で画期的なのは、聖徳太子時代の冠位十二階の制度である。そのような身分制度・官位制度が十分機能をはたすようになる前には、中国王朝の官位がそのまま各国国王と貴族・官僚との間の身分関係を表示するのに役立つ時代があったとしても不思議でない。それが倭国王や百済王が部下の官位を中国王朝に請求した主要な原因であったろう。黛弘道によれば、冠位十二階の制が機能したのは畿内周辺までであったという[29]。とすれば、それ以前の中国の官位が機能したのも中央の貴族・官僚の間であって、地方豪族・首長が与かったはずはないであろう。

中国の諸制度は律令のなかに規定されるのであるが、律令が整備された隋・唐において、律令の筆頭に規定されたのは位階の制度であり、中国ではそれを官品令といった。その後に各種官職の規定である職員令が続くのである。日本の律令もこれにならって、官位令・職員令から始まる。日本令では中国の令制が比較的逐条的に輸入されて、その後の戸令・田令・賦役令といった部分が、律令による国家支配の基礎として重要であったが、このような部分は、各国の社会構造に最も密着した部分だけに、容易には輸入しがたいものである。同じ農業国家であった朝鮮においても、伝統的制約が強かったために、すくなくとも隋唐的な田令は入りにくかったと思われる。まして狩猟・遊牧地域には、中国的な律令はほとんど入らなかったのではないかと考えられがちである。ところが官品および官職制の一部だけは、王権の成長にともなって各国とも必要になるのであり、日本・朝鮮三国はもちろん、渤海・吐蕃等においても採用されたことが明らかになっているし[31]、南詔においても官位・官職の輸入があったらしい[32]。[30]

ここで倭国王の朝貢の話に戻ると、珍の次には済が使節を派遣している。宋書夷蛮伝によると、元嘉二十年（四四三年）、済はやはり安東将軍・倭国王に任じられたが、その後元嘉二十八年（四五一年）には、使持節・都督倭新羅任那加羅秦韓慕韓六国諸軍事・安東将軍に任命された。後者は珍が望んでいた六国諸軍事を加えられた形だが、珍の希望と違うのは、六国諸軍事のうち、宋に朝貢している百済が削られて、加羅が加えられていることである。加羅と任那は事実上同じであろうし、秦韓（辰韓）・慕韓（馬韓）もこの時代には有名無実で、六国という数に合わせるためにこれらが並べられているのである。六という数字がどういう意味をもつのか知らないが、ともかく長たらしい称号によって威厳を加え、朝鮮諸国に見せつけようとしたものであろう。

済は夷蛮伝では依然安東将軍とされているが、宋書文帝紀、元嘉二十八年秋七月甲辰条には、「安東将軍倭王倭済、号を安東大将軍に進む」とあり、珍が望んでいた大将軍を与えたことになっている。この記事を疑って、夷蛮伝の安東将軍を正しいとする説もあるようだが[33]、安東将軍を安東大将軍に進めたという進号だけを内容とする本紀の文章は、進号を否定してはこの文章全体が意味を失い、このことを本紀に載せた理由がなくなってしまうから、この記事の方を採るべきだと私は考える。

元嘉二十八年の済の任命のときには、同時に部下の任命があったことが記されている。

「并びに、上る所の二十三人の軍郡を除す。」

「上る所」とあるのは、これが倭王の側からの請願であることを意味している。問題は軍郡の解釈である。百済の場合を参照して、将軍と郡太守に任命したと解せられないこともないが、それを軍郡というような言い方でよいのかどうか、単純に「軍号」の誤りとみるべきではないか、確実なところはわからない。

済の次にはその世子とされる興の任命である。夷蛮伝には、「済死し、世子興、使を遣わして貢献す。世祖大明六年（四六二年）、詔して曰く、倭王世子興、……宜しく爵号を授け、安東将軍・倭国王たるべし」と記し、孝武帝紀、大明六年三月壬寅条に、「倭国王世子興を以て安東将軍と為す」とあって、いずれの記事も興を世子と称している。世子の冊封については、すでに百済に例があることを述べた。のみならず仇池や吐谷渾の場合にもその例が認められる(34)。しかしそれらは別に王が位にあって、次代の王として認められたものである。興の場合には父の済がすでに死んでおり、誰かが王位についているという記録がない。父が死んで空位になったが、興はまだ正式に王位に即いていなかったのか、その事情は明らかでない。また興の位は安東将軍で、前代の安東大将軍より低いが、世子ではあり、位が前代より下げられるのは異例のことではない。

夷蛮伝には、興が死んで、弟の武が立ち、「使持節・都督倭百済新羅任那加羅秦韓慕韓七国諸軍事・安東大将軍・倭国王」と自称したという記事があり、ついで順帝の昇明二年（四七八年）、使を遣わして上表したといい、「東は毛人を征すること五十五国、西は衆夷を服すること六十六国、渡りて海北を平らぐること九十五国」という語のある有名な上表文を載せ、

「詔して武を、使持節・都督倭新羅任那加羅秦韓慕韓六国諸軍事・安東大将軍・倭王に除す」

と記す。これは武の自称から百済を除いたものである。順帝紀、昇明二年五月戊午条には、「倭国王武、使を遣わして方物を献ず。武を以て安東大将軍と為す」とある。

南斉書東夷倭国伝には、

「建元元年（四七九年）、新除の使持節・都督倭新羅任那加羅秦韓［慕韓］六国諸軍事・安東大将軍・倭王武を進めて、号して鎮東大将軍と為す。」

とある。このとき武は実際に使節を派遣したわけではなく、これは斉王朝開国の祝賀的行事として行われたものといわれているが(35)、さきに武の使者を通して除任があった順帝の昇明二年は、宋王朝滅亡の前年であるから、倭の使者がなお中国に滞在していた可能性がある。

梁書諸夷伝倭条には、「斉の建元中、武を持節・督倭新羅任那伽羅秦韓慕韓六国諸軍事・鎮東大将軍に除す。高祖即位し、武を進めて征東大将軍と号す」と記される。これこそ開国の祝賀である。その際に、安東大将軍を鎮東大将軍へ、さらに征東大将軍へと、一級ずつ位を上げているのである。

倭国がなぜ宋末の四七八年を最後に使節派遣をやめたかについて、使節開始のときと同じく、川本芳昭が東アジア諸国の情勢から説明している(36)。四六九年以降北魏が山東半島を領有し、宋は欝州（江蘇連雲港）に拠点を移し、朝鮮諸国や倭は山東半島を無寄港で南下しなければならなくなり、四八〇年以降北魏の勢力は淮南に及ぼうとしていた。朝鮮半島内部では、北魏の後援をえた高句麗が、四七五年に百済の王都漢城を陥落させた。このような情勢が、倭国に外交路線の変更を迫ったというのである。

なお梁の時代には、武帝の子の蕭繹《しょうえき》（後の元帝）が描いた「職貢図」というものが伝わっている（南京博物院所蔵)[37]。これは梁に入朝する諸国使の姿を描いたもので、皇帝の威徳と王朝の繁栄をしめすために、その後の時代にもこの種の絵画・彫刻が造られている。有名なものには唐初の閻立本が描いたとされる異民族の朝貢集団の図があり、さまざまな風俗がおもしろい。唐の高宗と則天武后とを合葬した乾陵の参道には、諸蕃の酋長といわれる石像が多数立っている。外国のものでは、アケメネス朝ペルシアの首都ペルセポリスの中央基壇に、諸国使朝貢の図柄が浮き彫りになっていて、閻立本の図にそっくりなところがある。

職貢図には本来二十五国の使者の図があったらしいが、現在は十三国分しか残っていないという。幸いなことに、そのなかに倭国使の姿が残っている。ところがこの倭国使が、布切れを巻きつけ、裸足で歩いていて、実にみすぼらしいのである。たまたま残っている百済国使が衣冠束帯姿であるのに比べれば、格段に見劣りする。これについては梁代には倭国の使者がもう行っていないので実見できず、歴代の倭国認識に多大の影響を与えた昔の魏志倭人伝にもとづいて描いたのであろうという説がある[38]。しかし榎一雄は職貢図には魏志倭人伝にみられない部分があることを指摘し、梁代なんらかの理由で来ていた日本の漁民などの日本人を写生したものではないかという[39]。

しかし現存の図のなかで、倭国使のすぐ前の亀茲（庫車）国使もまた裸足である。亀茲は野蛮国とも思えないし、職貢図には「歳ごとに来りて名馬を献ず。普通二年（五二一年）、使康石憶丘波那を遣わし、表を献じて入朝せしむ」とある。梁書亀茲伝にも、「普通二年、王尼瑞摩珠那勝、使を遣わして表を奉じて貢献す」と記されている。梁人が亀茲国使を見なかったはずはない。どうしてこうなったか、疑問に付しておく。

注

（1）仇池の歴史については、正史・資治通鑑等の原資料のほかに、三崎良章「南北朝の対外政策についての一考察－氏族楊氏集団への冊封を通して－」（『史観』一一四、一九八六）、趙丕承編著『五胡史綱』下冊（台湾　芸軒図書出版社、二〇〇〇）仇池の項等を参照した。また次項の吐谷渾等を含めて、坂元義種「五世紀の日本と朝鮮の国際的環境－中国南朝と河南王・河西王・宕昌王・武都王－」（坂元『古代東アジアの日本と朝鮮』吉川弘文館、一九七八）をも参照。

（2）佐藤長「吐谷渾における諸根拠地」（佐藤『チベット歴史地理研究』岩波書店、一九七八）参照。

（3）松田寿男「吐谷渾遣使考」（一九三七、『松田寿男著作集』4東西文化の交流Ⅱ、六興出版社、一九八七）

（4）この場合の沙州は敦煌地方ではなく、魏書吐谷渾伝にその「部内有黄沙、周回数百里、不生草木、因号沙州」と説明されている。

（5）和田博徳「吐谷渾と南北両朝との関係について」（『史学』二五－二、一九五二）は、吐谷渾をめぐる国際情勢を分析した優れた論文である。本書もそれによる所が多い。前記松田論文は先駆的な研究ではあるが、経済交流に偏して、国際政治を軽視している。

（6）このとき吐谷渾が中国に贈った黄金製の器物・装身具には、東ヨーロッパ・西アジアの文化の影響がみられるし、また農具の需要については、支配下に農業地域があり、吐谷渾自身のなかに、農業に転じた部分があるためかと思われる。元来吐谷渾は遊牧民であり、魏書吐谷渾伝は、「雖有城郭而不居、恆処穹廬、随水草畜牧」と記す一方、「亦知種田、有大麦・粟・豆、然其北界気候多寒、唯得蕪青・大麦」と書いている。

（7）丘冠先が吐谷渾に行き、ついでに柔然の使者を送ったのは、斉の武帝のときであるが、そのとき吐谷渾は度易侯の時期であった。その度易侯が死んで、子の休留茂が立ったとき、南斉書河南伝によると、振武将軍丘冠先を派遣して、休留茂に位を贈り、かつ度易侯の弔礼を行わせた。このときどちらが先に礼拝をするかで争いがあったらしい。休留茂は国人への面子から屈服するわけにいかず、冠先を捕らえて崖から谷底に突き落として殺した。本来なら国交上の大問題になるはずであるが、南斉書には冠先の子の官途を保証しただけで、吐谷渾への処置は記されていない。その後王朝が滅んで、梁に代わったせいか、梁書諸夷伝河南王条には、かれを征西将軍に進めたと記すだけである。梁書は休留茂のことを留代と記しているが、あるいは前代の事件を忌むところから、いずれかが名を変えたのかもしれない。

（8）梁書諸夷伝河南王条に、「［伏連］籌死、子呵羅真立」と記すが、魏書吐谷渾伝には、「伏連籌死、子夸呂立」と記す。周書・隋書みな夸呂と記す。呵羅真と夸呂は同名の転写であろう。

（9）坂元義種前掲『古代東アジアの日本と朝鮮』とくに第五・第七・第九各章に、倭の五王の叙授の仕方を理解する前提として、武都王（仇池）・吐谷渾・百済にたいする叙授の場合にも、異民族君主の側から自称した官号を持ち込んだ例や、一族・部下への任命を依頼した例を挙げているが、それらは推断された場合が多い。私もその推断がかなり正しいのではないかと思っているが、本文では「確証はできない」と書いた。ただし四世紀の末近く、仇池の楊定の自称を東晋の孝武帝がそのまま認めた例があることは本文のなかで述べておいた。

（10）近現代の国際法が国家間の平等を保証しているのは、各国家内部の民主主義的構造と関連している。近代以前の国際関係も同様に、各国家内部の体制と連動している。前近代の国家秩序は不平等な身分制を基本としており、国際秩序もそれと関連して、強大な国家（例えば中国）を中心に、諸国家間が身分的な階層制によって位置づけられるようになっていた。それを端的に示すのが、東アジアでは、中国政府（王朝）から与えられる官位・位階であった。

（11）梅原末治「朝鮮北部出土紀年塼集録」（『支那学』七―一、一九三三）

（12）この高句麗と前燕との関係をはじめとして、この時代の東アジア諸国の冊封関係について、江畑武「四～六世紀の朝鮮三国と日本―中国との冊封をめぐって―」（上田正昭・井上秀雄編『古代の日本と朝鮮』学生社、一九七四）が参考になる。

（13）坂元義種前掲『古代東アジアの日本と朝鮮』三四三頁参照。

（14）この世子冊封は、本来なら国王に与えられる位の授与であるので、上に述べた一族・臣下への官位授与とは性質が違う。

（15）和田博徳「百済の遼西領有説について」（『史学』二五―一、一九五一）参照。

（16）百済の首都ははじめ漢城（現在のソウル付近）にあったが、高句麗に陥れられ、四七五年熊津（公州）に遷都した。この都は武寧王の次の聖王が、五三八年扶余に遷都するまで続いた。武寧王墓の発掘報告は、韓国文化財管理局編、永島暉臣慎訳『武寧王陵』（学生社、一九七四）。

（17）内藤湖南「新羅真興王巡境碑考」附説（一九一一、『読史叢録』『全集』第七巻、筑摩書房）

（18）末松保和「新羅建国考」（末松『新羅史の諸問題』東洋文庫、一九五四）

（19）田中俊明『大加耶連盟の興亡と「任那」』（吉川弘文館、一九九二）六六―七頁。

(20)　池田温「義熙九年倭国献方物をめぐって」(『江上波夫教授古稀記念論集』歴史篇、山川出版社、一九七七)

(21)　坂元義種『倭の五王―空白の五世紀』(教育社、一九八一)六九頁以下。

(22)　大庭脩「三・四世紀における東アジア諸族の動向」(『東アジア世界における日本古代史講座』3、学生社、一九八一)

(23)　川本芳昭「倭の五王による劉宋遣使の開始とその終焉」(川本『魏晋南北朝時代の民族問題』汲古書院、一九九八)

(24)　坂元義種「倭の五王―その遣使と授爵をめぐって―」(坂元前掲『古代東アジアの日本と朝鮮』)三四二―四四頁には、永初二年の倭王讃の朝貢は実際にあったのではなく、前年の仇池公・西涼王・高句麗王・百済王らに対すると同じく、開国にともなった記念祝賀的なものだという意見が述べられている。たしかに「倭讃万里修貢」の語は、高句麗・百済にたいする「遠修貢職」と同じである。しかし国初の行事なら、なぜ除授した官を記さないのであろうか。年次も違うし、南史に「倭国遣使朝貢」とあるのが正しく、実際に使者派遣があったと解すべきでなかろうか。

(25)　中央豪族説は、坂元義種・山尾幸久等、地方豪族説は、佐伯有清・藤間生大等。笠井倭人『研究史　倭の五王』(吉川弘文館、一九七三)一二九頁以下参照。

(26)　武田幸男「平西将軍・倭隋の解釈―五世紀の倭国政権にふれて」(『朝鮮学報』七七、一九七五)

(27)　坂元義種「古代東アジアの国際関係―和親・封冊・使節よりみたる―」(坂元前掲書)二九頁。

(28)　宮崎市定「三韓時代の位階制について」(『アジア史論考』中巻、朝日新聞社、一九七六、『古代大和王朝』筑摩書房、一九八八、全集二二巻)、武田幸男「新羅官位制の成立」(旗田巍先生古稀記念会編『朝鮮歴史論集』上巻、竜渓書舎、一九七九)、「六世紀における朝鮮三国の国家体制」(『東アジア世界における日本古代史講座』四、学生社、一九八〇)

(29) 黛弘道「冠位十二階考」(『律令国家成立史の研究』吉川弘文館、一九八二)

(30) 武田幸男「新羅・法興王代の律令と衣冠制」(『朝鮮史研究会論文集』一一、朝鮮史研究会編『古代朝鮮と日本』竜渓書舎、一九七四)は、この「律令」がその後に続く「公服・朱紫の秩」すなわち衣冠制を指すもので、「政治的集団の身分的編成」であることを明らかにした。

(31) 渤海については、鳥山喜一『渤海史上の諸問題』(風間書房、一九六三)八四―五頁、吐蕃については、山口瑞鳳『吐蕃王国成立史研究』(岩波書店、一九八三)四七〇―七一頁参照。

(32) 南詔については、「南詔徳化碑」(『金石萃編』巻一六〇)に、「然後、修文習武、官設百司、列尊敍卑、位分九等」とあるので、官司と九等の官位があったのではないかと想像される。

(33) 池内宏『日本上代史の一考察』(近藤書店、一九四七、中央公論美術出版、一九七〇)に、「文帝本紀に大将軍に進めたとあるのは誤りであろう」(再版本九八頁)とあるが、理由は述べられていない。その後これに従う者が多かったが、高橋善太郎「南朝諸国の倭国王に与えた称号について」(『愛知県立女子短期大学紀要』七、一九五六)が、大将軍を是とし、坂元義種「五世紀の日本と朝鮮―中国南朝の封冊と関連して―」注(47)、「中国史書対倭国関係記事の検討―藤間生大『倭の五王』を通して―」四七三頁(以上ともに坂元前掲書)は、元嘉二十八年にまず従前どおり安東将軍への任命があり、その後同年中に大将軍への進号があったと解している。

（34）坂元義種前掲「倭の五王―その遣使と授爵をめぐって―」三六四頁参照。ただし百済・仇池・吐谷渾の場合は、いずれも他に王が位にあって、同時に世子の任命が行われているが、宋書夷蛮伝には「済死し、世子興使を遣わして貢献す」と書かれている。坂元は興の場合もあらかじめ世子に任命されていたのであろうと推測するが、済が死んでも世子のままであるのは前例と違う。
（35）坂元義種前掲論文三六八―六九頁。
（36）川本芳昭前掲注（23）論文。
（37）金維諾「〝職貢図〟的時代与作者」（『文物』一九六〇―七）、榎一雄「梁職貢図について」（『東方学』二六、一九六三、著作集第七巻、汲古書院）
（38）上田正昭「中国史籍における倭人風俗　付論　職貢図の倭国使について」（『日本古代国家論究』塙書房、一九六八）、『世界美術大系』第八巻（講談社、一九六三）一一四頁の西嶋定生解説。
（39）榎一雄『邪馬台国』改訂増補版「追記」（『榎一雄著作集』第八巻、汲古書院、一九九二）

第六章　唐代新羅人居留地と日本僧円仁入唐の由来

一

最後の遣唐使とともに唐に渡り、八三八年から八四七年まで唐に滞在した天台僧円仁の日記、『入唐求法巡礼行記』については、これまで大勢の人の論じた文章がある。私はこの日記のなかで、円仁と密接な関係をもった中国居留の新羅人の集団に興味をもったので、さきに「在唐新羅人の活動と日唐交通」という文章を書いた(1)。そこでは主として新羅人の貿易活動や、居留地の自治の性格等について論じたのであるが、その際、どうして新羅人のこのような居留地ができたのか、円仁はどうしてこれらの新羅人に受け入れられたのか、本来密入国者である円仁がどうして正式に中国に滞在できるようになったのか、これらの興味深い問題について正面から論ずることはなかったので、本稿では主としてこれらの問題について私の考えを述べてみたい。

最初に、唐における新羅人の居留地の由来であるが、私は前稿でかれらの山東定住が、すくなくとも七世紀にはじまっていることを推測した。その論拠は、『宋高僧伝』巻四新羅国義湘伝に、新羅の義湘が総章二年（六六九）、商船にのって登州より唐に上陸し、「一信士」の家にしばらく滞在したのち、長安に遊学し、ふたたび「文登の旧檀越」の家にもどって、商船をもとめて帰国したという話にある。この文登は唐代登州に属する県で、のちに円仁のころ、文登県下の青寧郷（清寧郷）には「勾当新羅所」（行記会昌五年八月二十四日条）がおかれ、新羅人が多数居住していた。円仁は最初この土地に滞在したのである。

登州は唐代を通じて新羅や渤海の使節が上陸した地点であって、中国の東方地域への門戸であったといわれる。(2) 義湘伝によれば、はやくから民間の商船も、新羅本国とこの地とのあいだを往復していたことがわかる。これよりさき『日本書紀』斉明三、四年（六五七、六五八）条によると、日本は留学僧智達らを新羅の使節にともなって入唐させることを要求したが、新羅にことわられたので、翌年智達らは「新羅船」に乗って唐に渡ったという。新羅国家派遣の船に乗れなかったので、かわりに乗った新羅船とは、民間の船にちがいない。おそらく上陸地点は登州あたりであったろう。日本の遣唐使のような国家の使節だけではなく、新羅本国と唐とのあいだは、この地を通じて、はやくから商業によって結ばれていたのである。そうとすれば新羅人の居住地が、山東を中心として広がっていったとして不思議でない。

新羅人の居住地は、山東から江蘇へと沿海地域に広がっていった。江蘇地域最大の新羅人居住地は楚州であり、ここには「新羅坊」があって自治がおこなわれていた（会昌五年七月三日条）。円仁は山東の密州から楚州まで木炭を運ぶ新羅船について、二度までも言及しており（開成四年四月五日、大中元年閏三月十七日条）、楚州と南方の揚州とのあいだの船の便についても述べている（会昌六年六月十七日条）。揚州にも新羅人が居住していたようであるが、揚州・蘇州・越州（紹興）・明州（寧波）等からは日本へ渡航する新羅船が多かった。円仁が渡唐したときの遣唐使藤原常嗣の一行は、楚州で新羅船九隻と新羅人の水手六〇余人を雇って帰国した（開成四年二月二十四日、三月十七日条）。のちに円仁自身は蘇州から日本へいく新羅人金珍なる者の船に、山東から便乗して帰国した（大中元年七月二十日条）。清代の登州府志に載る『唐无染院碑』によると、唐末山東藩鎮の武職にあった金清なる人物は、明州まで足をのばして商業に従事していたという。

このように山東・江南間は商業網で結ばれていて、それとともに情報の伝達もはやかったであろう。その商業網・情報網の中心点に楚州はあった。円仁は唐滞在中、楚州の新羅人有力者の劉慎言・薛詮らから、たえず各種の情報を提供されていた。

以上のことから、在唐新羅人の主要生業が中国内外の商業にあったことはまちがいない。円仁が最初逗留した赤山法花院に荘園が付属していたことでわかるように、農業従事者もむろんいたであろうが、商業の方が重要である。はじめ新羅・唐間の商業から始まったとみられる山東の新羅人居留地は、唐国内の商業発展や日本との交易をともないながら拡大した。ちょうどギリシア人のエーゲ海貿易が、エーゲ海周辺への植民をうながしたように、外国での植民地・居留地の形成は、一般に商業活動の発展とともに現れると考えなければならないであろう。唐代中国における新羅人居留地の発展も例外ではないであろう。

なお前稿で新羅人居留地の自治について論じたのであるが、その際はイスラム教徒の蕃坊と新羅坊との類似を指摘した。しかし蕃坊のイスラム教徒は、大部分が一時的滞在者としてあつかわれたのではないかと推測する。もしそうだとすると、上記のように中国国内を商業によって往来していた新羅人たちとは違う点があったであろう。唐の律令制下では、中国内で商業が営めるのは中国人であって、外国人には禁じられていた[3]。であるから在唐新羅人たちは、唐に帰化して唐の戸籍につけられ、中国人と同じ権利を獲得していたのではないかと推測する。もちろん唐末に近いころであるから、かなり違法の行為もまかりとおっていたかもしれない。

二

つぎの問題は、新羅人居留地と円仁との関係である。円仁は請益僧であって留学僧ではなかったから、本来なら遣唐使とともに帰らなければならなかった。しかし円仁はどうしても唐に残ろうと決心した。大使常嗣はじめ唐滞在中に円仁が天台山に参詣できるよう唐政府に請願したが、成功しなかったので、円仁の画策を黙認しなければならなかった（開成四年二月二十七日、三月五日条）。円仁がまず頼ったのは、遣唐使一行のなかの新羅人通訳である。新羅人通訳が参加していたのは、日本政府の唐との交渉がはじめ新羅を媒介として始まったことに由来するだろう。遣唐使船が南路をとるようになってからも、政府は船が遭難して新羅に接近した場合を想定していた。常嗣派遣のときも、別に新羅に使節を派遣して、漂着の際の援助を要請している（この使節は新羅人とのあいだに紛争をおこしたが、それは本稿の課題ではない）。このころには在唐居留地のことも知られ、かれらの日唐貿易のこともあるから、かれらと接触することもあったのであろう。

円仁ははじめ天台山参詣を断られて、遣唐使船に乗船して帰国しなければならないことになっていた。そこで楚州から帰国する遣唐使船に乗ったのであるが（開成四年三月十七日条）、船は中国沿岸に沿って航行する予定なので、その間に上陸することを画策したのである。そこでまず新羅人通訳の金正南に相談し（三月十七日条）、船が山東の密州の領海に到達したとき上陸し、民家にかくまわれて船をやりすごそうと計画したのである（四月五日条）。これよりさき円仁は楚州在住の新羅訳語（と円仁がよんでいる）劉慎言に贈り物を送り、劉慎言からもお返しを受けとっていた（三月二十二、二十三日条）。楚州と密州とのあいだには上記のように新羅船の往来があったのであるから、劉慎言あたりから密州の新羅人にあらかじめ連絡がいくよう、とりはからってもらったのであろう。

ところが思いがけず手違いが生じた。船隊が海州管内の東海県東海山のあたりについたとき、乗員のあいだに航路についての議論がおこったのである（四月一日条以下）。一つの主張は、密州の大珠山というところまでいって船を修理し、そこから渡海しようとするものであり、もう一つは、そこまでいくと新羅に近く、賊境（新羅）に吹きつけられる危険があるから、現在の地点からただちに渡海しようという主張である。議論は決着せず、船隊はひとまず二手にわかれることになった。大使は密州経由の説であったが、おそらく各船の船首（船頭）の意見の方が優先したのであろう。円仁は密州経由の船に乗り換えたのであるが、風がおさまらないために進路が定まらず、密州に向かうはずの船のなかからも、海州から渡海しようとするものが出てきた。そういう状況をみたからであろう、円仁は海州で上陸してしまおうと決意したのである（四月五日条）。

海州上陸は失敗であった。幸か不幸か円仁が従者三人と上陸するとまもなく、密州から楚州に炭を運ぶ新羅人の船にゆき遇ったのであるが、円仁らはこれを賊船か何かと勘違いしたらしく、所持品をすべて与えてしまった。しかしかれらは親切に円仁らを新羅人の村に案内した。ところがこの村には巡検の兵士が派遣されてきていて、円仁らはそれに捕まって、県から州にまで連行されたすえ、たまたま遣唐使の第二船が船頭の病気のために東海山に滞留していたので、その船に戻されてしまった（四月十日条）。

円仁がふたたび乗った船は、風にもてあそばれながら東北に進み、山東半島東端の登州管内に入った。円仁はまた再上陸の機会をうかがった。船はまず邵村浦に停泊したが、そのとき「押衙の判官」が船の様子を見にきた（四月二十四日条）。押衙という役人はふつう節度使の軍官であるが、後条に「州押衙」（五月十四日条）ともあって登州地域の押衙であるから、後に出る「登州諸軍事押衙」（会昌五年八月二十七日条）の張詠である公算が大きい。とすれば、在地の新羅人であると同時に、節度使権力につながっていた人物である。船が乳山西浦に進んだとき、押衙自身が新羅船に乗ってきたといい、船からは新羅訳語の道玄が派遣されて連絡をとった（開成四年四月二十六日条）。円仁はその道玄に中国残留の便を聞きあわせてもらったところ、道玄は新羅人と相談してまずはよい返事をもらってきた。

そこで円仁は翌々日航海用の食料か燃料を買いにいった人を介して、村勾当（後の条に邵村勾当とある）の王訓にさらに具体的な残留の相談をしたらしい。王訓は「もし残りたいのでしたら、私が和尚をお世話しましょう。本国に帰る必要はありません」と答えたという（五月一日条）。この王訓は上の張詠とともに、のちに円仁が身をよせることになる赤山法花院の世話役の一人であるから、この王訓の答えには、押衙の意向も入っていたかもしれない。いずれにしてもこの地域の有力者である。円仁はよい手づるをえたわけである。

ただこのとき円仁はすぐに下船することができなかった。この日の円仁の日記には「事の応ぜざるに依り、未だ意を定むる能わず」とある。この曖昧な文にはいろいろな解釈があるが、船の幹部らが同意しなかったのだろうとする小野勝年氏の説がよいだろう。(4) というのは、一か月ばかり後の日記に、「先より今日に至るまで、この村に住まるべき事を、官人らに報じ請えども、許されず。今日又請うも、未だ允許を被らず」（五月三十日条）とあるからである。この場合の官人は塩入良道氏が「［遣唐］官人」と補っているように、(5) 日本側船上の官人である。

しかし円仁は他方で中国滞在を願う状を作り、商人の孫清に託して「林大使」の宅に送っている（五月十六日条）。この林大使といわれる人は、さきの王訓・張詠とともに、当時赤山法花院を「勾当」していた人物である。大使というよび名といい、円仁が状を書いた行為といい、三人のなかでも最も力をもつ人物ではないかとおもう。足立喜六氏は、張宝高のことだと注しており、林とよぶのは荘厳・雄大・潤美の意味で、張宝高の威勢を讃称したのだというが、(6) いささか苦しい説明である。張宝高は当時新羅の清海鎮大使として、朝鮮半島の南の莞島に拠って黄海の制海権を握っていた人物である。赤山法花院も彼が建てたものであるが、中国滞在の願書を出す相手ではないであろう。それに円仁はすぐ後の条で、張宝高のことを「張大使」とよんでいる（六月二十七日条）。私は文登県令ないし配下の有力者ではないかとおもうが、確かなことはわからない。

船は開成四年（八三九）六月七日に、赤山の東辺に停泊した。円仁はこの日の日記に、この地が文登県清寧郷赤山村で、張宝高の建てた赤山法花院があり、張の寄進した荘田をもち、地勢雄大で、先述の押衙張詠・

林大使・王訓らが勾当していることを記している。このあたりの新羅人の信仰の中心であり、僧侶もすべて新羅人、新羅式の法会をおこなっていた。後の文登県の文書では「赤山新羅院」ともよばれている（開成五年二月二十四日条）。

円仁主従はさっそく法花院の山に登り、僧侶らに挨拶した。ついで遣唐使船の録事・新羅通事（新羅訳語のこと）・全船の僧侶らも山に登ってきたが、録事らはまもなく辞去した。円仁は「道玄闍梨」と残留のことを相談したと書いており、その後に「船処に向かって帰り去る」と述べているから（四年六月二十九日条）、いったんは船に戻ったらしい。「道玄闍梨」の語には疑問がある。道玄は通事の名と同じであるから、通訳の道玄をまじえて寺の高僧（阿闍梨）と交渉したのであろう。その文章が筆写かなにかの過程で書き誤られたのではないか。

ともかく円仁は七月十四日に、山から降りて船着き場にきて、岸辺で法相請益僧の戒明と録事らに別れを告げたという。それ以前は日記に風浪の様子を書いているから船上にいたにちがいないが、いつまた山に登ったのかわからない。これまで日記はほぼ毎日くわしく書かれているのに、この日以前にめずらしく記事の欠けた部分がある。その間に船上で円仁の留唐について、官人らと折りあいがついたのではないかとおもわれる。その後にふたたび山に登って、寺とのあいだに確認がとれたのではないかとおもう。

十六日に円仁が山から降りてきたところ、昨日船が出帆したという話をきかされ、船着き場で船のいないのを確かめて、しばらく佇んで時を過ごしたのち、山に戻って衆僧から慰問をうけたという。残留工作のことを知っていたのは寺の幹部だけで、多くの僧は円仁らが置き去りにされたと思ったらしい。その後四、五日して、大使以下の乗ったその他の船が赤山浦に投錨した。円仁は従者を派遣して挨拶にいかせ、大使は部下に円仁を訪問させた。円仁は直接大使に会わなかったが、既述のように、大使は円仁が残留することをはやくから承知していたわけである。この船隊もすぐに出発していった（七月二十一、二十三日条）。

三

円仁はこうして山東の新羅人社会に受けいれられたわけであるが、新羅人たちはかなり好意的に円仁の希望をきいたようである。なぜそういうことが可能であったのだろうか。佐伯有清氏は張宝高の後押しがあったからだと推測していられるようである。(7)『行記』によると六月二十七日に、「聞くに、張大使の交関船二隻、旦（赤の誤か）山浦に到ると」と記されており、翌二十八日、「張宝高、大唐売物使崔兵馬使を遣わして、寺に来りて問慰す」と述べられている。これを佐伯氏は円仁を慰問したと解して、張宝高が円仁のことを聞いていて、残留について支援する意向を伝えたのかもしれない、そのために翌二十九日に残留のことを寺と相談したと推測するのである。崔兵馬使はむろん前日入港した交関船（貿易船）の指揮者であろうが、彼が慰問したのは実は寺の僧らであったろう。赤山法花院はほかならぬ張宝高が建立したものであるから、彼の貿易船が入港したおりに、その責任者に寺を訪問させるのはきわめて自然な行為だとおもわれる。そのときに円仁が崔氏に会って残留援助を要請したならば、円仁はそのことを書き留めたはずであるが、日記にはなにも書かれていない。

円仁の方は張宝高のことをよく承知していた。彼は大宰府を発つとき、「筑前太守」（筑前権守小野末嗣ではないかという）の張宝高宛の書状を預かっていた。その書状は船が遭難したとき失ってしまったが、のちに紛失した断りを述べた書状を張宝高に送っている（開成五年二月十七日条）。上記の船が山東の邵村浦についたときも、張宝高が新羅の内政に干渉して、王子祐徴を太子に復したというニュースを聞いている（同四年四月二十日条）。しかし円仁は残留の希望を新羅人に述べるにあたって、張宝高の名を出している様子はない。

一方山東の新羅人も張宝高と密接な関係をもっていた。かれらは主として貿易によって生活していたから、当時黄海の貿易圏を独占していた張宝高の支配をうけていたと考えられる。赤山法花院をめぐる信仰は、その支配を強化する役割をもっていたであろう。張宝高は古くから日本との関係ももっていた。『続日本後紀』では、承和七年（八四〇）十二月、張の使者がはじめて大宰府にきたとされているが、前記の円仁が筑前太守から書状を預かったのはその前年である。張宝高と日本人との交流はそれ以前から盛んだったのである。そして筑前太守が円仁に書状を預けたのは、在唐新羅人を通じて張宝高と連絡をとるのがいちばん容易だと知っていたのではないだろうか。

円仁は赤山法花院に入った当初、法空闍梨という僧に会い、日本から帰って二〇年になるということを聞いた（開成四年七月十四日条）。そうすると八一九年前後日本に渡ったということになる。また円仁は帰国の途中法花院に滞在したとき、廃仏によって還俗した元僧侶の李信恵という者に会ったが、彼は日本の大宰府に住むこと八年、「張大使、天長元年（八二四）、日本国に到り、廻る時船に付して、唐国に却帰」したという（会昌五年九月二十二日条）。これによると張宝高自身が、八二四年日本にきていたことになる。赤山の僧侶はそれ以前から日本にきている者がいたというのであるから、山東と日本とのあいだは、商人と僧侶の手によって早くから結ばれていたといえるだろう。

山東の新羅人が円仁に好意をもった背景はこういうところにあるといえるだろう。その第一の点は、日中間を結ぶ貿易の存在である。その貿易に従事していたのが山東の新羅人らであるから、そこにかれらが日本民間人を粗略にしなかった理由があろう。しかしこの際重視しなければならないのは、円仁の当時日中間の貿易を握っていたのが張宝高であったことである。日中貿易は張の権力と結びついていたから、新羅人たちはその権力の庇護の下にあり、同時にその圧力をも感じていたにちがいない。だから円仁が張の名を出さないでも、新羅人らは張の権力との関係をも考慮しなければならなかったであろう。

もう一つは、仏教信仰と僧侶による交流の重要性である。前節の『宋高僧伝』をみても、新羅人は初期の植民の時期から、仏教信仰と結びついていた。円仁の当時は赤山村の法花院が、在唐新羅人を結合させる紐帯をなしていた。と同時に法花院が張宝高によって建てられたことから、それは張の権力に新羅人たちを従属させる役割をもはたしていた。さらに上の日本に渡った僧侶の例がしめすように、当時の東アジアでは、僧侶たちが諸民族の居住地を越えて、諸民族間の交流をはたす役割をもっていた。商人もその役割をもっていたが、利益を追及するかれらは警戒されることが多かった。共通の信仰の対象であった僧侶の方が尊敬され、托鉢による巡礼を可能にした。赤山法花院の僧侶たちも、その地に定住するだけでなく、各地に出かけていたのであり、その点円仁が僧侶であって、法花院に受けいれられたことが、中国への残留と各地巡礼を可能にしたのだといえるであろう。

もちろん赤山法花院に受けいれられてから、各地を旅行するあいだ、円仁の人柄が重要な役割をはたしたことも事実であろう。『行記』をみると、円仁が仏教修行ばかりでなく、諸方面に広い関心をもち、いわゆる眼くばりがきいているのに感心する。人に好感をもたれることも多かったにちがいない。

四

円仁はまず在唐新羅人社会に受けいれられたのであるが、それだけでは彼はまだいわば密入国者であって、唐国家に入国を認められたことにはならず、彼の目的とする巡礼ができるわけではなかろう。彼はどういう風にして唐国家に認められるようになったのか。

ここでは新羅人社会と地方官憲との関係が鍵になろう。はじめに円仁が逗留した文登県についていえば、管下の清寧郷に「勾当新羅押衙所（処）」（開成五年二月十九日条文登県牒）、略して「勾当新羅所」（会昌五年八月二十四日条）がおかれて、在留新羅人を管理していた。そしてこの責任者の押衙に、前出の張詠が任命されていた。張詠は在地新羅社会の有力者であるとともに、「平盧軍節度同十将兼登州諸軍事押衙」（同八月二十七日条）の肩書をもち、この地方の権力を握っている平盧軍節度使（淄青節度使）の将校でもあった。彼が新羅人社会と地方権力との接点であったのである。

このような関係はこの地域にかぎらない。楚州の新羅坊では、新羅坊の惣管自身が「当州同十将」（会昌五年七月三日条）とよばれ、楚州軍権力の将校でもあって、坊の責任者が直接権力の末端に連なっていた。

新羅坊内部は唐帝国内の外国人社会の例にもれず、新羅人固有の風俗・信仰・法律・言語等が維持されていたが、坊内の人口や事件は惣管を通じて官に報告されていた。円仁のような旅行者が坊内に入った場合、当然報告が要求されたはずである。

円仁が長安からの帰途、楚州に近い漣水県の新羅坊に入ったとき、旧知の崔暈《うん》に再会した。崔暈はもと張宝高の部下の崔兵馬使で、中国との連絡・貿易を担当していた人物である。円仁の唐滞在中に張宝高が暗殺されたので、この地に亡命していたのである。彼の努力のおかげで、新羅坊の惣管は円仁を坊内に受けいれようとして県に報告し、県の長官は新羅人のなかに身元引受人がいるなら承認しようとしたが、坊の専知官が反対して円仁は受けいれられなかった（会昌五年七月九日条）。唐政府の廃仏の影響があるかもしれないが、それ以上に円仁と張宝高との関係が問題になったのではないか。張との関係は円仁入唐の際には有利に作用したが、張の没落後の今は、商業にたずさわる人々の一部からは、かえって警戒される原因になったのではないかとおもわれる。ともかく県の当局者は、新羅人社会の意見にしたがおうとしたのである。

円仁が赤山法花院に入った当初、赤山院では円仁主従の残留を報告するのが遅れたらしい。赤山村の板頭から報告がいって、県ではこのことを知り、青寧郷に牒を下して、赤山院の綱維・知事僧の報告が遅れたのを調査せよといってきた（開成四年七月二十八日条、七月二十四日付文書）。それにたいして円仁と赤山院から県に文書が提出されたが、そこには中国に逗留して、仏教の聖地を巡礼したいという希望が述べられていて、我々が考えるような密入国を犯したというような意識は存在しない。唐の法律は外国人が中国内に入って商業をおこなうことをきびしく禁じているが、赤山院の僧侶らの意識では、求法・巡礼等はまったく別のことと考えられているのかもしれない。このことは世界国家としての唐のことを考える場合にかなり重要なことにおもえるが、今のところ制度や法の面からは詰めきれていない。

もちろん外国人が自由に横行することは許されないから、県の方ではこの段階では、「海口の所由及び当村の板頭并びに赤山寺院の綱維等」に牒して、円仁らの所在を監視するよう通達している（九月三日条、八月十三日付文書）。円仁の方では赤山院にたいし、唐国の格の規定にしたがって、寺から州県に公験を出すよう請願してもらいたい、という文書を提出している（九月二十六日付）。

円仁は七月に赤山法花院に入ってから半年、年が改まって春になったので、いよいよ所期の目的をとげるために動きだした。まず円仁から赤山院に文書を提出し、赤山院がそれにしたがって押衙の張詠宛に状を送り、円仁自身も一状を送った（開成五年一月十九、二十日条）。その後も円仁は張詠に催促しているが、張詠からはくりかえし、県に報告したが、県からは州に申請するから十数日待たれよという返事がきたと言ってきている（一月二十一、二十七日、二月十五日条）。

円仁はついに二月十九日に赤山院を出て、張詠の家に着くと、ちょうど県から文書（二月十日付）がきて願いどおり旅行を許すといってきた。翌日、張詠は部下をつけ牒をもたせて円仁を文登県に送り、公験を出させようとした。

二月二十四日条に、小野本は「早朝、県の公［験］を得たり」と記すが、［　］内は意を以て補うと注されている。しかし堀一郎訳本はそのまま「県の公験を得」とし、(8) これにたいして足立本は「県の公牒を得たり」としている。この記事の後に文登県から登州都督府宛の牒が載せてあるが、そのなかに円仁の公験下付を請う文書を写した後に、「依検、前客僧未有准状給公験。請処分者、准前状、給公験為憑者。謹牒」と記されている。これを小野本は「公験を給して憑と為すものなり」と読み、足立本は「公験を給して憑と為さしむべきなり」と読んでいる。後者のように解するなら、「公験を給して憑と為せ」と読んでもよいであろう。公験ならば県が発行して旅行者に所持させる形式となるであろうから、私はこの牒文は県から州に送られた文章で、県が州に発行を請う内容と解する後者の説がよいであろうとおもう(9)。

円仁はさっそく県を発って、三月二日登州都督府城に入ったが、城南の役人が円仁らの旅行の理由を問うたので、「行歴」を書いて与えた。翌日州の長官・役人らを訪ね、五日に公験を請う状をつくった。その後でまた催促すると、州が牒を出すから、その牒をもって青州節度使の役所までいけといわれ（三月八、九日条）、登州でも公験は得られなかった。これによってみても、さきの文登県で公験を得たという読み方は誤りであることがあきらかである(10)。

登州が出した牒は、「登州都督府牒上　押両蕃使」と題し、その写しが三月十一日条に載っている。そのなかに、「依って検するに、日本国僧円仁等は、先に文登県の申に拠れば、去年六月十二日、日本国入京朝貢使の却廻船、当県界の青寧郷赤山の東海口に到りて着岸し、七月十五日に至りて発てりと。続いて県の申を得たるに、日本国の還国船上より僧円仁并びに行者等四人を抛却せりと。州司先に事由を具して使に申し訖りぬ。謹みて具すること前の如し。公験を給するや否やを審かにせずと。刺史判ずるに、州司は便ち公験を給するに憑無ければ、安録を付して、尚書に申して裁を取れと。仍って僧人を遣わして自ら状を齎し、尚書に見えて処分を取らしむ。謹みて具すること前の如し」とあるところをみると、登州で公験を出す判断がつかなかった理由は、やはり円仁らが遣唐使船から置き去りにされて居残ってしまったことにあるとおもわれる。

なお牒の宛名が「押両蕃使」になっているのは、「押新羅渤海両蕃等使」の略で、この役は平盧軍節度使が兼任しているのである。だから公験発行の判断は節度使（観察使）に委ねられたのであるが、押両蕃使が宛名になっているのは、新羅人居留地から出た問題だからであろう。

ともかく円仁はまた青州にむけて出発し、二十一日に青州の竜興寺に入り、竜興寺から州に報告がいき、翌日円仁自身が役所に出かけ、またあらためて公験を請うための状を節度使あてに提出した（二十五日条）。それはすぐに処置されたらしく、弟子の惟正が役所に聞きにいくと、公験一通は本人に支給し、一通は朝廷に送ることになっており、後日朝衙（節度使官衙の朝礼、この日に公務が執行されるのであろう）の日に、節度使が署名し、印を押してから与えると言われた（二十七日条）。朝廷に送るのは、中央の許可を得るためではない。小野氏は本人が長安まで行ったとき対比するためではないかと推測している。

当時政務は多く地方の節度使の専断にまかされていた。朝廷への文書送付は、朝廷の許可を得る形式だけが残っていたのかもしれない。それで四月一日の朝衙の日に、公験が渡され、同時に節度使から布・茶等の賜物があった。円仁は文登県から登州をへて青州まで、折衝を重ねながら隠忍の旅を続けてきたのであるが、青州では案外簡単に事が処理された。このことについては、私は当時節度使が専決権を握っていたことが制度上は重要だとおもう。しかし円仁の場合には、仏法を解する幕府判官蕭慶中や節度副使張員外の好意をえて、短い青州滞在中になんどか食事に招かれている。かれらの奔走のおかげで、とくに事がスムーズに運んだのであろう。これは先述した円仁の人柄が重要な点である。こうして今まで保留されていた円仁の身分は、正式に唐在住の外国人として認められ、唐国内での巡礼と修行が自由になったのである。四月三日に円仁が青州を出立するとき、蕭判官は見送りの人を差し向けて案内をしてくれた。これより円仁の五台山・長安への旅がはじまるのである。

注

（1）堀敏一『東アジアのなかの古代日本』（岩波書店、一九九三）

（2）曹東升『唐代的東方門戸－登州』（『唐史論叢』6、一九九五）。

（3）『唐律疏議』巻八　衛禁律三十一条疏に、『其化外人、越度入境、与化内交易、得罪、並与化内人越度交易同』とある。

（4）小野勝年『入唐求法巡礼行記の研究』巻二（鈴木学術財団、一九六六）、十八頁。

（5）足立喜六訳注・塩入良道補注『入唐求法巡礼行記』1（平凡社、一九七〇）、一七四頁。

（6）足立、註5前掲書、一八〇頁注3。

（7）佐伯有清『円仁』（吉川弘文館、一九八九）、一一四頁。

（8）『国訳一切経』史伝部二五（大東出版社、一九六三）

（9）唐代の公験の実物は、わが最澄・円珍の将来品や、近年の吐魯番出土品があって参照できる。程喜霖「《唐調露二年（公元六八〇年）某人行旅公験》考」（『魏晋南北朝隋唐史資料』7、一九八五）に、公験・過所の一覧表が載る。

（10）佐伯、註7前掲書、一二〇～一二四頁も、公験は青州ではじめて入手できたと解している。

（『古代文化』一九九八年9号）

八十自述

小学校に入ったのは昭和六年（一九三一年）、柳条湖事件が起こされ、いわゆる満州事変が始まった年である。中学校に入ったのは昭和十二年（一九三七年）、蘆溝橋事件が起こり、日中全面戦争に発展した年である。高等学校に入ったのは昭和十六年（一九四一年）、太平洋戦争に突入した年である。大学に入ったのは昭和十八年（一九四三年）九月、学生の徴兵猶予はついに無くなり、いわゆる学徒出陣と相なったが、私は徴兵年齢が来ていなかったので、一年余り大学に残って、勤労奉仕に寸断されながら、曲りなりにも大学の講義を経験した。三月十日の空襲も経験した。日中戦争が起こったとき、昔の戦争（例えば日清・日露戦争）は一、二年で終ったが、この戦争は我々が兵隊に取られるまで続くのではないかと思ったことを覚えている。

とうとう昭和二十年（一九四五年）三月に招集されて、いきなり山西省に送られたが、省内各地の部隊から我々を引き取りに来るまで、太原の南の楡次という所で、無為に日を過ごしていた。夕方になって城壁に沿って植えられた木々（これは詩経時代から華北の変わらない風景のようだ）に、烏が帰って来てカアカアと鳴くと、無性に故国が恋しくなってしかたがない。まさに「黄雲城辺烏棲まんと欲す、帰り飛んで唖唖として枝上に啼く。機中錦を織る秦川の女、……梭《ひ》を停めて悵然として遠人を憶う、独り空房に宿して涙雨の如し。」この秦川の女は、遠距離貿易に出ている商人の妻であろうか*。ともかくその気持ちがよくわかるのである。そういうときに、アメリカ軍が沖縄に上陸したというニュースを聞いた。今思うとどうしてそんなニュースが、早くも最前線まで届いたのか不思議で仕様がない。兵隊のなかには、国に帰るのもそんなに遠くないだろうと言い出す者もいた。しかし四月から七月頃までは、黄土地帯は夏である。喉が渇いて仕方がない。つい水を飲んで下痢が止まらなくなり、病死した者も少なくなかったはずである。

＊石母田正に「商人の妻」（『歴史と民族の発見』所収）という一文があり、中世の中国商人の妻の毅然とした態度を称賛している。商人の妻は夫が他国をまわっている間、独力で家庭や店舗をきりもりしていたのであるが、李白はそういう女性の孤独な心情に同感している。

戦争の時代に学窓を出たことを上に述べたのであるが、ただ私たちの世代は、「サイタ、サイタ、サクラガサイタ」ではなく、その前の「ハナ、ハト、マメ、マス」の時代である。軍国主義教育もそんなに酷くはなく、まだ多少の自由も残っていたと思う。教育環境は今よりよっぽどよく、よい先生にもめぐり会えた。だから高校までの教育には満足している。

ただ戦争は私の進路に影響を与えた。私は片親だったから、一般のサラリーマンになる方が親孝行だと考えていたが、どうしても世の中に出るのに消極的になり（逆に大いにハッスルした人もいたはずだが）、歴史が好きだったから、歴史の教員にでもなろうかと思うようになった。その消極性は私の一生続くことになる。高校のクラス担任でもあった西洋史の秀村欣二先生は、西洋史は高校の教養に続くような所があってよいですよと言われたが、西洋史より東洋史の方が未発達な所があって、独自なことがやれて、やりがいがあるだろうという素人考えで東洋史を選んだ。東洋史がおもしろかったわけではない。むしろおもしろくない所をおもしろくしなければならないという考えである。こういう所をみると、はじめは歴史を教える、喋るということに関心があったのだが、研究者の面を志向する傾向があったといえるかもしれない。自覚していたわけではないが、そういう風に思えるのである。

高校に入ったばかりの一年のとき、東洋史の岸辺成雄先生（上記の秀村先生とならんで私の入学時に赴任された最も若い先生であった。東洋音楽史の大家である）がリポートを課された。尾崎秀実の『現代支那論』か、小竹文夫の『現代支那史』を読んで感想を書けというのである。私は両方読んだ気がするが、尾崎の本について感想を書いた。何を書いたかは覚えていないが、ただ一点、中国社会の歴史的停滞性という点にひっかかった。これは別に尾崎が悪いのではなく、昔の進歩的知識人はみなこのような説にかぶれていたのである。私は中国人が生きて歴史をつくってきたかぎり、停滞などということは無いはずだというようなことを書いた。このリポートを書いたのがいつだったか、夏休みだったか学年末だったかはっきりしない。ただ戦後に明らかになった所でみると、その年（一九四一年）十月に尾崎とゾルゲは検挙されており、岩波新書の尾崎の本がいつまで出ていたか問題であるので、夏休みの公算が大きい。それ以来尾崎には関心をもつようになったので、戦後に出た獄中書簡『愛情はふる星のごとく』も感激して読んだし、先日の篠田監督の『スパイ・ゾルゲ』も見に行った。

停滞性の問題、裏返していえば中国史の発展の問題は、戦後の私の学問の根本問題となったもので、その出発点はこのときにあるわけだが、東洋史を専攻すると決める前のことである。高校時代は世界史的変動の時代とかいうので、歴史の教養に関する本がたくさん出版された。歴史とは何か。歴史は何を呼びかけるか。歴史の発展とはどういうものか。河合栄次郎編の『学生と歴史』にはじまり、三木清の『歴史哲学』をへて、ヘーゲル・ヴィンデルバント・リッケルト・ディルタイ・ジンメル・クローチェらの翻訳があり、歴史家のランケ・ドロイゼン・ランプレヒト・ベロウ・マイネッケらも主としてその思想面から問題にされた。こういうヨーロッパ思想の流れについてやさしい要領のよい解説本を何冊も出したのが樺俊《かんば》雄で、大いに恩恵を蒙ったものである。純粋に歴史学のものでは、大類伸の『史学概論』がよくできた本だと思う。近代ドイツ文学の優秀な研究者だった佐藤晃一先生は（惜しいことに早死にした）、ランケの『強国論』をテキストに使われた。

英語の教科書では、トレヴェリアンの『アン女王時代のイギリス』を読んだ。同著者の『イギリス社会史』と同じ趣向のものだが、社会史の先駆ともいえるこの本は、旧制高校生には興味がなかったようである。この種の形式の社会史は人生の指針にならないのではないか、というのが今の私の感想である。いったい歴史とは何なのか、人間に何をもたらすのか。

時局に便乗して京都学派の哲学者もたくさん著書を出した。歴史家では鈴木成高がいたが、偶然手に入った東大新聞をみると、金沢誠がするどい批判的な書評を書いていて感心した。大学に入って西洋史の助手だった金沢と顔をあわせた。金沢は勤労奉仕によくついてきたが、千葉の農村で働かされたとき、土地の不良に脅かされてみんなで逃げ帰ったら、金沢にだらしがないとハッパをかけられた。戦後の歴史学研究会の部会で、誰かがアジアの新しい動向について発言したときのこと、金沢に「アジアの曙」や「大東の鉄人」（戦中の山中峯太郎の小説に出てくる）を思い出すとちゃかされた。考えてみると重要なことを言っているのである。

大学に入って講義に出た。和田清先生が東洋史研究の動向や方法を知るには、論文を読むのがよいと言われたので、図書館にこもって論文をだいぶ読んだ。読めばノートをとることになるのだが、まだ特定の研究目的があるわけではないのだから、どういう部分をとったらよいかわからない。和田先生はそういうノートはあまり後で役に立たないとも言われた。今ならコピーをとるところだが、当時はまだ不可能だった。しかしコピーは特定の研究のためならともかく、そうでないとかえってあまりよく読まないことになり、勉強にも役立たないのではないかと思う。そういう風にして読んだ論文のなかで、私は東洋史の論文よりも、中田薫の『法制史論集』に感心した。

これも東洋史ではないが、昭和十九年（一九四四年）、大塚久雄の『近代欧州経済史序説』が出たので、夢中になって読んだものである。あの戦中の暗い時代に、この本は生きる希望を与えるものであったと思う。こういう歴史の本には今でもあまりお目にかからない。大塚はウェーバーとマルクスの恩恵を受けたと書いているそうだが、それは戦後のことであろう。竹内好の『魯迅』も戦争末期に出たらしいが、私が読んで感激したのは戦後のことである。石母田正の『中世的世界の形成』も戦中から書かれたらしいが、出たのは戦後、私が読んだのはかなり後のことである。

東洋史の枠内の本では、入学したころ、以前に出た平凡社の世界歴史大系の東洋史の部分が再版された。これは昭和初期の不景気のころ、鈴木俊らが世話して、若い人たちに書かせた文章が多いのだが、新進気鋭の人達の気分がよく出ている。ことに魏晋南北朝の志田不動麿や宋代の日野開三郎の書いた部分が光っていると思う。唐代は鈴木俊、宋代は周藤吉之や中嶋敏らも執筆しているのだが、宋代の中心部分は日野が書いている。宋代の財政・経済構造についての叙述がおもしろかったので、日野の論文も読んだがそれほどでもなかった。近年になって、唐代史研究会に毎年日野が出席するようになったので、そこで聞いた所によると、レーニンの『ロシアにおける資本主義の発達』を側において書いたそうである。日野とレーニンとは意外な組み合わせだが、そういう時代もあったのである。そういえば日野の高校の同級生に宮本顕治がいる。ちなみに私の学生時代には、マルクスにもレーニンにもお目にかからなかった。

戦争から帰って大学に復学したら、二年の途中で招集されたから、届け出た講義の単位が与えられていた。それに甲だの乙だのグレードが付けてある。本人がいないのに、もちろん試験を受けたわけではないのに、どうしてこういうことをしたのか、これが就職にひびくであろうことを大学の教師は知っていたのであろうか。まったく無責任な話である。ともかく残りの単位を取り、卒業論文を書いて大学を出ることになった。私の一番の関心は、中国の発展をどうとらえるかであるが、まだどうしても見透しが立たない。上記の志田不動麿に感激したので、魏晋南北朝あたりを手掛けようかとも思ったが、史料は少ないし、どうしてよいかわからない。

そこで服部四郎のモンゴル言語学の講義などに出ていたこともあり、大塚久雄以来、モンゴル時代の西アジアでの貿易等にも興味をもっていたので、元朝が漢北から中国に入ってくる過程をやることにした。こういうテーマをとると、漢北から中国内地に入ってくるその短い時期のなかで、社会がどう変わったか（発展したか）が捉えられると思ったのである。この論文は悪くはなかったと思うのだが、戦後まもない時期で、史料も足りなかった（東洋文庫がもっていたラシードのロシア語訳なども、疎開先から戻っていなかった）と思うのでそのままにしてある。なお私の指導教官は和田清先生であったが、私の卒業の時期、先生は脳卒中を病まれて、卒論は山本達郎先生に読んでいただいた。その後東洋文化研究所を受験したこともあり、山本先生にはお世話になることが多かった。

戦後の研究室には、家がない先生などが寝泊まりしていた。東洋史の研究室には、前田直典が湯河原の自宅から上京して、研究室の机の上に布団を敷いて泊っていた。前田は大学卒業後に熱病にでもかかったのであろうか、足が萎えてしまって松葉杖を使っているのだが、戦後の東京での生活には非常な無理があったはずである。結局結核だったと思うが発病して亡くなってしまった。前田の元朝紙幣の研究は、驚くほど緻密で詳細な研究である。私が元朝をやったので気にかけられたのかもしれないが、話を伺うようになった。前田が有名な「東アジヤにおける古代の終末」という文章を発表したのが、私が大学を卒業した外ならぬその月であった。私が中国をやりたいというと、唐宋の変革期をやるよう奨められた。

前田のこの文章の主張は、一つは中国の古代は唐末に終わるということ、二つには中国・朝鮮・日本の古代の終末には時期的な関連があるということであった。後者はのちに学界の課題になる東アジアの一体性の問題を先取りしているのだが、当時は前者だけが注目された。なぜこの点が注目されたかといえば、戦後のこの時期には日本社会の変革が課題になっており、歴史の変化発展の普遍性が確信されていて、中国史の分野においても、その発展をどう捉えるかが問題にされ、その発展を端的にしめす時代区分が要求されていたからである。私も自分がいだいていたテーマに即するので、この時代区分問題に関心をもった。

中国史の時代区分はそれまでいろいろにやられたが、そのなかで根拠がしっかりしていて、戦後に注目されたのが、内藤湖南に始まる区分法と、前田の説である。両者は対立しているので、内藤戊甲は前者を京都学派、後者を歴研派などと名づけた。内藤湖南の説は辛亥革命の直後に出された『支那論』に始まる。ここで内藤は世界史の潮流のなかに中国史をおいて、ルネサンスにはじまる近世に相当するのが、中国では宋以後であるとして、宋以後を近世とする時代区分を提唱した。このような早い時期に、世界史的な視野をもった方法を提唱したことは、まことに尊敬すべきことである。ただこの時期、内藤の周囲には原勝郎・内田銀蔵らのすぐれた歴史家がいたので、内藤の歴史観もかれらとの交流のなかから生まれた面があると思われる。

しかし内藤の独自な点は、この近世論が経世家としての内藤の現代中国論に根ざしていることである。内藤は辛亥革命後の中国が、宋以後の士大夫社会の末端に位置する自治的な農村社会の延長上に建設さるべきだと考えたのである。だから内藤の近世は現代につながるのであって、内藤は近世を別の所で近代とも言いかえている。しかしここにはまだ中国共産党も国民革命も登場しないのである。内藤のこの近世論の根拠を知るならば、それに無批判に従うのがおかしいということがわかるはずである。

内藤の宋以前の時代区分は、『支那上古史』の緒言に出ている。それは過渡期をおいたりしてややこしいので、それを簡明にした宮崎市定の区分によると、漢末までが古代（内藤は上古という）、魏晋南北朝・隋唐が中世となる。ここでは『支那論』の時代区分とまったく根拠が違ってきているのだが、その点は省略する。内藤の時代区分を補正しながら継承した者に、宮崎市定・宇都宮清吉・谷川道雄らがいる。それらには内藤と違った独自な所がある。しかし京都学派とはいみじくも言ったものである。これを無批判に継承するのであれば、学閥以外の何物でもない。

前田の説は唐末までの大所有地が主として奴隷に耕作されたというのであるが、西嶋定生は漢の高祖集団の研究以来、家父長的家内奴隷制説をとなえ、その後小農民にたいする国家の個別人身的支配説に転じた。渡辺信一郎も小経営生産様式の上に国家的奴隷制が成立していると主張した。これらは前田の区分が継承されたというものの、その内容はまったく違っていて、中国古代社会の理解がたいへん難しいことをしめしている。内藤らの説と前田らの説とでは、区分のしかたも論拠もまったく違うのであるが、唐宋の間を中国史上の大変革期とみることでは一致している。私はこの変革期を研究の対象にしようと考えたのである。

東京と京都というといろんな点で対立しているように考えられているが、戦後の時期には、西嶋定生と波多野善大・北村敬直・里井彦七郎らとの自主的な交流があり、それに誘われて、私たちも佐藤圭四郎・池田誠・河地重造・谷川道雄らと知りあった。また田村実造・周藤吉之・鈴木俊らが東大・京大・九大の共同研究を企画し、このとき西村元佑・川勝義雄・菊池英夫・松永雅生らとも面識をえた。礪波護から手紙をもらったのもかなり早い時期だったと思う。

さて私は唐宋の変革をやる気になったのであるが、和田先生は歴史の研究をするなら、なるべく後の時代から始めるべきだと言われた。歴史への関心は前に溯るものだからだという。実際古い時代を専攻した人が、のちになって後の時代をやるようになったという例をあまり聞かない。私のようなテーマをやるなら、日野のように宋代から始めるべきだったとは思うが、後の祭りである。せいぜい黄巣の乱や藩鎮の研究をやって、変革の前提になる社会をみるためと称して、『均田制の研究』を著すことになった。

私がはじめて学会に登場したのは、一九五〇年の歴史学研究会の大会であった。この大会の統一テーマは

『国家権力の諸段階』で、前年の『世界史の基本法則』の続きである。私は最初から『基本法則』には批判的であった。中国が基本法則どおりにいかないのはあまりにも明らかだったからである。『国家権力の諸段階』は、古代を西嶋定生が報告し、中世を石母田正が担当した。石母田は封建社会の王権の重要性を述べ、中国宋以後の中央集権をその一つの現れとみようとした。そこで中国史の報告者を探して、私に白羽の矢が立った。西嶋あたりの推薦ではないかと想像する。しかし私は卒業論文では別のことをやり、中国史に転じて十分時間がなかった。しかも唐末に主力をおいていて、宋代には及んでいなかった。それで私の報告は石母田にヒントをえて未熟なものに終わったが、手を加えて、私の近年の論文集『唐末五代変革期の政治と経済』に収録してある。なお私が基本法則に批判的であったことは、その年の東大新聞に高橋幸八郎が指摘したし、遠山茂樹の『戦後の歴史学と歴史意識』にも書かれている。遠山は専攻が違うし、忙しいなかなのに、私の著書などをよく読んでくれたので忘れられない。

このときの中世の主報告は石母田だが、日本史を永原慶二、中国史を私が担当した。永原は高校の先輩で、以後いろいろな仕事でご一緒した。印象的だったのは、歴史学研究会から日本歴史学協会の委員に推薦されたときのことで、ここでは委員会が大きく二手に割れていて、勇ましくやりあう人もいたのだが、永原が諄々と喋り出すと、反対派の人々もみな静かに傾聴した。その背後に説得力をもつ永原の常日頃の業績があるのではないかと、私は思っている。

日頃の業績といえば、上原専禄の発言を思い出す。戦後の騒然とした時代に、ある会合で若い人達が勇ましい議論をしていたところ、上原に今こそ諸君はしっかりと勉強をして業績を積んでおかなければならないと警められた。上原はそのころ世界の動向を見すえた社会的発言を強めていたのだが、それは長年の着実な歴史省察の結果だということを知らなければならないだろう。

私の最初の論文は、「唐末諸反乱の性格」である。これを書くとき、私は政治的現象だけに限定して、経済などにはふれず、政治史の変遷が描けないかどうかという、奇妙な幻想に捉らわれていた。いや一般の歴史研究なら幻想だが、このようなことを試みる価値はあると今も思っている。しかしその点の批判は受けたし、このままの形では不十分なので、私の論文集のなかでは、上の報告とともに「附録」に入れた。私は一九四八年に大学を卒業して、四九年に東洋文化研究所の助手になったので、この論文や以下の諸論文も、多くはこの研究所の出版物に載せた。

戦後のこの時期には、大学の啓蒙的な役割も相当のものであったと思う。東洋文化研究所には仁井田陞・飯塚浩二教授らがいて、そういう活動の中心にいた。こういう活動の一つは東洋文化講座で、そこで為された仁井田の「東洋的社会倫理の性格」にはいたく感激したものである。仁井田はわれわれ初心者も、同輩の研究者とみて容赦はしなかったが、飯塚は後輩の研究者を暖かく見守るという態度をとった。そこで石母田を囲んで雑談をしていたおり、私は飯塚と対比して、仁井田の態度に苦情を言ったところ、石母田は仁井田の業績こそ後世に残るもので、君はよく私淑しなければならないと戒められた。

東洋文化研究所の所員は研究会以外は出てこなかったが、例外は東洋史の松本善海、建築史の飯田須賀斯、美術史の米沢嘉圃らで、これらの教授には昼休みによく顔をあわせた。仁井田も時には顔を見せていた。米沢を中心に談論風発、だいぶ耳学問をさせてもらったが、あるとき米沢から年表を作るから文化史懇談会に出るよう要請された。この会は吉沢忠・藤田経世らを指導者として、美術史・建築史・演劇等の各分野の若手や女子大生らが集まって、先輩らの報告や研究状況等を聞いていた。富永惣一が戦後いちはやくヨーロッパをまわってきた見聞記が新鮮だったのを覚えている。ともかく東洋史とはちがった話や仲間に接して有益であった。文化史年表の編集会議をよく開いていたが、私は途中で病気してしまったので、その後のことはよく知らない。

病気というのは、助手時代に結核を病んだことである。神田を歩いていたとき、結核予防会の看板を見て、ひょいと飛び込んだところ、病巣が見つかった。たぶん予感があったのである。そのころは肺臓の一部を切除する手術の全盛期で、なかなか病院がみつからない。中野の町なかにあった織本病院という所に入院して、右の肺尖を切除した。町なかだから病院の前にレコード屋があって、朝から晩まで春日八郎の「お富さん」を流していた。この曲が手術の思い出と重なっている。そのときは気がつかなかったが、最近気管支が曲がってしまっているのがわかった。それと関係があるかどうかわからないが、明治大学をやめる頃から、肺炎を何度かやった。昔の縁ではないが、予防会の病院の世話になっている。助手時代は公務員であったから、結核というと長い間休職できた。研究所の先生方はたっぷり休めという。たいへんありがたいと思っていたが、よく考えてみると、もし復職したら助手の期限もなくなるので、就職が待っている。それで休ませられたのかなとも思っている。

たっぷり休んだので、身体の方は徐々に回復したから、その間にぼつぼつ勉強を始めた。大学卒業時はまだだった史料の収集がじっくりできた。その結果しあげたのが「黄巣の叛乱」で、私のはじめての満足ゆく本格的な論文である。初期にはまだ論文集を出すなどとは考えていなかったので、最近になってから上記の『唐末五代変革期の政治と経済』を編み、それにこの論文を収録した。読みかえしてみて、我ながら史料もよく集めているし、考え方もよいと思う。この問題が戦後の変革期に重なって、こういう昔の史実に、高揚した気分で臨めるという経験は、もう二度と味わえないのではないかと思う。あのころに比して、最近は世界も日本も、あまりに絶望的な状況が続いている。中国の経済的発展はたしかにあるのだが、政治がどうなるのか、アジアのなかでどういう位置を占めるのか、まだよくわからない部分がある。日本では「東アジア共同体」などという声を聞くが、昔の「大東亜共栄圏」を思い出す人もいるだろう。

黄巣の乱に関するこの論文の抜刷を、農民戦争に関する単行本を出していた中国の孫祚民に送った。当時中国では農民戦争の考え方をめぐって論争が行われていたが、それは大きく言って、客観条件を重視するヨーロッパマルクス主義の伝統と、農民の主観性・主体性を重視する毛沢東主義の対立といえるだろう。前者に属する孫祚民は四面楚歌のなかにいて、日本から小さな援軍がきたみたいに思ったという。もちろんそれは、文革が終わって孫が日本に来たときの言い草である。孫はまもなく比較的若いうちに死んだ。

中国の学者といえば、文革前だったか、厦門大学の韓国磐から手紙をもらった。はじめは西域文化研究会の『西域文化研究』が入手できないかということであったが、私の安月給では買えなかった。それにそのときは韓国磐という人も始めてであった。しかしそれがきっかけで文通するようになり、著書の交換も行った。韓国磐の子の韓昇が、文革のとき私の本をそっと仕舞うのを見たと話してくれた。のちに明治大学の費用で招請し、講義をしてもらい、京都にも同行した。韓は清廉潔白なまじめ一徹の人である。

のちに一九九〇年韓国磐から「陳元光与漳州開発国際学術討論会」というのに招待された。陳元光は唐代漳州を開いた人であるが、当時の漳州はずっと奥地にあった。その遺跡といわれるものが各地にある。文献は少ないので、こういう研究は外国人には難しいと痛感した。一行のなかに明代漳州の海賊や蜂起を研究した片山誠二郎がいたので、明代の漳州港があった海澄月港（現龍海県）に連れていってもらい、古い碼頭に立った。露地や家屋も明代以来のものが残っている。片山の感慨はどうだったろうか。

東洋文化研究所の助手に復職してすぐ助手の任期が切れた。地方の大学に行きたくなかったのでぐずぐずしていたら、山本達郎先生の紹介で東洋文庫に臨時に勤めることになった。その仕事は『華夷変態』三巻の編集・出版で、山根幸夫の指導の下、日本史の研究者若干と私とが協力した。これは別に出版されているオランダ風説書と同様なもので、長崎に入港する中国船から通事が聞き書きした中国や中国船の出入りする東南アジアなどの情勢報告で、ことに初期のものには台湾の鄭氏や三藩の乱の情勢等が含まれている。幕府の林家に伝えられてきたものが、現在内閣文庫に所蔵されており、それを筆写してきて版にするのである。そのころは墨で書いた崩し字も結構読めたのだが、今はすっかり返上している。敦煌文書も英・仏・露で原文書を見たのだが、これらは楷書に近いものが多く、私は契約書など、短文で形式も一定しているものを多く扱ったので、それほど読むのに苦労しなかった。

東洋文化研究所を辞めることになったとき、思えばいろいろな方に世話になった。右の山本先生のほかに、高校時代の恩師であった秀村欣二先生には、武蔵予備校を紹介された。ここの校長の広井好という人も忘れ難い人である。裏道を歩いていると謙遜していたが、なかなか義理堅い人で、家庭のことまで世話になった。

またここにアルバイトに来ていた大学・高校のさまざまな学者・教師と知り合いになれた。たしかに裏道のことであるから、名前を挙げるわけにいかない。ただ西洋史の工藤泰は小平に住んでいたので、しばらく後のことであるが、朝鮮大学校を紹介されて見学に行った。とくに博物館に安丘三号墓や徳興里古墳の立体模型が作られていたのが目を引いた。

東洋文庫の仕事は私の専門と違うので、行き帰りの電車の中や家で夜更かしして勉強していたら、十二指腸潰瘍になり、ちょうど夏休みだったので一夏寝て暮らした。東洋文庫には二年ほどいて、明治大学文学部に就職した。一九六〇年、いわゆる安保闘争の年で、就職早々どこだったかの大部屋に集められて、教師がデモに出るかどうか、学生のデモをほっといてよいかどうか（そのころは学生運動と教師は対立していなかった）激論があった末に、デモに出る方が勝ちを制して、ぞろぞろ街を歩いた。いつのまにか他大学の列と一緒になり、共産党などのお歴々が車上からアジっているのに、山辺健太郎が下駄履き姿で我々の列に交じって歩いているのを目撃した。夜は授業があったので、講師の控室でラジオの中継を聴いていたら、学生が国会に突入して大混乱になった。翌日の新聞で、高校時代に本を通して世話になった樺俊雄のお嬢さんがなくなったのを知った。

明治大学では、青山公亮先生と研究室をご一緒した。そのおかげで昔の東洋史の先生・先輩方の話を、かなり微妙な点まで伺って、相当な通になった。昔の話といえば、西洋史の杉勇先生がいる。この先生は以前明大予科で教えていた関係か、よく講師の控室に来ていて顔をあわせることが多く、むかし西洋史の助手時代に藤田豊八と仲良かったこと等、いろいろ話を伺った。あまり話が面白かったので、一度記録を残したいと思い、駿台史学会で話を頼んだところ、まったく準備して来なかったのでものにならなかった。はじめこの先生にはどこかであったという記憶があったが、ずっと後になって、東大で一年間聴講し単位をもらったことを思い出した。とうとう先生がなくなるまで白状できなかった。青山先生は朝鮮史の専門家なので、上の山辺健太郎などもときどき下駄履きでやって来た。思想はまったく違うのだが、両方とも無邪気な点が気があったのかもしれない。

さて研究の方は「黄巣の叛乱」に続いて、しばらく唐末五代の政治史をやった。そのなかで「藩鎮親衛軍の権力構造」は、論理的な組み立て方を自慢したい論文である。この系列に「朱全忠政権の性格」や「五代宋初における禁軍の発展」があるが、後者は計算機ももてない時代で、宋代禁軍の兵数の計算に自信がもてないし、さほどよい出来ではなかったと思うので、中文訳もあるのだが、上記の論文集からは割愛した。

しかし政治過程をいくらやっても、どういう社会からどういう社会に変化するのかはわからない。そこで変革の前提になる社会をみるために、均田制に関する諸研究をおこない、石母田の勧めと推薦で、一冊にまとめて岩波書店から出した。『均田制の研究』という題は、岩波の担当者が考えたものである。一九七五年だが、これが私の最初の著書である。もっともその前に、小倉芳彦・柳田節子・三木亘らと『教養人の東洋史』というのを書いた。担当部分は僅かであるので、著書というのは当たらないであろうが、見開き二頁の片隅に写真を載せて、二頁で完結するようにエピソードを書きながら、全体として通史にしていくやり方に、楽しんで仕事をさせてもらった。

均田制と平行して、敦煌・吐魯番の租田（佃）制（小作制）に興味をもち、「西域文書よりみた唐代の租田制」という論文を書いた。中国学界では封建的な隷属制との関連でこの研究が始まったが、私は小農民同士の比較的平等な賃貸借からこの関係がはじまり、しだいに均田制を崩壊させていったと考えたので、これを『均田制の研究』に収めた。『均田制の研究』には王莽や占田・課田・給客制等、均田制以前の田制とともに、このような崩壊過程についての見透しをも載せた。租田制の契約文書はその後吐魯番から多数発見されたので、私の研究は古くなったが、大すじは変わらないつもりである。

またこの本では、均田制下の土地所有制についても意見を述べた。これよりさき中田薫・仁井田陞の、日中の均田制・班田制下の土地は私有だという説があり、私はこれに賛成するとともに、私田と公田の由来や、農地以外の山沢や荒地の所有権をも論じた。のちに私は均田制下の土地私有制は、春秋戦国以来中国の農民が営々として築きあげてきた土地に関する権利を引き継いだものであり、均田制はそのような土地の上に実施されたことを再論した（「均田制の成立と土地所有制」『中国古代史の視点』所載）。私の均田制研究は、均田制の内容に関してはかなり参照されたようであるが、土地所有制の問題に関しては、あまり意見を聞いたことがない。土地国有制の主張とまではいかなくても、この時代における圧倒的な国家の権力の方に関心がいくからであろうか。国家への関心は、最近の専制国家論の盛行とも関連があろう。停滞性論への批判以来、私は民衆が歴史を築きあげてきたという観点の方に関心があるのであるが。

均田制研究の中で、私は西嶋が用いた個別人身的支配という概念を使用している。私はそれを国家の支配形態として使ったのであるが、その後西嶋の書いたものをみると、西嶋はそれを中国古代の社会構成体を指す名称として使っている。それを専制国家の全体制を指す名称として使っている。西嶋の専制国家への関心は、戦前卒論に明代の織物業をやったときから始まったものであろう。それは資本主義工業への方向をもったものであるから、戦前にそのようなテーマを扱ったのはたいしたものだが、西嶋はその発展を阻止した要件として、専制国家の土地にたいする重税をあげた。

西嶋は戦後に古代史に転じて、その専制国家がどう成立するかをテーマとして、まず漢の高祖の集団を取りあげた。『国家権力の諸段階』の報告をみても、奴隷制と共同体を問題としており、この方向が進んだ方がよかったと私などは思うのだが、二十等爵制の研究以来、専制国家の構造論に転じた。構造論にはそれなりの役割はあるのだが、これによって中国社会の歴史を見ようとすると、増淵龍夫の言ったように、「動きのとれない停滞論」に陥るはめになる。例えば漢代から魏晋南北朝に移っていくには、移らざるをえない必然性があったはずであるが、その必然性はどのように説明されるのであろうか。これが歴史の発展ということなのだが、西嶋史学からはその発展がみえてこない。

明治大学に勤めてから、一九七二年に在外研究の番がまわってきた。しかしそのころはまだ中国とは国交がないし、自由に外貨を使うことも許されなかった。外遊には受け入れ機関を決め、大蔵省に申請して一定額の外貨の割り当てを受けなければならなかった。そこでケンブリッジ大学のトウィッチェト教授に依頼して許可をもらい、実際はロンドン・パリ・ベルリン・レニングラード（現サンクトペテルブルグ）の敦煌・吐魯番文書を観てまわることにした。

当時大英図書館にはまだこれらの文書専門の管理部局がなく、文書には関心がなさそうな文化人類学のＨ・ネルソンが責任者で、日本の大学を出た陸玉英という若い女性がそれを手伝っていた。その許しをえて書庫に入って埃りだらけの文書のなかから関心のあるものを取り出して、書庫の外の机で観ることができた。現在よりはるかに自由であった。当時ロンドンの文書は大部分マイクロフィルムになって売り出されていたが、書庫にはジャイルズの目録に載っていない未整理部分があり、そのなかに結構注目すべきものもあって、筆写してきて、一部は私の論文に引用した（現在はこの部分の目録も栄新江らによって作成されている）。それから十五年ばかり経って、もう一度文書を見に行った。今度は専門の担当者も二人いて、閲覧も面倒になっていた。陸玉英さんは結婚してユーイン・ブラウンになり、日本部門の主任になっていたが、まったくヨーロッパ人好みの東洋人に変貌しているのに驚いた。ご主人の影響か、大英帝国の古都倫教の為せるわざか。

パリの国立図書館（これを国民図書館という人もある。ナシオナルをどう解するか興味深い）は当時も管理がゆきとどいているようにみえたが、土肥義和のおかげで東洋文庫から費用を出してもらうことにして、関係がありそうな文書の写真を持ち帰った。土肥はそのなかに沙州都督府図経の未発表部分があるのを発見した。その後パリの文書もマイクロフィルムにされて、現在では東洋文庫等に来ている。ただ原文書を見た経験では、原文書を見るに如くはない。余談だがパリは魅力のある町で、僅かな滞在であったがここを去るときには涙が出た。大英図書館もパリの国立図書館も、当時はロンドンとパリの真ん中にあったのだが、現在はいずれも町外れにある。

ベルリンの文書は東ベルリンのアカデミーにあった。アカデミー会員のT・ティロを紹介してもらい、東ベルリンではじめて会ったが、日本語が実に流暢であった。北京に留学しているときに、日本人に習ったという。いかにも頭の切れそうな人である。東ベルリンの文書は、早く嶋崎昌がここを訪れて、ノートブックに詳細な内容目録を作って置いてきたのを見せられた。日本にもあると思うがどうなったか。ティロは後に日本に来たこともあるが、ドイツ統一後はベルリン自由大学に移された。文書はアカデミー所蔵のほかに、ソ連が持っていて返還されたものが一箱あったそうだし（西脇常記による）、西ベルリンにも僅かな文書があったが（私が実見した）、それらは現在ベルリンの国立図書館（あるいは国家図書館）にあるようである。

西ベルリン郊外ダーレムの博物館には、インド美術館があり、そこには新疆出土の壁画が多く残っていて、空襲のなかでも文化財がよく守られたことを示していた。ただしこれらの壁画は、吐魯番や庫車《クチャ》から剥ぎとられて持ち去られたものである。のちに吐魯番のベゼクリク石窟を訪れたとき、無残に岩肌をさらした室をいくつも見たが、そこには「ベルリンのバルトゥス、一九〇六年十月十八日、この建物を空にした」などと得々と書かれていた。バルトゥスはル・コック探検隊の一員である。日本の大谷探検隊の人々も敦煌やベゼクリクに、「大日本吉川小一郎」「大日本臣民野村越山」などと、落書きを残している。

ロシアの文書はレニングラードのアカデミーにあったので、担当者のチュグエフスキーに予め手紙を出しておいたら飛行場まで迎えに来てくれた。彼の敦煌文書研究の成果は、私が行ったときすでに原稿ができていたが、刊行されたのは一九八三年で、実に十年も後のことである。このときカラホト出土の漢文文書を調べているメンシュコフにも会った。彼は中国文学の専門家で、いかにも芸術家的な風貌で、エルミタージュ美術館を案内して、カラホトからの将来品やアフラシアブ（旧サマルカンド）の壁画や発掘品等を収めた倉庫のような室も見せてくれた。本人はそれよりも印象派の絵画の方に関心が深かったようであるが。

チュグエフスキーはあまりに日本語が巧みなので、白系露人の出身ではないかと疑ったが、はたしてソ連邦崩壊後に日本にやって来て、日本統治下の満州ハルビンで育ったこと、子供のとき二千六百年の奉祝記念に選ばれて日本に行ったこと、日本統治の終焉後仲間とソ連邦に入ったこと、しかしそれらの前歴はかくして奥さんにさえ教えなかったというのは驚きであったが、ソ連邦崩壊後に仲間と連絡を取りあうようになったこと等を発表した。それは敦煌文書の話よりも面白かった。

私の敦煌・吐魯番文書の研究は、租田契約文書との関連で、消費貸借契約や土地の質入れ契約等、各種の契約文書にまず関心が向かった。その間に美術史の専門家らと敦煌・吐魯番等を訪れたとき、ウルムチの博物館でたくさんの未発表の文書が陳列されているのに遭遇し、菊池英夫らと手分けして筆写して持ち帰った。それを利用して「唐代における田土の賃貸借と抵当・質入れとの関係」という論文を書いた。これらの文書はのちに『吐魯番出土文書』のなかに発表されている。このほかに講座敦煌のなかに、敦煌社会が唐代後半いかに変化したかということを、民衆の階級や身分、村落制度等、中国社会全般の変化と関連させて論じた。のちにロシアの文書をも用いて、税制面の変化を補った。これらは『唐末五代変革期の政治と経済』に収録した。

そのほかにも、唐代の研究には敦煌・吐魯番の文書が必須であった。後述する『身分制』研究のなかの部曲の問題。これまで部曲良民説があったが、吐魯番文書では明瞭に「賤」のなかに分類されている。後述の『家と集落』研究のなかの郷里制と村制の問題は、文書がなければ論文全体が成り立たなかった。戸籍と計帳の問題も、むろん文書が必要であった。また唐戸令の復元については、仁井田陞が文書を用いているが、その用い方に問題があることを述べた。

上述の美術史の先生方との旅行は、一九七九、八〇年の二回にわたって行われた。文革の直後で、洛陽から鞏県の石窟にまわったとき、石窟の入り口で、人民公社の集団耕作に出会し、号令一下人力で（牛力でなく）犂を引いている光景を見たのは興味深かった。また郊外に砦をもつ大地主屋敷を見に行った。のちに四川の「収租院」を見たが、これに匹敵するものである。この地には北宋の御陵も並んでいる。ウルムチの方から吐魯番盆地に降りたとき、霧のなかに点々と土の小山が散在しているのを望見した。私はすぐそれが坎児井《カンアルチン》（カーレーズ）だと気づいた。さきにヨーロッパからの帰りに中近東をまわったとき、機上からカナート（カーレーズ）の穴がミシン目のように並んでいるのを見たし、イランでは地上でも見たからである。史記河渠書には井渠なるものが見えて、王国維はこれによって坎児井の中国起源説を唱えたが、嶋崎昌は十八世紀末に西トルキスタンから吐魯番地方に入ったという。

ここで唐代史研究会について一言すると、この会ははじめ古賀登・菊池英夫らが鈴木俊をかついで、科学研究費を用いて始めたものだが、初年度だけは私の在外研究と重なったので参加していない。この種の時代別の組織としては最も早いものである。夏の合宿をずっと続けてきたが、はじめは科学研究費のメンバー以外は同伴者などとよんでいた。その後会員が増えるとともに会員組織となったが、日本史研究者らも加わって、最近では増加する会員のために会場探しに苦労している。

一九八三年中国の唐史学会の年会に参加しないかと誘いがあり、成都で合流するつもりでいたところ、直前に中国側の日程が変更になってしまった。当時は学会の国際交流などまだほとんど無く、中国側も慣れていなかったのである。しかしもはやこちらの旅程は変更できなかったので出発したところ、唐史の先生方が四川大学に会場を設け、唐長孺・王仲犖《らく》・史念海らの老大家をはじめ、王永興・胡如雷ら多数の先生方が、中国各地からわざわざ集って、交流会を開くことができた感激は忘れられない。私は団長であったので、大役がすんでほっと胸を撫で下ろした。さきの美術史専家との合同旅行も、このときも菊池が秘書長で、実に有能に走りまわって我々を引っぱった。感謝している。最近は会合への参加も個人の自由になったので、このような形の交流は少なくなったようである。

さきに西嶋とともに増淵の名をあげたが、戦後の一時期には西嶋・増淵のほかに、守屋美都雄・木村正雄・栗原朋信等、錚々たる面々が並び立って、東京の中国古代史学界は盛況であった。私もしばしば彼らの議論を傾聴した。東京以外にも、宇都宮清吉・平中苓次らがいた。私は明治大学でどんな講義をやっていたかよく覚えていないのだが、研究途中の難しい問題を喋っていたかと思う。そんなせいか、学生には秦漢をやりたいという者が多かった。そこで演習などでは、彼らとともに漢代などのテーマを勉強したので、私の研究もしだいに溯らざるをえなくなった。

そうでなくても、均田制の研究以来必要に応じて溯ってきたのであるが、そのうちに人を引き付けなければやまないテーマが、思いがけず向こうからやってきた。一九七五年湖北省雲夢県から睡虎地秦簡と命名された史科が出土した。それは大量の秦代の法律文書の残簡で、今まで名前だけしか知らなかった法律の原文が一度に見られるようになったのであるから、古代史研究者は欣喜雀躍、各地で研究班が組織された。私は歴史学研究会から一九七八年度の大会報告を依頼されたので、さっそくこの法律文書を史科に使って、「中国の律令制と農民支配」と題する報告を行った。テキストの簡装本はこの年の一月に出たがまだ入手できなかったので、高価な線装本に拠った。これよりさきこの秦律に関する大庭脩の知見が発表されているが、これに続くかなり早い時期の報告である。

ここでは氏族共同体の崩壊の後に小農民が生まれるが、国家はその耕地を造成し、山沢（入会地）を規制し、播種の分量や耕牛飼育をも指導した。農民は戸籍に登載され、伍という五人組に組織され、里に属して里典の管理を受ける。里には老（父老）がいて、伝統的な共同体を代表しながら里典の行政に協力した。以上のように国家は一つの生産体をなし、擬制的な共同体を形成し、農民はその成員をなしているが、従来のアジア的社会論のいうように、農民は無権利の奴隷ではなく、一定の自立をとげた良民であり、その一定の分解を含んだ共同体があって、国家はその共同体維持の役割を果たしているが、その役割が放棄されたとき、農民の蜂起が起こる。律令制の展開を背景としながら、大要以上のような報告を行った。

律令の展開について、私はいくつかの文章を書いたが、とくに「晋泰始律令の成立」は、類似の論文がなかったせいか、注目をひいて、中国語にも訳された。このほかに雲夢睡虎地秦簡を用いて、私は「雲夢秦簡にみえる奴隷身分」「漢代の七科謫《たく》身分とその起源」「中国古代の家と戸」等の論文を書き、その他にも随時これを引用した。これらは多く従来の編纂史科とともに用いたのであるが、第一の論文では、隷臣妾等秦簡に現れる身分が刑徒か奴隷かという問題があるので、両者の関連を考えてみた。

興味深いのは第二の論文に用いた史科なので、これを紹介したい。この論文は、奴婢以外の商人や贅壻《ぜい》等特殊な賤民身分が漢代にあることを論じたのであるが、秦簡のなかにその起源を示唆する興味深い史科がある。それは秦簡のなかに交じって残存していた魏の戸律および奔命律である。そこには特定の日に魏王が発した詔勅の形式が残っており、中田薫がかつて言ったように、律というものが単行詔令から出たものであることをよく示している点でまず注目される。

次にその詔令の内容に立ち入ると、民のなかに邑を棄てて野に居住したりする者がある。それらは他国からやって来た商人や贅壻身分に落ちこんだ者たちで、それらには戸を形成させず、田土・家屋の所有を禁ずる。三代たってはじめて仕官を許すという。これは中国古代の都市国家の市民の資格をよく示している。市民の戸として登録されると、土地・家屋を所有し、仕官を許されるということで、商人や贅壻等はこの国家を解体させていくものであるから、市民から排除されている。これが漢代に継承されて、七科讁という賤民身分になったというのが私の論旨である。

中国古代の国家を都市国家とするのは宮崎市定らであるが、それをギリシア・ローマと混同するのを嫌って邑制国家などと称する向きもある。しかし世界史のなかにおいて見るためには、都市国家の語の方がよいと私は思う。ただこれまでは主に都市国家の形態が問題にされていたのであるが、上の魏律はその国家を構成する市民の内容に及んだ画期的な史料なのである。

以上の第一・第二の論文を含んで、『均田制の研究』につぐ第二論文集『中国古代の身分制』を編んだ。中国の発展を論ずるなら、奴隷制・農奴制の問題を避けて通れない。これを直接生産関係から論ずるのが難しいことは、上記の時代区分論争からも窺われる。しかしこのような生産関係から発する身分制は、近代と近代以前の社会を区別する最も基本的な特徴である。この論文集では、はじめに中国学界における論争と関連して、奴隷制の起源を論じ、また初期の身分制を論じて、良民・賤民という区別は魏晋南北朝に成立したことを論じた。その後に上記の雲夢秦簡による研究を載せ、第三に魏晋南北朝・隋唐の部曲・客女身分成立の背景と、均田制とも関連してその身分の位置付けを論じた。部曲・客女を単純に農奴制とするのではなく、農奴制を含んださまざまな形態が背後にあり、さらにそれが自営の小経営農民を主とする均田制体制の下では、部曲らは土地をもつことを許されず（したがって農奴的形態をとれず）、奴婢とともに「家僕」と規定されたことを指摘した。

『均田制の研究』では中国古代の自営農民の存在形態を述べ、『中国古代の身分制』では主として隷属的身分について述べ、第三論文集『中国古代の家と集落』では、それらの民衆が構成している家族や、それを登録した戸籍・計帳、それらの家々が構成する集落の諸形態、漢代の里・市・亭、魏晋南北朝時代の村、同時代の行政村と自然村の関係、唐代の郷里制と村制、それらを規定した唐令の分析等、多岐にわたって議論した。そのなかの家族の部分に、上記の雲夢秦簡を用いた第三論文を載せ、秦簡の家族関係の難解な部分の解釈を行った。漢代の里や亭についても、雲夢秦簡が役にたった。また漢代の市については、社会史的な観点を導入できたことが方法的に新しい。唐代の研究に敦煌・吐魯番文書をよく用いたことは前述した。

家族と村落に関するもうすこしわかりやすい論稿は、時代区分論等とともに、『中国古代史の視点』という小論集に収めてある。そのなかの「中国古代の家父長制」では、中国の家父長の力と限界をしめし、「中国古代の家と近隣、家と集落」には、家と近隣の連帯関係と近隣の家内への干渉権を論じた。上の論文集では論じえなかった点である。

私は私の研究テーマの推移にしたがって、論文集を編んできたが、初期の唐末五代の政治史と、敦煌・吐魯番文書研究と、魏晋の九品中正制度（九品官人法）の成立についての私見とを収録してこなかったので、これを第四論文集として、すでに何度か言及した『唐末五代変革期の政治と経済』に収めた。九品中正の論文には、魏晋の貴族制社会と関連して、独特の点もないわけではないと思うのだが、これまで収録する機会がなかったので、この論集には場違いであるが別章として収めた。

これまで言及してこなかったテーマに、東アジア世界をどう見るかという問題がある。これも小論集『律令制と東アジア世界』をみればわかるように、すでに一九六三年ごろから学界の議論にのぼり、私もそれに参加している。

近代になって世界が一体化したことは、誰の眼にも明らかなことだが、近代以前ではどうであったか。近代の一体化した世界が成立するとともに、世界を構成する民族や国家（国民国家）も明確な形をとると思われるのであるが、そうであるとすれば、近代以前に個々の民族や国家がばらばらに存在しえたわけではなく、そこにはやはり近代以前の歴史の展開の場となった、民族や国家を超えたいくつかの世界があったと考えられる。そのような複数の歴史的世界として、我々はヨーロッパ世界・アメリカ世界（インディオらの世界）・西アジア世界（古くはオリエント世界、今日ではイスラーム世界）・アフリカ世界・南アジア世界（インド・東南アジアの世界）・東アジア世界・北アジア世界（あるいは内陸アジア世界）等が考えられる。

我々が属するのはむろん東アジア世界であるが、それでは東アジア世界の範囲はどこまでかといえば、それは日本史などで問題にされるような、中国・朝鮮・日本の相互関係で終わるのではなく、上記のような世界史のなかにおいてみれば、中国を中心として、日本・朝鮮・北アジア・中央アジア・チベット・ベトナム等から成る世界であると考えられる。このなかの北アジアは、それ自体独特の世界として成り立つと思われるが、それはまた周囲の東アジア・西アジア等の世界との交渉が重要であり、東アジア世界・西アジア世界にも包摂されると考えられる。

「アジアは一つ」といった岡倉天心にはそう述べる理由があった。ヨーロッパ文明の侵略に抗して、アジアの文化を護る必要があり、そのためにアジアの諸文化の相互交流を重視して、アジアの連帯性をはかろうとしたのである。岡倉がヨーロッパとアジアを対比したように、もともとアジアという概念は、オリエント・ヨーロッパで起こり、近代においてはヨーロッパ以外の地域、ヨーロッパが侵略する地域として使われ、それを岡倉は侵略される側から、逆に使ったわけである。

もともとアジアという言葉はオリエントで起こった。日が昇る地域をアジアといい、日が沈む地域をヨーロッパといったのである。日が出る地域と日が落ちる地域の対比は、旧約聖書にも仏典のなかにも入っている。そのような意味でのアジア・ヨーロッパという言葉は、そのままヨーロッパにも入った。

しかし最初にヨーロッパ人がアジアと考えた地域は、オリエントないしオリエントの一部であって、その後ヨーロッパの伸張にともなって、アジアといわれる地域が広がっていった。それゆえアジアが一つであるのは、本来はヨーロッパ側からの見方であり、このアジアの中に包摂される各地域は、それぞれの歴史と伝統をもっていたのである。ただそのなかで相互に関連した歴史がたどれると思われる地域をまとめてみれば、上記のように、東アジア・西アジア・南アジア等の世界が考えられるというのである。

このテーマに関して、私はこれまで『中国と古代東アジア世界』『律令制と東アジア世界』『東アジアのなかの古代日本』等を執筆し、関連して雑誌『古代文化』（一九九八－九）に「東アジアから古代日本をみる」を特輯した。また韓昇夫妻による中訳本『隋唐帝国与東亞』が出た。このうち『中国と古代東アジア世界』は通史であるが、他は論文集である。『中国と古代東アジア世界』の巻頭部分には、東アジアを論ずる前に、まず中国世界の成立を扱う必要があると思ったので、中国人の民族意識の成立や、国土意識としての天下観念の形成を論じている。

私は二〇〇〇年に『中国通史』を出した。これは従来のかたい概説書の形式にとらわれず、満遍なく書くということを考えず、自由に思うままに書いたのであるが、その続きとして『東アジア世界史』を書いてみたいという気持ちがないわけではない。そのつもりでいたところが、論文の投稿を要請される機会が二度もあったので、全体として論文形式にしてまとめたのが本書である。

投稿を要請された最初の本が、『金啓孮《けいそう》先生逝世周年紀念文集』で、はじめ満州・蒙古学を主とするということだったので、「匈奴と西漢との国家関係に関する考察」という論文を投稿した。すなわち本書の第一章である。金敬孮は私の東大時代の同級生である。そのころ金麓漴《ろくそう》と言ったが、愛新覚羅《アイシンギョロ》氏の一族で、清朝皇帝にかなり近い血筋である。そのことは金啓孮のお嬢さんである愛新覚羅烏拉《ウル》熙春《ヒチュン》の『最後の公爵　愛新覚羅恒煦』（朝日選書）に書かれている。神田信夫・山根幸夫編の『戦中戦後に青春を生きて』のなかの神田の手記にも、金に中国語を習ったことが出ている。前に同級の山口修の葬式に、金の書が贈られてきているのを見たが、その後神田も亡くなり、そのあとを追うようにして金が亡くなった。そのためこの本に論文を贈った同級生は、私一人になってしまった。

投稿を要請された第二の本は、北京師範大学の黎虎の古稀記念論文集で、これはまだ出版されていない。それは馮《ふう》青訳による「漢代少数民族地区的郡県与冊封」で、すなわち本書の第二章の主要部分である。私は一九八四年北京師範大学を訪れて、何慈全と若き日の黎虎に会ったことがあり、近年講義に招かれながら果たすことができなかったので、要請に応ずることにした。黎虎には魏晋南北朝に関する論文集のほかに、『漢唐外交制度史』という有用な著書がある。

本書ははじめ、北魏以降の北朝をたどり、唐代の羈縻州制度にまで及びたかった。羈縻州については、日本ではなお誤解があり、羈縻と羈縻州とを混同している向きもある。しかしこれを書くにはなお時間がかかるし、自分の年齢も考えて、本書の内容で止めることにした。そのかわりにはならないが、前掲の雑誌『古代文化』の東アジア特輯に載せた一文を加えることにした。

本書は副題の「中国と周辺国家」あるいは「周辺民族」の方が本題にふさわしいと思うが、最初の意図の「東アジア世界の形成」という題を外せなかった。そのため序文に「東アジア世界とは何か」という文をそのまま載せたが、本文との間のちぐはぐは免れまいと思う。序文もまた独立の一文とみていただき、これによって本書を書いた私の意図を理解していただけたらと思う。

明治大学での勤務のことは書かなかったが、先任の神田が理事だの図書館長だの学部長だのやっていたので、私が長い間研究室（東洋史専攻）の主任をやった。学生運動が激しかったので、ずいぶん苦しめられた。朝鮮問題で失言した同僚がいて、私は学生の言う論理がわかるのであるが、他学科・他専攻の先生方にはわからないらしく、私が防波堤になるほかなかったが、考えてみれば一番危険な人間を防波堤にしたものである。私はもしかしたら大学をやめることになるかもしれないと家で愚痴ったそうであるが、そうならなかったのはそのときの学生の交渉術が下手だったせいではないかと思っている。のちに史学科長になって、夜中まで学生につるし上げられる学部長を補佐したが、学部長は胃潰瘍になって手術をするはめになった。私にも学部長にならないかと言った人がいたが、返事をしなかった。

研究室の仕事では秦漢史研究者の松崎つね子にずいぶん世話になった。また私の還暦のとき、退職のときの盛大な会を準備したのも、そのとき浩瀚な古稀記念論文集を編纂したのも松崎であった。松崎はその後病気のため退職せざるをえなくなったが、くれぐれも身体を大事にして健康を回復していただきたいと祈っている。

大学院では文学研究科委員長をやった。その前後、立教・中央・上智・青山四大学の史学専攻の間にできていた単位互換協定に、明大も入れてもらおうと計画したところ、立教大学の後藤均平が立教が言い出しっぺだからと動いてくれ、中央の池田雄一にもたいへん世話になった。上智の量博満が大学院の責任者であったのも好都合であった。青山では吉田孝に世話になったかと思う。これらの方々にあつくお礼申し上げる。

大学を退職するすこし前に肺炎をやった。それで一気に呼吸器が弱くなって、肺炎をくりかえした。最後は二〇〇〇年に間質性肺炎をやり、これはかなり重い性質のものとみえて、近所の医者からよく生きて帰って来たねと言われた。そこでいつ死んでもよいように、家族と同じカトリックに入信することにした。身体が弱っているときだったので、神父さんが特別に早く洗礼を授けてくれた。ところがそれから長生きしてしまって、神父さんには申し訳なかったと思っている。

私は今年八十一歳になった。一九四三年九月、私と一緒に東大東洋史学科に入ったのは、石橋秀雄・板沢純男・佐伯有一・嶋田襄平・田中正俊・硲晃・一柳東一郎・山口修らであるが、戦争で卒業年次はまちまちになってしまったので、クラス会はできなかった。このうち朝日新聞社長になった一柳を除いて、研究を続けた同級生はみな亡くなって、私一人が残ってしまった。いつか私がすぐにも死にそうなことを言ったら、多田狷介だったか、そういう人間は長生きするもんだと言ったが、まさにそのとおりになってしまった。しかしこれからのことはわからない。

「八十自述」という題は、胡適の「四十自述」とそれにならった島田正郎先生の「七十自述」を継いだのだが、内容はまったく違い、勝手な思い出を述べさせてもらった。実は書きたいことはまだあるのだが、研究からあまり離れてしまってはいけないと思い、自粛した。これだけ書けば、本書の「あとがき」はもう要らないと思うので省略する。

論文集の出版では、坂本健彦前社長にずっとお世話になってきた。今度この「八十自述」を抜刷にして年譜・著作目録を付けるよう提案されたのも坂本さんである。最後に坂本さんの長年のご厚誼に感謝するとともに、ご健康を心からお祈りする次第である。

略年譜

一九二四（大正一三）年　六月三日、堀一郎・マツエの長男として、静岡県駿東郡小山町に生まれる。父は石川県小松市、母は栃木県宇都宮市の出身。

一九二八（昭和　三）年　二月二五日、父一郎死去。その後母とともに、神奈川県足柄上郡山北町の祖母石原コト・伯父石原友樹方に同居する。

一九三一（〃　六）年　東京府下豊多摩郡淀橋町柏木（現東京都新宿区北新宿）の伯母山口深雪方に同居する。

四月一日、淀橋第一尋常高等小学校尋常科に入学する。同年、いわゆる満州事変勃発。

一九三七（〃　一二）年　四月一日、東京府立第六中学校（現新宿高校）に入学する。同年、日中戦争勃発。

一九四一（〃　一六）年　三月三一日、右中学校四年修了。

四月一日、東京高等学校文科甲類に入学する。同年、太平洋戦争勃発。

一九四二（〃　一七）年　高校在学中はニーチェ『ツァラトストラ』に感激。歴史思想に関する本をよく読んだ。

一九四三（〃　一八）年　九月三〇日、戦時中の学業短縮により、右高等学校卒業。

一九四四（〃　一九）年　一〇月一日、東京帝国大学文学部東洋史学科に入学する。同年は文科系学生の徴兵猶予が打ち切られていわゆる学徒出陣となるが、年齢が来ないため学内に残り授業を受ける。

在学中感銘をうけた書は、中田薫『法制史論集』、大塚久雄『近代欧洲経済史序説』。

一九四五（〃　二〇）年　三月九日、東京大空襲を経験する。

三月二六日、召集されて佐倉の歩兵連隊に入隊、四月、中国に送られ、しばらく山西省楡次に滞在したのち、山西南部河津の独立大隊本部において軍事教育を受ける。

八月、敗戦により河津を撤収、途中脚気と診断され、太原の病院に入る。

一二月、病院から帰国の途につく。

一九四六（〃　二一）年　一月、河北省塘沽をへて、米軍舟艇にて佐世保に上陸、解散。

二月、東京をへて、宮城県玉造郡川渡村に疎開していた母・伯母と再会。

四月、東京大学に復学する。住居は浅草田中小学校二階の改造住宅。

一九四七（〃　二二）年　この年は卒業論文に専念した。竹内好『魯迅』、石母田正『中世的世界の形成』に感激した覚えがあるが、いつ読んだか記憶がない。

一九四八（〃　二三）年　三月、東京大学文学部東洋史学科を卒業する。卒業論文は「元朝の封建王侯とその所領」。指導教授は和田清先生であったが、先生病気のため、山本達郎先生が読まれて面接された。以後山本先生にはお世話になることが多かった。またこの前後より前田直典・西嶋定生氏らの影響をうけた。

四月、大学院に在籍のまま、中学時代の恩師田中正智先生の紹介で都立北園高等学校定時制に勤務。

一九四九（〃二四）年

同年、東京都目黒区芳窪町の都営住宅に住む。

一月、歴史学研究会委員（四八年度途中より、四九年度、五〇年度）になる。

一九五〇（〃二五）年

三月三一日、東京大学東洋文化研究所助手となる。かたわら北園高校非常勤講師を続ける。このころ研究所では仁井田陞・飯塚浩二両教授が社会的に活動されていた。

五月二一日、歴史学研究会大会テーマ『国家権力の諸段階』で報告するよう石母田正氏より勧奨され、はじめて学界に登場する。

一九五二（〃二七）年

このころ文化史懇談会（美術史の若手の会）に参加。米沢嘉圃氏より年表作成に協力するよう要請されたのが始まりである。

一九五三（〃二八）年

四月、北園高校講師を辞職、電気学園高等学校非常勤講師に転ず。

五月、再び歴史学研究会委員（五三年度）になる。九月、萩原耀子と婚約。

一九五四（〃二九）年

一月、肺結核がみつかり休養することになる。

一一月、中野の織本病院にて右肺尖部分切除手術をする。

一九五五（〃　三〇）年　三月、織本病院を退院。

一一月、荻原耀子と結婚、媒酌を秀村欣二先生御夫妻にお願いする。東京都北多摩郡清瀬町（現清瀬市）芝山仲野方に住む。

一九五六（〃　三一）年　四月、横浜市神奈川区白楽に転居。一〇月、長女真理子誕生。

一九五七（〃　三二）年　一一月、東京都立大学人文学部非常勤講師（集中講義）。旗田巍先生の招きではじめて大学の授業をもつことになる。東京都練馬区北田中町に転居。

一九五八（〃　三三）年　三月、東京大学東洋文化研究所助手を辞任。

四月、財団法人東洋文庫研究員となり、山根幸夫氏の指導下『華夷変態』編集に参加。

東京都立大学非常勤講師。また武蔵予備校講師（校長広井好氏）を始める。

九月、十二指腸潰瘍を病む。

このころ拙稿「黄巣の叛乱」を中国の孫祚民氏に送ったところ、四面楚歌のなかで嬉しかったと、文革終了後に礼を言われた。

一九五九（〃　三四）年　四月、明治大学文学部非常勤講師となる。神田信夫氏にはこれよりたいへんお世話になる。

一九六〇（〃　三五）年　三月、東洋文庫研究員を辞職
四月、明治大学文学部専任講師となる。このとき東洋史学専任教員は先任の青山

公亮・神田信夫両氏に私が加わって三名に増員された。就任早々安保闘争でしばしばデモに出る。樺氏が死んだ翌日、学生を守って街頭に出るかどうかで教員の間で論争があり、結局全教員がデモに出たことなど思い出多い。

同月、東京都練馬区大泉学園町に自宅を建築、転居する。


一九六一（〃　三六）年　四月、明治大学文学部助教授となる。

東京教育大学文学部非常勤講師。


一九六二（〃　三七）年　五月、三たび歴史学研究会委員（六一年度、六二年度）となる。

六月、このころ青年中国史家会議が結成され参加する。アジア・フォード財団資金による現代中国研究計画批判に関係して設けられたものと思う。


一九六三（〃　三八）年　五月、歴史学研究会大会綜合部会報告「東アジア歴史像の検討」の前近代史の部を担当。

六月、和田清先生逝去。八月、次女真知子誕生。

このころより中国の韓国磐先生から中共関係のパンフレット等を送られるようになり、多少の学問的交流も行った。


一九六四（〃　三九）年　五月、日本歴史学協会常任委員（六四年度、六五年度）となる。


一九六五（〃　四〇）年　三月、青山公亮先生明治大学を退職。

四月、学習院大学文学部非常勤講師。

一九六六（〃　四一）年　一二月、駿台史学会編集長となる（八〇年まで）。


一九六七（〃　四二）年　四月、明治大学文学部教授となる。

六月、東京都北多摩郡久留米町（現東久留米市）南沢に新築、転居する。

明治大学教職員組合委員長になる（六八年六月まで）。


一九六八（〃　四三）年　一〇月、東京大学東洋文化研究所非常勤講師（七二年三月まで）。

四月、学習院大学文学部非常勤講師。

一〇月、東京都立大学人文学部非常勤講師（七〇年三月まで）。


一九六九（〃　四四）年　四月、お茶の水女子大学文教育学部非常勤講師。

明治大学文学部教務主任（七一年三月まで）。大学立法を契機に学園紛争激しくなる。

九月、学園紛争において「学問の根底」を問う学生たちに、「私の小さな学問論」を発表。


一九七〇（〃　四五）年　四月、東京大学文学部・日本女子大学文学部非常勤講師。

一〇月、静岡大学人文学部非常勤講師（集中講義）。

一一月、史学会で「均田制成立期のいわゆる宗主について」と題して研究発表。


一九七一（〃　四六）年　四月、明治大学大学院文学研究科授業を担当する。

一一月、唐代史研究会シンポジウム、これより同会に参加するようになる。

一九七二（〃　四七）年　一二月、名古屋大学文学部非常勤講師（集中講義）。

五月以降、明治大学在外研究員として、ケンブリッジ・ロンドン・パリ・レニングラード・ベルリン等で、主として敦煌・吐魯番出土文書を閲覧する。かたわらアメリカ・スペイン・フランス・スイス・イタリア・オーストリア・ドイツ・オランダ・ベルギー各地を見学。帰路、チュニジア・トルコ・ギリシア・エジプト・イラン・インド・香港等を経る。


一九七三（〃　四八）年　一月、帰国。

四月、明治大学人文科学研究所運営委員（八三年三月まで）。

東洋文化研究所における池田温氏主催の唐律研究会に参加。

五月以降、東洋史闘争委員会（七五年度まで存続）の学生との折衝に追われる。

一九七四（〃　四九）年　一〇月、講師三島一先生逝去により、週一一コマを担当。
一〇月、明治大学文学部二部主任（七七年三月まで）
一一月、北京大学人文社会科学代表団来日、前野直彬氏と日本の研究状況を報告する。

一九七五（〃　五〇）年　九月、最初の論文集『均田制の研究』を上梓。石母田正氏の推薦による。

一〇月、新潟大学人文学部非常勤講師（集中講義）。

一九七六（〃　五一）年　二月、宮城県高校社会科教育研究会歴史部会で、「中国の律令制社会」と題して講演。

六月、金沢大学文学部非常勤講師（集中講義）。

一〇月、東北大学文学部非常勤講師（集中講義）。

一九七七（〃　五二）年　六月、文部省科学研究費による総合研究「中国律令制とその展開」（二年計画）を主催。

九月、一二月、千葉大学法文学部非常勤講師（集中講義）。

同年、唐代史研究会・北海道高校世界史研究会・岩手県高校教育研究会歴史部会等で、「律令制と中国社会」と題して講演。

一九七八（〃　五三）年　四月、東京都立大学人文学部非常勤講師。小学校以来世話になった伯母山口深雪死去。

五月、歴史学研究会大会で「中国の律令制と農民社会」と題して報告。

一〇月以降、朝日カルチャーセンターで「隋唐帝国と東アジア」と題して講義。

一九七九（〃　五四）年　四月、学習院大学文学部非常勤講師。

九月、中国史・美術史・中国文学の専門家（高田修団長・菊池英夫秘書長）と、中国の上海・洛陽・竜門・鞏県・西安・蘭州・ウルムチ・トルファン・蘇州等を見学する。

一九八〇（〃　五五）年　一二月、京都大学文学部非常勤講師（集中講義）。


一九八一（〃　五六）年　六月、東洋文庫春期東洋学講座で「中国史の時代区分問題」と題して講演。

七月、日本歴史学協会委員（八三年まで）となる。

茨城大学文学部非常勤講師（集中講義）。

九月、中国史・美術史・中国文学の専門家（秋山光和団長・菊池英夫秘書長）と、中国の上海・蘭州・敦煌・蘇州等を見学する。

四月、東京大学文学部非常勤講師（八三年三月まで）。堀野書道学校講師（八三年三月まで）。


一九八二（〃　五七）年　六月頃、文部省科学研究費による総合研究「中国律令制の展開と国家・社会との関係」（三年計画）を主催。

一一月、東洋史研究会で「漢代の七科謫とその起源」と題して研究発表。
一、二月、朝日カルチャーセンター横浜で「中国中世史」の講義。

一九八三（〃　五八）年　四月、中央大学大学院文学研究科非常勤講師（八五年三月まで）。

七月、唐代史研究会で「中国古代における身分制の変遷に関して」と題して報告。

信州大学人文学部非常勤講師（集中講義）。

八月、朝日カルチャーセンターで「中国史」のなかの「中国中世の人々」について講義。一〇月、日本唐代史研究会を代表して四川大学で中国唐史学会と交流し、かたわら重慶・大足石窟・成都・樂山・西安・上海等を見学する（堀団長・菊池英夫秘書長）。その後、厦門大学に招かれて講義ののち帰国。

一一月、帰国後肺炎を病む。


一九八四（〃　五九）年　五月、明大東洋史同僚の世話で銀座清月ライクスで還暦記念会が催される。

九月、山根幸夫団長・柳田節子・五井直弘・小林幸夫氏等とともに、中国北京・南京・杭州・上海等の社会科学院を訪問し、かたわら常州・蘇州等をも見学する。

一〇月、明治大学文学部史学科長（八六年九月まで）。この間学生会との交渉に翻弄された。


一九八五（〃　六〇）年　四月、学習院大学文学部・法政大学文学部非常勤講師（ともに八七年まで）。

朝日カルチャーセンター横浜で「中国文化史」のなかの隋・唐初を担当。

九月、富山大学人文学部非常勤講師（集中講義）。

一〇月、厦門大学の韓国磐教授を明治大学短期外国人招請制度によって迎える。


一九八六（〃　六一）年　一月、古代世界研究国際シンポジウム（静岡県裾野市）に参加、"The System and Concept of Hierarchy in the China of Antiquity" と題して報告する。

九月、気管支炎を病んでより、一年近く頻繁に風邪をひく。

一〇月、東海大学史学会大会で「中国古代の城市と市」と題して講演。


一九八七（〃　六二）年　四月、明治大学特別研究員（サバティカル）。

一九八八（〃　六三）年　七、八月、大英図書館でジャイルズ未整理文書を閲覧したのち、フランスロマネスク巡礼とエール・フランスのサーヴィスによるイタリア小旅行をする。

四月、法政大学文学部非常勤講師（九二年三月まで）。

六月、比較家族史学会のシンポジウム「家父長制をめぐる諸問題」で、「古代中国の家父長制」と題して報告。

七月、信州大学人文学部非常勤講師（集中講義）。


一九八九（平成　元）年　四月、慶応大学文学部非常勤講師（九一年三月まで）。

一〇月、明大人文科学研究所公開文化講座（総合テーマ「異国」）で、「万里の長城の内と外－中国と異域」と題して講演。

一二月、立教・中央・青山・上智諸大学大学院史学専攻間の単位互換協定に、明治大学も参加するよう奔走した。その際立教大学後藤均平氏・中央大学池田雄一氏の世話になった。


一九九〇（〃　二）年　四月、明治大学大学院文学研究科委員長となる（九二年三月まで）。

青山学院大学文学部・大学院非常勤講師（九三年三月まで）。

七月、静岡大学人文学部非常勤講師（集中講義）。

一二月、中国漳州の「陳元光与漳州開発国際学術討論会」に招かれて、片山誠二郎・相田洋・土肥祐子・石川重雄氏等と参加（堀団長）し、そののち厦門大学で講義し、泉州・甫田・福州を見学する。

一九九一（〃　三）年　一月、長女真理子、田中啓史と結婚。
六月、法政大学史学会大会で「中国古代の家族制」と題して講演。
九月、新潟大学人文学部非常勤講師（集中講義）。
一一月、肺炎で結核予防会の複十字病院に入院（翌年一月まで）。
一二月、駿台史学会会長となる（九四年一二月まで）。

一九九二（〃　四）年　三月、明治大学大学院文学研究科委員長を辞任。
先任の神田信夫氏、定年により退職。

一九九三（〃　五）年　二月、肺炎で複十字病院に二度目の入院。
四月、福建師範大学副教授胡滄沢氏を明治大学客員教授として招請（一年間）。
七月、母マツエ、九十二歳で死去。
一一月、竜谷大学でのシンポジウム「魏晋南北朝・隋唐時代史の基本問題」で
「東アジア世界の基本構造」と題して講演。

一九九四（〃　六）年　この年は定年をひかえて論集をまとめる努力をする。
八月、古代学協会東京支部幹事を委嘱される。
一一月、古代学協会東京支部で、日本・隋唐間の国書について報告。
一二月、駿台史学会大会シンポジウム「東アジア世界における中心と周辺」で古

代の場合について報告。

一九九五（〃　七）年　一月、最終講義を「中国古代専制国家の成立過程をめぐって」と題して行う。

三月、定年により明治大学を退職（在職三五年）。

五月、明治大学名誉教授となる。

一九九六（〃　八）年　四月、ひばりが丘パルコカルチャーシティーで油絵を描き始める。

法政大学大学院講師となる（二〇〇〇年まで）。

一九九七（〃　九）年　四月、秀村欣二先生（媒酌人）逝去。

六月、租税史フォーラムで「中国古代の税制について」と題して報告。

一〇月、都民カレッジで「中国古代史」について講義（一二月まで）。

一九九八（〃　一〇）年　二月、ひばりが丘市民自主講座（テーマ中国大好き）で、「日本僧円仁の唐代中国の旅―とくに日中民間人の交流にふれて―」と題して講演。

一二月、東洋文庫研究員（兼任）となる。

一九九九（〃　一一）年　四月、フランス・イタリア聖地巡礼

四、五月、間質性肺炎で複十字病院に入院、退院後もしばらく療養生活を強いられる。

二〇〇〇（〃　一二）年　一一月、弟昭史、七十四歳で死去。

一二月、秋津カトリック教会で、ディン神父の手により洗礼を受ける。

二〇〇一（〃　一三）年　一月、山本達郎先生逝去。

六月、明大東洋史研究室による喜寿の祝いの会（ホテルオータニ清泉亭にて）。

二〇〇二（〃　一四）年　九月、東洋文庫の「中国古代地域史研究－『水経注』の分析から－」の代表研究者として、三菱財団の学術研究助成金を受ける。

一〇月、パリ・ヌベール・ルルドへ旅行。

一二月、文京区大塚のマンションサンウッド文京開運坂上に転居する。

二〇〇三（〃　一五）年　三月、明大で同僚だった松崎つね子氏病氣で辞職
一二月、神田信夫氏逝去。

二〇〇四（〃　一六）年　一〇月、東洋文庫の研究会の友人による傘寿の祝いの会（青学会館にて）。

二〇〇五（〃　一七）年　四月、『神田信夫先生追悼文集』を完成させる。

一一月、金婚式（小笠原伯爵邸にて）の祝い。

著作目録

著書

教養人の東洋史　上巻（小倉芳彦・柳田節子・三木亘と共著）　社会思想社　一九六六
均田制の研究―中国古代国家の土地政策と土地所有制　岩波書店　一九七五
（中文訳）均田制的研究（韓国磐・林金立・李天送・韓昇訳）　福建人民出版社　一九八四
世界の歴史　4　古代の中国　講談社　一九七七
中国史を学びつつ　私家版　一九八四
中国古代の身分制―良と賤（明治大学人文科学研究所叢書）　汲古書院　一九八七
中国と古代東アジア世界―中華的世界と諸民族　岩波書店　一九九三
中国古代史の視点―私の中国史学（一）　汲古書院　一九九四
律令制と東アジア世界―私の中国史学（二）　汲古書院　一九九四
中国古代の家と集落　汲古書院　一九九六

東アジアのなかの古代日本　研文出版　一九九八
中国通史―問題史としてみる　講談社学術文庫　二〇〇〇
曹操―三国志の真の主人公　刀水書房　二〇〇一
隋唐帝国与東亜（韓昇編、韓昇・劉建英訳）　雲南人民出版社　二〇〇二
唐末五代変革期の政治と経済　汲古書院　二〇〇二
漢の劉邦―ものがたり漢帝国成立史　研文出版　二〇〇四
東アジア世界の形成―中国と周辺国家　汲古書院　二〇〇六

編書

概説東洋史（山崎利男と共編著）　有斐閣　一九七九
中国律令制とその展開―周辺諸国への影響を含めて（唐代史研究会報告Ⅱ）　刀水書房　一九七九
中国律令制の展開と国家・社会との関係―周辺諸地域の場合を含めて（唐代史研究会報告Ⅴ）　刀水書房　一九八四
中世史講座全十一巻（木村尚三郎・佐々木潤之介・田中正俊・遅塚忠躬・永原慶二・山崎利男と共編）　学生社　一九八二～九四

今日の時代区分の課題　古代文化四八―二　一九九六
東アジアから古代日本をみる　〃五〇―九　一九九八

訳書

全訳世界の歴史教科書シリーズ　中国Ⅰ　帝国書院　一九八三

教科書

高等世界史（高橋秀・今井宏・松井透・富永幸生と共著）　帝国書院　一九七三
新詳世界史（板垣雄三・今井宏・西川正雄と共著）　帝国書院　一九八三

論文

以下　①……『均田制の研究』所収　④……『中国古代史の視点』所収
②……『中国古代の身分制』所収　⑤……『律令制と東アジア世界』所収
③……『中国史を学びつつ』所収　⑥……『中国古代の家と集落』所収

⑦……『東アジアのなかの古代日本』所収　⑨……『隋唐帝国与東亜』所収
⑧……『唐末五代変革期の政治と経済』所収　⑩……『東アジア世界の形成』所収

中国における封建国家の形態　⑧歴史学研究会編『国家権力の諸段階―歴史学研究会一九五〇年度大会報告』　一九五〇
唐末諸叛乱の性格―中国における貴族政治の没落　⑧　東洋文化七　一九五一
五代宋初における禁軍の発展　東洋文化研究所紀要四　一九五三
（中文訳）五代宋初禁軍之発展（張其凡訳）陳楽青主編『宋元文史研究』（広東人民出版社）　一九八八
唐末の変革と農民層の分解　④　歴史評論八八　一九五七
黄巣の叛乱―唐末変革期の一考察　⑧　東洋文化研究所紀要一三　一九五七
魏博天雄軍の歴史―唐末五代武人勢力の一形態　④　歴史教育六―六　一九五八
藩鎮親衛軍の権力構造　⑧　東洋文化研究所紀要二〇　一九六〇
（中文訳）藩鎮親衛軍的権力結構（索介然訳）劉俊文編『日本学者研究中国史論著選訳』4（中華書局）　一九九二
トゥルファンの佃人制をめぐる二、三の問題　歴史学研究二四二　一九六〇
朱全忠の廳子都　⑧　『和田博士古稀記念東洋史論叢』（講談社）　一九六一
朱全忠政権の性格　⑧　駿台史学一一　一九六一

均田制と古代帝国　『世界の歴史』六（筑摩書房）　一九六一
北朝の均田法規をめぐる諸問題　①　東洋文化研究所紀要二八　一九六二
唐代租田文書私見　『岩井博士古稀記念典籍論集』（古稀記念事業会）　一九六三
近代以前の東アジア世界　⑤　歴史学研究二八一　一九六三
唐帝国の崩壊―その歴史的意義　『古代史講座』一〇（学生社）　一九六四
均田制の成立　①　東洋史研究二四―一、二　一九六五
西域文書よりみた唐代の租佃制―とくに均田制およびその崩壊過程と関連して　①
明治大学人文科学研究所紀要五　一九六七
均田制と良賤制　①　仁井田博士追悼論文集一『前近代アジアの法と社会』（勁草書房）　一九六七
貴族制社会の成立　『中国文化叢書8文化史』（大修館書店）　一九六八
九品中正制度の成立をめぐって　⑧　東洋文化研究所紀要四五　一九六八
大学における学問・東洋史　③　『大学における学問　人文・社会科学編』（研究社）　一九七〇
均田制と租庸調制の展開　①　『岩波講座世界歴史5古代5』（岩波書店）　一九七〇
中国古代史と共同体の問題　駿台史学二七　一九七〇
永原慶二・山口啓二監修『現代歴史学の課題』上（青木書店）に再録　一九七一
（中文訳）中国古代史与共同体的問題（姜鎮慶訳）　中国史研究動態一九八三―五　一九八三
王莽の王田について　①　『山本博士還暦記念東洋史論叢』（山川出版社）　一九七二

魏晋の占田・課田と給客制の意義　①　東洋文化研究所紀要六二　一九七四

中国の農民戦争　③　『図説日本の歴史8戦国の世』（集英社）　一九七五

唐宋間消費貸借文書私見　⑧　『鈴木俊先生古稀記念東洋史論叢』（山川出版社）　一九七五

中国古代の土地所有制　①　『均田制の研究』所収新稿　一九七五

中国の律令制と農民支配　⑤
　歴史学研究会編『世界史認識における民族と国家—一九七八年度歴史学研究会大会報告』　一九七八

魏晋南北朝における律令法体系の成立過程　唐代史研究会報告Ⅱ『中国律令制とその展開』　一九七九

隋代東アジアの国際関係　⑦⑨　唐代史研究会編『隋唐帝国と東アジア世界』（汲古書院）　一九七九

晋泰始律令の成立　⑤　東洋文化六〇　一九八〇

（中文訳）晋泰始律令的成立（鄭奕琦訳）　中国史研究動態一九九〇—四　一九九〇
　晋泰始律令的制定（程維榮等訳）　『中国法政史考証』丙編第二巻（中国社会科学出版社）

敦煌社会の変質—中国社会全般の発展とも関連して　⑧　池田温編『講座敦煌3敦煌の社会』（大東出版社）　一九八〇

身分制と中国古代社会—良賤制の見方をめぐって　④　駿台史学五〇　一九八〇

唐代における田土の賃貸借と抵当・質入れとの関係—租佃契約から典地契約にいたるまでの諸形態　⑧　東洋史研究三九—三　一九八〇

（中文訳）唐代田地的租賃和抵押的関係（韓昇訳）　中国社会経済史研究一九八三—四　一九八三

序説　諸地域における「中世」2東アジアにおける中世　『中世史講座1中世世界の成立』（学生社）一九八二
中国における中世世界の形成④　〃　一九八二
中国における律令制の展開　『東アジア世界における日本古代史講座6日本律令国家と東アジア』（学生社）一九八二
漢代の七科謫とその起源②　駿台史学五七　一九八二
中国における律令法典の形成－その概要と問題点⑤　唐代史研究会報告Ⅴ『中国における律令制の展開とその国家・社会との関係』一九八四
（中文訳）中国律令法典的形成－其概要及問題（李柏亨訳）大陸雑誌七七－一　一九八五
計帳と戸籍に関する私見⑥　前掲唐代史研究会報告Ⅴ　一九八四
（中文訳）計帳与戸籍管見　社会科学戦綫一九八七－一　一九八七
部曲・客女身分成立の前提②　『三上次男博士喜寿記念論文集・歴史編』（平凡社）一九八五
（中文訳）六朝時期隷属民的諸形態（韓昇訳）前掲『日本学者研究中国史論著選訳』4　一九九二
中国における良賤身分制の成立過程②　唐代史研究会編『律令制－中国朝鮮の法と国家』（汲古書院）一九八六
古代中国における身分制と身分観念④　駿台史学六七　一九八六
（英訳）The System and Concept of Hierarchy in the China of Antiquity,

Forms of Control and Subordination in Antiquity, Tokyo and Leiden, 1988.　一九八八
唐戸令郷里・村坊・鄰保関係条文の復元をめぐって　⑥　『中村治兵衛先生古稀記念東洋史論叢』（刀水書房）　一九八六
中国における奴隷制の起源　②　『中国古代の身分制―良と賤』所収新稿　一九八七
漢代の良家について　②　〃　一九八七
隋唐の部曲・客女身分をめぐる諸問題　②　〃　一九八七
雲夢秦簡にみえる奴隷身分　②　『東洋法史の探求―島田正郎博士頌寿記念論集』（汲古書院）　一九八七
北朝雑戸制の再考察　②　『日野開三郎先生頌寿記念―論集　中国社会・制度・文化史の諸問題』（中国書店）　一九八七
中国古代の里　⑥　唐代史研究会報告Ⅵ『中国都市の歴史的研究』　一九八八
中国古代の市　⑥　『中国古代の法と社会―栗原益男先生古稀記念論集』（汲古書院）　一九八八
良奴・良賤制はいつ成立したか―川本芳昭氏の論に関連して　史学雑誌九七―七　一九八八
Social Changes in Tun-huang from the Latter Half of T'ang Dynasty, *Acta Asiatica* 55　一九八八
（中訳）中唐以后敦煌税法的変化（鄭学檬・楊際平訳）　中国社会経済史研究　一九九〇―一
唐代后期敦煌社会経済之変化（林世田訳）　敦煌学輯刊　一九九一―一
中国古代編戸制の研究―とくに聚落の変遷について　④　明治大学人文科学研究所年報二九　一九八八
中国古代の家と戸　⑥　明治大学人文科学研究所紀要二七　一九八九

中国古代編戸制の研究—とくに唐代鄰保の機能と沿革について　明治大学人文科学研究所年報三〇　一九八九

雲夢秦簡にみえる家と近隣—「中国古代の家と戸」補考 ④　駿台史学七八　一九九〇

中国古代の亭をめぐる諸問題 ⑥　『布目潮渢博士古稀記念論集—東アジアの法と社会』（汲古書院）　一九九〇

中国古代の家と聚落 ④　明治大学人文科学研究所年報三一　一九九〇

古代中国の家父長制—その成立と特徴 ④　シリーズ比較家族1『家と家父長制』（早稲田大学出版部）　一九九二

魏晋南北朝時代の村をめぐって ⑥　唐代史研究会編『中国の都市と農村』（汲古書院）　一九九二

中国史の時代区分論その後 ④　歴史学研究六四二　一九九三

中世の宗教と学問・序説 ⑤　『中世史講座8中世の宗教と学問』（学生社）　一九九三

魏晋南北朝および隋代の行政村と自然村 ⑥　明治大学人文科学研究所紀要三四　一九九四

世界史の現在と時代区分論 ④　『中国古代史の視点』所収新稿　一九九四

均田制の成立と土地所有制 ④　〃　一九九四

律令制伝播の特質 ⑤⑨　『律令制と東アジア世界』所収新稿　一九九四

曹操と諸葛孔明の出仕 ⑤　〃　一九九四

日本と隋・唐両王朝との間に交わされた国書⑤⑦⑨　〃　一九九四

The Exchange of Written Communications between Japan, Sui and Tang Dynasties,
Memoirs of the Research Department of the Toyo Bunko, no.52. 一九九五

司馬遷の歴史思想 ⑤ 駿台史学九四 一九九五

時代区分特輯・前言 古代文化四八－一二 一九九六

曹操政権と豪族 明治大学人文科学研究所紀要三九 一九九六

中世における地域・民族の交流・序説 『中世史講座』一七（学生社） 一九九六

中華世界 ⑦ 『魏晋南北朝隋唐時代史の基本問題』（汲古書院） 一九九七

魏志倭人伝の読み方－東アジア史の観点から－⑦ 『東アジアのなかの古代日本』所収新稿 一九九八

魏晋時代の人口移動－日本渡来人問題の背景－⑦⑨ 〃 一九九八

唐初の日唐関係と東アジアの国際政局 ⑦⑨ 〃
（中文訳）唐初的日唐関係与東亜国際政局（韓昇訳）
慶祝韓国磐先生八十華誕紀念論文集『中国古代社会研究』（厦門大学出版社） 一九九八

渤海・日本間の国書をめぐって ⑦⑨ 『東アジアのなかの古代日本』所収新稿 一九九八

在唐新羅人の活動と日唐交通 ⑦⑨ 〃 一九九八

唐代新羅人の居留地と日本僧円仁入唐の由来 ⑩ 古代文化五〇－九 一九九八

中唐以後敦煌地域における税制度 ⑧
唐代史研究会報告Ⅷ『東アジア史における国家と地域』（刀水書房） 一九九九

藩鎮内地列置の由来について　⑧　『唐末五代変革期の政治と経済』所収新稿　二〇〇二
匈奴と西漢との国家関係に関する考察　⑩　『金啓孫先生逝世周年紀念文集』（東亜歴史文化研究会）　二〇〇五
東アジア世界とは何か　⑩　『東アジア世界の形成―中国と周辺国家―』所収新稿
漢代の異民支配における郡県と冊封　⑩　〃
（中文訳）漢代少数民族地区的郡県与冊封（一部、馮青訳）　『黎虎教授古稀紀念論叢』　未刊
異民族支配からみた三国時代の位置　⑩　『東アジア世界の形成』所収新稿
五胡十六国時代、華北における諸民族の国家形成　⑩　〃
江南王朝と東アジアの諸国・諸民族　⑩　〃

講演記録

魏晋の知識人における「不朽」なるもの　③⑤　堀野書道学校での講演　一九八二
教科書問題が提起した若干の問題点―執筆者の立場から　③
明治大学教職員組合情報宣伝部編『今日の教科書問題を考える』　一九八三
中国史の発展と特質を考える　③④
日本史研究会・民科歴史部会・京都学生歴史科学研究会主催「歴史学入門講座」　一九八四
万里の長城の内と外―中国と異域　⑤　明治大学公開講座Ⅸ『異国』（風間書房）　一九九〇

東アジア世界の基本構造 ⑤
唐代史研究会・中国中世史研究会・中国史学会・竜谷大学史学会共催「魏晋南北朝隋唐時代史の基本問題」 一九九三

学会動向・書評

仁井田陞・野原四郎・松本善海・増井経夫著『世界の歴史・東洋』（毎日新聞社） 歴史評論四−五 一九五〇
東洋史−中世成立期 歴史学研究会編『歴史学の成果と課題−一九四九年度歴史学年報』 一九五〇
古代国家−特に藤間・石母田・西嶋氏の所論について 『同 上Ⅱ−一九五〇年度歴史学年報』 一九五一
郭沫若著、野原四郎・佐藤武敏・上原淳道訳『中国古代の思想家たち』上（岩波書店） 歴史学月報三九 一九五三
戦後日本の中国史研究における時代区分問題の現段階 歴史評論一〇一−一〇三 一九五九
東アジア史研究の問題状況 歴史学研究二六二 一九六二
均田制の実施情況をめぐる問題点 東洋学報四四−四 一九六二
（中文訳）関于実施均田制的幾個問題（姜鎮慶訳） 中国敦煌吐魯番学会研究通訊 一九八四−三
東アジアの歴史像をどう構成するか−前近代の場合 ⑤ 歴史学研究二七六 一九六三
古代東アジアの国際関係をめぐる若干の問題−史学会のシンポジウムを聴いて ⑤

仁井田陞著『中国法制史研究』全四巻（東京大学出版会）　歴史学研究二八六　一九六四
西村元佑著『中国経済史研究－均田制度篇』（東洋史研究会）　駿台史学一六　一九六五
魏晋南北朝（一九六八年の歴史学界－回顧と展望）　歴史学研究三四三　一九六八
中国中世史研究会編『中国中世史研究』（東海大学出版会）　史学雑誌七八－五　一九六九
History of Ancient China (with Ota Yukio and Utsugi Akira), in *Oriental Studies in Japan: Retrospect and Prospect 1963-1972*, Part Ⅱ-10, The Centre for Asian Cultural Studies, Tokyo.　史学雑誌八〇－二　一九七一
布目潮渢・栗原益男著『中国の歴史４隋唐帝国』（講談社）　一九七四
多田狷介「戦国秦漢期における共同体と国家」へのコメント　史学雑誌八四－三　一九七五
越智重明「六朝の良・賤をめぐって」（史学雑誌八九－九）　史潮新二号　一九七七
近年の時代区分論争 ④　法制史研究三二　一九八二
Ⅳ隋唐時代（山根清志・金子修一と共同執筆）　唐代史研究会編『中国歴史学界の新動向』（刀水書房）　一九八二
関于日本的唐史研究特征（中文、程志訳）　山根幸夫編『中国史研究入門』上（山川出版社）　一九八三
籾山明「秦の隷属身分とその起源－隷臣妾問題に寄せて」（史林六五－六）　中国唐史学会会刊二期　一九八四
（中文訳）日本的中国古代身份制研究動向（姜鎮慶訳）②　法政史研究三四　一九八五
礪波護『唐代政治社会史研究』（同朋舎）　中国史研究一九八六－三　一九八六
岡野誠「敦煌本唐戸婚律放部曲為良条について－P三六〇八・P三二五二の再検討（法律論叢六〇－四・五）　東洋史研究四六－一　一九八七

法制史研究三九　一九九〇

Ⅳ隋唐時代（増補）　山根幸夫編『中国史研究入門』上、増補改訂版（山川出版社）　一九九一

雑　録（抄）

「屈原」を見て－郭沫若の夜の歌　文化史懇談会一三　一九五三

中国史研究と中国認識　明治大学新聞十二月九日、一六日　一九六五

逸民の典型－伯夷・叔斉について　③　南船北馬二（明大東洋史研究会）　一九六七

牛になる　明治大学新聞八月一七日　一九六七

大学でどのように学ぶか　③　東方六（明大東洋史研究会）　一九六九

私の小さな学問論　明大東洋史研究会合宿レジュメ　一九六九

『明治大学文学部50年史資料叢書Ⅻ　文学部の軌跡と大学紛争』に再録　一九八二

均田制－北朝の国家と農民　『日本と世界の歴史』三（学習研究社）　一九六九

総説　『岩波講座世界歴史5・古代5』　一九七〇

均田制成立期のいわゆる宗主について（史学会報告要旨）　史学雑誌七九－一二　一九七〇

中国史と農民のこと　③　南船北馬二一（明大東洋史研究会）　一九七一

水魚の交　『岩波講座世界歴史5』月報5　一九七四

中国史の時代区分論とその問題点　③④　世界史のしおり一（帝国書院）　一九七四
序章・動くアジア―民衆と民族の動き　『図説日本の歴史8戦国の世』（集英社）　一九七五
『ジュニア日本の歴史』1～6「世界の歴史」の部　小学館　一九七八
革命思想の起源　③　世界史のしおり一七　一九七九
吐魯番盆地に坎児井（カーレーズ）を見る　③　世界史のしおり二一　一九八〇
中国史の時代区分問題―前近代を中心に（講演要旨）　東洋文庫書報一二　一九八一
生きつづけてきた敦煌石窟　③⑤　『日野開三郎東洋史学論集』三・四巻編集のしおり　一九八一、八二
唐長孺先生と吐魯番文書　燎原一三　一九八一
今月の世界史（ミイラと湿屍の話）③⑤　歴史読本昭和五六年八月号　一九八一
〃　（中国新石器時代研究の問題点）③　〃　五七年新年号　一九八二
敦煌壁画の幻想　世界史のしおり二五　一九八二
今月の世界史（敦煌と代々の信仰の話）　歴史読本昭和五七年六月号　一九八二
〃　（教科書問題をめぐって）③　〃　五七年一一月号　一九八二
今月の世界史（歴史における民族の問題）③　歴史読本昭和五八年四月号　一九八三
日本と東アジア（近代以前）（検定の実態）③　社会科教科書執筆者懇談会編『教科書問題とは何か』（未来社）　一九八四
中国語の「文化」と「文明」　③　月刊健康八四年五月号　一九八四

敦煌の商業をめぐる謎　⑤　歴史と地理三四八（山川出版社）　一九八四
日本唐史研究者代表団賀詞（中文、程志訳）　中国唐史学会会刊一期　一九八四
昔の講義、今の講義　暁の鐘（明治大学父兄会報）二二　一九八四
辺境遺跡の落書き　⑤　月刊健康八五年七月号　一九八五
序　唐代史研究会編『律令制―中国朝鮮の法と国家』　一九八六
思い出すこと、心残りなこと　『中国史と私の青春―後閑敏博君遺稿・追悼文集』　一九八六
聖女の遺骸　⑤　月刊健康八八年一一月号　一九八八
序　『中国古代の法と社会―栗原益男先生古稀記念論集』　一九八八
中華思想と異民族　『週刊朝日百科世界の歴史　帝国・官僚・軍隊』　一九八九
最近の中国観　月刊健康九〇年八月号　一九九〇
松浦嘉一先生　東　光四一（東京高等学校同窓会）　一九九〇
一、二のこと　月刊健康九一年一二月号　一九九一
儒教的宗教と無宗教　『東洋文化研究所の五〇年』　一九九一
柳田さんにひと言　呴沫集七　一九九二
序　『清朝と東アジア―神田信夫先生古稀記念論集』　一九九二
在地豪族から士大夫・官僚へ　④　『中国古代史の視点』所収新稿　一九九四
家父長制と女性の解放　④　〃　一九九四

私の歴史への関心　⑤　『律令制と東アジア世界』所収新稿　一九九四
烈士暮年　壮心已まず　月刊健康九四年一〇月号　一九九四
中国史研究の軌跡―歴史の発展と持続の歴史―　シンポジオン（明大大学院）一二　一九九五
軽視してはならない大学・学部の自治（思い出の明大をあとに）　明大組合ニュース二一六　一九九五
定年を前に振返って思うこと　人文科学研究所所報二六　一九九五
『戦後』という時代から　永原慶二・中村政則編『歴史家が語る戦後史と私』（吉川弘文館）　一九九六
思い出すこと、思いつくことなど　『駿台史学』一〇〇号記念「駿台史学会の歩み」　一九九七
私が考える組合の問題点　『明治大学教職員組合の半世紀一九四七―一九九七』　一九九七
特輯に寄せて　古代文化五〇―九　一九九八
西嶋定生さんを悼む　歴史学研究月報四六八　一九九八
西嶋定生氏の訃　日本歴史六〇九　一九九九
先生の最初の生徒として　『余韻　秀村欣二記念誌』　一九九九
巻頭のことば　『唐代史研究』二　一九九九
隋と唐はなぜ「世界帝国」となりえたのか?　月刊しにか四月号　二〇〇二
劉邦の亭長時代　歴史と地理五五四　二〇〇二
曹操政権の人材　ＮＨＫ取材班編『三国志英雄伝』（ＫＴＣ中央出版）　二〇〇二
思い出すこと、考えること、伝えたいこと　『傷逝―神田信夫先生追悼文集』　二〇〇五

山根幸夫さんの思い出　『汲古』四八　二〇〇五
記憶のなかの永原さん　『永原慶二追悼文集』（仮題）　未刊

座　談　会

東アジア世界の変貌（石母田正・斯波義信・山本達郎・米沢嘉圃出席、堀司会）
『世界の歴史』6（筑摩書房）　一九六一
中国史の時代区分について（岩浅濃也・久坂三郎・吉岡力・堀出席）
季刊歴史教育研究二二　一九六二
均田制をどう見るか（池田温・井上光貞・菊池英夫・古賀登・周藤吉之・仁井田陞・西嶋定生出席、堀司会）
東洋文化三七　一九六四
中国前近代の視点（大江一道報告、小倉芳彦・佐伯有一・工藤泰・吉岡力・堀出席）
季刊歴史教育研究四二　一九六七
東洋史よりみた日本史研究の問題点（石原道博・井上光貞・栗原朋信・旗田巍・箭内健次・堀出席、三上次男司会）
日本歴史二四五　一九六八
中世的世界成立をめぐる諸問題（阿部謹也・石井進・佐藤次高・柳田節子・堀出席、永原慶二司会）
『中世史講座』1（学生社）　一九八二

事典執筆項目（省略）

その他

秀村欣二著『世界史』に執筆協力　学生社　一九五五

林春勝・信篤編、浦廉一解説『華夷変態』上中下三巻の原典照合・校正に協力　東洋文庫　一九五八～五九

吉岡力著『世界史』に執筆協力　青林書院　一九六〇

吉岡力著『世界史』七訂版に執筆協力　旺文社　一九六一

遠山茂樹・永原慶二編『歴史学論集』の編集・解説執筆に協力　河出書房新社　一九六一

三島一遺著『中国史と日本』の編集に参加　新評論　一九七七

唐代史研究会編『中国歴史学界の新動向』の編集担当　刀水書房　一九八二

唐代史研究会編『律令制－中国朝鮮の法と国家』の編集担当　汲古書院　一九八六

『中国古代の法と社会－栗原益男先生古稀記念論集』の編集代表　汲古書院　一九八八

『清朝と東アジア－神田信夫先生古稀記念論集』の編集代表　山川出版社　一九九二

『傷逝－神田信夫先生追悼文集』の編集代表　同上編集委員会　二〇〇五

堀　敏　一（ほり　としかず）

1924年静岡県に生まれる。1948年東京大学文学部東洋史学科卒業。1949年東京大学東洋文化研究所助手。1958年財団法人東洋文庫研究員。1960年明治大学文学部専任講師。1995年明治大学文学部教授を定年退職。現在明治大学名誉教授、東洋文庫研究員。

著書：均田制の研究（岩波書店、福建人民出版社）、世界の歴史 4 古代の中国（講談社）、中国古代の身分制－良と賤（汲古書院）、中国と古代東アジア世界－中華的世界と諸民族（岩波書店）、中国古代史の視点（汲古書院）、律令制と東アジア世界（汲古書院）、中国古代の家と集落（汲古書院）、東アジアのなかの古代日本（研文出版）、中国通史（講談社学術文庫）、曹操－三国志の真の主人公（刀水書房）、隋唐帝国与東亜（韓昇編訳、雲南人民出版社）、唐末五代変革期の政治と経済（汲古書院、漢の劉邦－ものがたり 漢帝国成立史（研文出版）

汲古叢書64

東アジア世界の形成
－中国と周辺国家

二〇〇六年二月　発行

著　者　堀　敏　一
発行者　石　坂　叡　志
整版印刷　富　士　リ　プ　ロ

発行所　汲　古　書　院
〒102-0072 東京都千代田区飯田橋二-五-四
電　話　〇三（三二六五）九七六四
ＦＡＸ　〇三（三二二二）一八四五

ISBN4 - 7629 - 2563 - 2　C3322

36	明代郷村の紛争と秩序	中島　楽章著	10000円
37	明清時代華南地域史研究	松田　吉郎著	15000円
38	明清官僚制の研究	和田　正広著	22000円
39	唐末五代変革期の政治と経済	堀　敏一著	12000円
40	唐史論攷－氏族制と均田制－	池田　温著	近刊
41	清末日中関係史の研究	菅野　正著	8000円
42	宋代中国の法制と社会	高橋　芳郎著	8000円
43	中華民国期農村土地行政史の研究	笹川　裕史著	8000円
44	五四運動在日本	小野　信爾著	8000円
45	清代徽州地域社会史研究	熊　遠報著	8500円
46	明治前期日中学術交流の研究	陳　捷著	16000円
47	明代軍政史研究	奥山　憲夫著	8000円
48	隋唐王言の研究	中村　裕一著	10000円
49	建国大学の研究	山根　幸夫著	8000円
50	魏晋南北朝官僚制研究	窪添　慶文著	14000円
51	「対支文化事業」の研究	阿部　洋著	22000円
52	華中農村経済と近代化	弁納　才一著	9000円
53	元代知識人と地域社会	森田　憲司著	9000円
54	王権の確立と授受	大原　良通著	8500円
55	北京遷都の研究	新宮　学著	12000円
56	唐令逸文の研究	中村　裕一著	17000円
57	近代中国の地方自治と明治日本	黄　東蘭著	11000円
58	徽州商人の研究	臼井佐知子著	10000円
59	清代中日学術交流の研究	王　宝平著	11000円
60	漢代儒教の史的研究	福井　重雅著	12000円
61	大業雑記の研究	中村　裕一著	14000円
62	中国古代国家と郡県社会	藤田　勝久著	12000円
63	近代中国の農村経済と地主制	小島　淑男著	7000円
64	東アジア世界の形成－中国と周辺国家	堀　敏一著	7000円
65	蒙地奉上－「満州国」の土地政策－	広川　佐保著	8000円
66	西域出土物の基礎的研究	張　娜麗著	10000円

（表示価格は2006年3月現在の本体価格）

汲古叢書

1	秦漢財政収入の研究	山田　勝芳著	本体 16505円
2	宋代税政史研究	島居　一康著	12621円
3	中国近代製糸業史の研究	曾田　三郎著	12621円
4	明清華北定期市の研究	山根　幸夫著	7282円
5	明清史論集	中山　八郎著	12621円
6	明朝専制支配の史的構造	檀 上　寛著	13592円
7	唐代両税法研究	船越　泰次著	12621円
8	中国小説史研究－水滸伝を中心として－	中鉢　雅量著	8252円
9	唐宋変革期農業社会史研究	大澤　正昭著	8500円
10	中国古代の家と集落	堀　敏 一著	14000円
11	元代江南政治社会史研究	植 松　正著	13000円
12	明代建文朝史の研究	川越　泰博著	13000円
13	司馬遷の研究	佐藤　武敏著	12000円
14	唐の北方問題と国際秩序	石見　清裕著	14000円
15	宋代兵制史の研究	小岩井弘光著	10000円
16	魏晋南北朝時代の民族問題	川本　芳昭著	14000円
17	秦漢税役体系の研究	重近　啓樹著	8000円
18	清代農業商業化の研究	田 尻　利著	9000円
19	明代異国情報の研究	川越　泰博著	5000円
20	明清江南市鎮社会史研究	川 勝　守著	15000円
21	漢魏晋史の研究	多田　狷介著	9000円
22	春秋戦国秦漢時代出土文字資料の研究	江村　治樹著	22000円
23	明王朝中央統治機構の研究	阪倉　篤秀著	7000円
24	漢帝国の成立と劉邦集団	李　開 元著	9000円
25	宋元仏教文化史研究	竺沙　雅章著	15000円
26	アヘン貿易論争－イギリスと中国－	新村　容子著	8500円
27	明末の流賊反乱と地域社会	吉 尾　寛著	10000円
28	宋代の皇帝権力と士大夫政治	王　瑞 来著	12000円
29	明代北辺防衛体制の研究	松本　隆晴著	6500円
30	中国工業合作運動史の研究	菊池　一隆著	15000円
31	漢代都市機構の研究	佐原　康夫著	13000円
32	中国近代江南の地主制研究	夏井　春喜著	20000円
33	中国古代の聚落と地方行政	池田　雄一著	15000円
34	周代国制の研究	松井　嘉徳著	9000円
35	清代財政史研究	山 本　進著	7000円